物流项目管理

（第二版）

WULIU XIANGMU GUANLI

主　编　周鑫
副主编　于红岩　高　洁　刘克宁

中国人民大学出版社
·北京·

图书在版编目（CIP）数据

物流项目管理 / 周鑫主编. -- 2 版. --北京：中国人民大学出版社，2024.4
ISBN 978-7-300-32570-5

Ⅰ.①物… Ⅱ.①周… Ⅲ.①物流管理-项目管理
Ⅳ.①F252.1

中国国家版本馆 CIP 数据核字（2024）第 038059 号

物流项目管理（第二版）
主　编　周　鑫
副主编　于红岩　高　洁　刘克宁
Wuliu Xiangmu Guanli

出版发行	中国人民大学出版社	
社　　址	北京中关村大街 31 号	**邮政编码**　100080
电　　话	010 - 62511242（总编室）	010 - 62511770（质管部）
	010 - 82501766（邮购部）	010 - 62514148（门市部）
	010 - 62515195（发行公司）	010 - 62515275（盗版举报）
网　　址	http://www.crup.com.cn	
经　　销	新华书店	
印　　刷	北京七色印务有限公司	**版　　次**　2015 年 8 月第 1 版
开　　本	787 mm×1092 mm　1/16	2024 年 4 月第 2 版
印　　张	16.5	**印　　次**　2025 年 1 月第 2 次印刷
字　　数	300 000	**定　　价**　49.00 元

前　言

在当今社会中，一切都是项目，一切也将成为项目。项目对社会、企业、个人都是非常重要的。项目管理是第二次世界大战后期发展起来的管理技术之一，是管理学的分支学科。项目管理曾经是建筑工程项目等的专有技术，因为在这些行业中，进行项目管理需要精确的定量分析和先进的技术手段。而当今的项目管理不仅需要技术，还融合了人力、文化、资金等一系列必不可少的综合要素，因此项目管理已成为一个整体的管理战略。

物流产业是现代社会化大生产不断发展和专业化分工不断加深的产物，是促进经济发展的"加速器"和"第三利润源泉"，其发展程度是衡量一个国家现代化程度和国际竞争力的重要标志之一。当前，随着经济全球化以及世界范围内服务经济的发展，物流产业正在全球范围内迅速发展。可以说，物流市场的潜力是巨大的。现代物流业是一个新型的跨行业、跨部门、跨区域、渗透性强的复合型产业。

随着物流产业的高速发展，项目管理逐渐在物流行业中得到广泛的应用。物流项目的高效管理要求项目负责人和参与者具备多方面的知识和能力，既要了解物流行业的情况，又要熟悉项目管理理念和流程，理解项目的精髓。因此，系统地学习物流项目管理的基本理论和方法有助于相关人员更好地完成物流项目。

本书深入贯彻党的二十大精神，全面落实课程思政要求，推进习近平新时代中国特色社会主义思想进教材、进课堂、进头脑，落实立德树人根本任务，力求成为培根铸魂、启智增慧、适应时代要求的精品教材。本书较为系统地介绍了物流项目管理的基本理论和相关知识，共八章，包括物流项目管理认知、物流项目可行性分析、物流项目计划管理、物流项目进度管理、物流项目成本管理、物流项目人力资源管理、物流项目风险管理和物流项目质量管理。

编者结合多年的教学经验，在第一版的基础上调整了章节顺序，对部分章节的内容进行了更新。本书每章末尾都提供了复习思考题，便于读者理解和巩固所学知识。本书可以作为高等院校物流管理、工商管理、物流工程、工业工程等专业本科生、研究生的教材，也可作为物流企事业单位相关人员的参考书籍。

本书由上海海事大学交通运输学院教师周鑫副教授、于红岩博士、高洁副教授共同编写。其中周鑫负责全书的统稿，并编写了第一章至第三章，于红岩负责编写第四章至第六章，高洁负责编写第七章至第八章，鲁东大学刘克宁副教授提供了相关习题和案例。在编写过程中，张云进行了资料整理和文稿校对，在此表示衷心感谢。此外，书中参考了一些著作和网络资料，在此对相关作者和研究人员一并表示敬意和感谢。

由于编者水平所限，书中难免出现疏漏和错误，恳请读者批评指正并提出宝贵建议。

编者

目　录

第一章

物流项目管理认知

 项目管理的发展和组织

一、项目管理的发展

（一）项目管理的发展历史

项目管理有着悠久的历史，中国的万里长城、古埃及的金字塔、古罗马的供水渠被称为古代项目管理的典范。传统的项目和项目管理是从建筑业发展起来的，而现代项目与项目管理则诞生于大型国防工业。1917年，亨利·甘特发明了著名的甘特图，它成为项目进度管理的重要工具，应用于车间日常的工作安排。

项目管理是在第二次世界大战后期，为满足大型、高费用、进度要求严格的复杂系统的生产需要发展起来的一项重要的新型管理技术。随着关键路径法（Critical Path Method，CPM）和计划评审技术（Program Evaluation and Review Technique，PERT）的出现与应用，人们逐渐认识到它作为管理复杂活动的工具的价值。之后，项目管理在实践中得到迅速发展和不断完善，其应用领域在20世纪60年代主要集中于国防、航天、大型建筑工程，20世纪70年代扩展到了中小型企业，到20世纪80年代扩展到了几乎所有行业乃至政府部门。

20世纪40年代，美国著名的原子弹研制计划——"曼哈顿计划"标志着现代项目管理的诞生。1942年，美国总统罗斯福决定研制开发原子弹。整个研究工程极为庞大、复杂，涉及大量的理论和工程技术问题，先后有15万人参与，其中包括1 000多名科

学家和 3 000 多名军事人员。由于该计划关系到第二次世界大战的局势和美国的国家利益，时间紧迫，任务艰巨，人们被迫开始思考如何对复杂的过程和活动进行有效管理以实现既定目标的问题，并进行了一系列的实践。1945 年 7 月 15 日，世界上第一颗原子弹试爆成功。至此，现代项目管理初步形成。

项目管理取得突破性成就是在 20 世纪 50 年代。1957 年，美国路易斯维化工厂革新检修工作，把检修流程精细分解，凭经验估计出每项工作的时间，并按网络图建立起控制关系。他们惊奇地发现，在整个检修过程中，不同路径上的时间是有差别的，其中存在着最长的路径。通过反复压缩最长路径上的任务工期，反复优化，最后只用了 78 个小时就完成了通常需要 125 个小时才能完成的检修，产生 100 多万美元的效益。这种方法就是项目管理工作者至今还在应用的著名的时间管理技术，即"关键路径法技术"。

1958 年，美国海军研制北极星导弹时，在 CPM 的技术基础上，按照悲观工期、乐观工期和最可能工期三种情况估算不确定性较大的任务所需时间，并用加权方法进行计划编排，结果只用了 4 年就完成了预定 6 年完成的研制项目，时间节省了 1/3。这项技术即著名的"计划评审技术"，又称"网络计划技术"。"计划评审技术"的出现不仅为项目管理人员提供了具体的技术，而且为项目管理科学的建立和专业化发展奠定了基础。

20 世纪 60 年代，美国实施了著名的阿波罗登月计划。该项目耗资 300 亿美元，涉及 2 万多家企业，有 4 万多人参与，总共使用了 700 多万个零部件，由于使用了计划评审技术，各项工作的进展井然有序，最终整个项目取得了巨大成功。

CPM 和 PERT 在北极星导弹计划和阿波罗登月计划中应用的显著成果提醒人们，在完成项目的过程中，对项目的管理还存在着巨大的可挖掘空间。这个发现促使不少从事项目管理的人走到一起来共同探求其中的奥秘。

20 世纪 70 年代，项目管理发展成为具有自身特色的专业学科，并且研究者们认识到了人性对项目管理成功的重要影响。

20 世纪 80 年代，这一时期是传统项目管理阶段和现代项目管理阶段的分水岭。之后，现代项目管理知识体系逐渐完善化、标准化。

1980 年，美国、英国和澳大利亚等国家设立了正式的项目管理学位课程。1987 年，美国项目管理协会（PMI）公布了《项目管理知识体系》（PMBOK）第 1 版的草稿。1992 年，英国的项目管理协会出版了欧洲版的项目管理知识体系，即《APM 知识体系》。1996 年，PMI 发布了 PMBOK 第 1 版，此后每隔 4～5 年更新一版，这标志着项目管理从此具备了成熟的知识体系。1999 年，由 PMI 发起的项目管理专业人员资格认证（PMP）成为全球第一个获得 ISO9001 认证的认证考试。PMP 如今已经被全球

200 多个国家和地区引进和认可。2021 年第三季度，PMBOK 第 7 版正式启用。

（二）项目管理发展的原因

项目管理的理论体系在短短的几十年里取得了飞速发展，主要是基于以下原因：

（1）PERT 在阿波罗登月计划中取得的巨大成功，使国际上许多人对项目管理产生了浓厚的兴趣，并逐渐形成了项目管理的两大研究体系，即以欧洲为首的体系——国际项目管理协会（IPMA）和以美国为首的体系——美国项目管理协会（PMI）。这两大协会的积极推动对现代项目管理的发展起着不可忽视的作用。

（2）从 20 世纪 80 年代中期开始，特别是进入 20 世纪 90 年代以后，信息产业和高新技术产业的飞速发展促进了项目管理方法和手段研究的深入。

（3）信息时代项目自身的特点发生了巨大变化，独特性取代了重复性过程，管理人员发现许多在制造业经济下建立的管理方法已经不再适用。在信息经济环境下，实行项目管理是实现灵活性的关键手段，而且项目管理在运作方式上可以最大限度地利用内外资源，从根本上改善了中层管理人员的工作效率。因此，许多公司纷纷采用这一管理模式，并将其作为企业重要的管理手段。

于是，项目管理的应用领域逐渐扩展开来，从建筑、航天、国防等传统领域，延伸至电子、通信、计算机、软件开发、制造、金融、保险等行业，甚至政府机关和国际组织也将其作为运作的重要模式。如美国电话电报公司（AT&T）、加拿大贝尔集团（Bell）、国际商业机器公司（IBM）、花旗银行（Citibank）、摩根士丹利（Morgan Stanley）、美国白宫行政办公室、美国能源部、世界银行等在其运营的核心部门都采用了项目管理的模式。

项目管理在各领域的广泛应用促进了其知识体系的形成。随着项目管理工作实践的发展，其理论体系也在不断总结、形成、完善。目前，在一些经济较发达的国家，项目管理正发展成为独立的学科体系和行业，成为现代管理学的重要分支。

（三）项目管理的职业化发展趋势

随着项目管理应用领域的扩展，其作用也日益彰显，许多组织（包括各类企业、社会团体、政府机关）的决策者开始认识到项目管理知识、工具和技术可以为他们提供帮助，减少项目决策和实施的盲目性。于是这些组织开始要求雇员系统地学习项目管理知识，以减少项目过程中的不确定性。这一需求成为项目管理走上职业化发展道路的推动力。

在此之前，大多数项目管理人员所拥有的项目管理专业知识并不是通过系统的教育培训获得的，而是在实践中逐步积累的。通常他们要在相当长的时间（5～10 年），付出昂贵的代价后，才能成为合格的项目管理专业人员。随着项目管理作用的日益彰显，这种人才成长模式显然已无法满足社会对项目管理专业人才的巨大需求。

为适应这种需求，有关学科建设、教育培训迅速发展起来。一些高等院校已陆续开设了项目管理硕士、博士学位教育。在许多发达国家，项目管理人员，特别是项目经理，可以像律师、教师、会计师、医生等一样以自己的专业知识、技能和经验立足于社会、服务社会。这表明，项目管理正逐步走上职业化发展的道路。在竞争日益激烈的今天，职业项目经理人已经占据了他人无法替代的位置。

二、项目管理组织

世界各地项目管理学术组织的纷纷成立也是项目管理从经验走向科学的标志，其发展也从某种角度反映了项目管理的发展过程。当前，国际上最有代表性和权威性的项目管理组织是国际项目管理协会（International Project Management Association，IPMA）和美国项目管理协会（Project Management Institute，PMI）。我国的项目管理组织是中国项目管理研究委员会（Project Management Research Committee，China）。

（一）国际项目管理协会（IPMA）

IPMA 创建于 1965 年，注册地为瑞士，是国际上成立最早的非营利性项目管理专业组织，其目的是促进项目管理方面的国际交流。

IPMA 于 1967 年在维也纳召开了第一届国际会议，项目管理从那时起即作为一门学科开始不断发展，目前 IPMA 已经分别在世界各地召开了几十次年会，主题涉及项目管理的各个方面。

IPMA 的成员主要是各个国家（地区）的项目管理协会，这些国家（地区）的组织以本国语言服务于本国项目管理的专业需求。对 IPMA 的成员组织来说，它们的个人和团体会员自动成为 IPMA 的会员；对那些本国（地区）没有项目管理组织或其项目管理组织未加入 IPMA 的个人和团体来说，可以直接申请加入 IPMA 作为国际会员。

IPMA 每年都会发布正式会刊，其内容涵盖了项目管理的各个方面，为全世界的项目管理专业人员提供了一个了解项目管理技术、实践和研究领域的平台，也为读者提供了一个分享项目管理经验的论坛。

国际项目管理专业资格认证（International Project Management Professional，IPMP）是 IPMA 在全球推行的四级项目管理专业资质认证体系的总称，是对项目管理人员知识、经验和能力水平的综合评估证明，能力证明是 IPMA 考核的最大特点。根据 IPMA 等级划分获得 IPMA 各级项目管理认证的人员，将分别具有负责项目组合、大型项目、一般项目和从事项目管理专业工作的能力。

（二）美国项目管理协会（PMI）

PMI 创建于 1969 年，其在推进项目管理知识和实践的普及中扮演了重要角色。PMI 的成员包括企业、大学、研究机构，现有会员 4 万多名。它卓有成效的贡献是开发了《项目管理知识体系》。20 世纪六七十年代，从事项目管理的人都是从实践中总结经验；1976 年，有人提出能否把这些具有共性的实践经验进行总结，形成标准；1981年，PMI 组织委员会批准了这个项目，组成了一个 10 人小组进行开发；1983 年，该小组发表了第一份报告，将项目管理的基本内容划分为 6 个领域；1984 年 PMI 批准了进一步开发项目管理标准的项目并组成了开发小组，提出增加项目管理的框架、风险管理和合同/采购管理 3 个方面的内容；1987 年，该小组发表了题为"项目管理知识体系"的研究报告，此后，该报告经过不断修订和完善，成为沿用至今的项目管理知识体系。

PMI 的资格认证制度始于 1984 年，称为"项目管理专业人员资格认证"（Project Management Professional，PMP），目前已有数万人通过认证。PMP 同 IPMP 的资格认证有所不同，它虽然有项目管理能力的审查，但更注重知识的考核，必须参加并通过包括 200 个问题的考试。

（三）中国项目管理研究委员会（PMRC）

PMRC（Project Management Research Committee，China）正式成立于 1991 年 6月，挂靠在西北工业大学，是我国唯一的、跨行业的、全国性的、非营利性的项目管理专业组织，其上级组织是由我国著名数学家华罗庚教授组建的中国优选法统筹法与经济数学研究会（挂靠单位为中国科学院科技政策与管理科学研究所）。项目管理研究委员会自成立以来做了大量开创性工作，为推进我国项目管理事业的发展、促进我国项目管理与国际项目管理专业领域的沟通与交流起了积极的作用，特别是在推进我国项目管理专业化方面，起着越来越重要的作用。

第二节 项目、物流项目与物流项目管理

一、项目

（一）项目的定义

项目是指一系列独特的、复杂的并且相互关联的活动，这些活动有明确的目标或

目的，必须在特定的时间、预算、资源范围内，依据规范完成。

许多相关组织及学者都给项目下过定义，比较有代表性的有以下几种：

美国项目管理协会（PMI）在其出版的《项目管理知识体系》（PMBOK）中对项目所做的定义是：项目是为创造独特的产品、服务或成果而进行的临时性工作。以下活动都可以称为一个项目，例如建造一栋建筑物，开发一项新产品，计划举行一项大型活动（如策划组织婚礼、大型国际会议等），策划一次自驾游，ERP 的咨询、开发、实施与培训等。

哈罗德·科兹纳（Harold Kerzner）博士认为，项目是满足以下条件的任何活动或任务：有一个根据某种技术规格完成的特定的目标；有确定的开始和结束日期；有经费限制；消耗资源（如资金、人员和设备等）。

格雷厄姆（R. J. Graham）认为，项目是为了达到特定目标而调集到一起的资源组合，它与常规任务之间关键的区别是：项目通常只做一次；项目是一种独特的工作努力，即按某种规范及应用标准指导或生产某种新产品或某项新服务，而且这种工作努力应当在限定的时间、成本费用、人力资源及资产等项目参数内完成。

联合国工业发展组织的《工业项目评价手册》对项目的定义是：一个项目是对一项投资的一个提案，用来创建、扩建或发展某些工厂或企业，以便在一定周期内增加货物的生产或社会的服务。

另外，世界银行认为，所谓项目，一般是指同一性质的投资，或同一部门内一系列有关或相同的投资，或不同部门内的一系列投资。

综上所述，不同行业从不同角度对项目进行了定义，本书认为，项目是指为了实现特定的目标，在一定的资源约束下，有组织地开展的一系列非重复性的活动。这个概念包括以下要素。

1. 总体属性

从根本上说，项目实质上是一系列的活动，不是靠一项工作就能够完成整个项目；尽管项目是有组织地进行的，但它并不是组织本身；尽管项目的结果可能是某种产品，但项目也并不是产品本身。例如，谈到一个"工程项目"，我们应当把它理解为包括项目选定、设计、采购、制造（施工）、安装调试、移交用户在内的整个过程，不能把它理解为将要移交给用户的产品（土木建筑物），确切地说，产品是项目的目的或结果。现实中某个项目的具体定义取决于该项目的范围、过程、对结果的明确要求及具体的组织条件。

2. 过程属性

项目必须是临时性的、一次性的、有限的任务，这是项目过程区别于其他常规活动和任务的基本标志，也是识别项目的主要依据。项目的活动是一个过程，不是一下子就能完成的。

每个项目经历的时间可能是不同的，但每个项目都必须在某个时间内完成，有始有终是项目的共同特点。无休止地或重复地进行的活动和任务确实存在，但是它们不是项目。

3. 结果属性

项目都有一个特定的目标，即独特的产品或服务。任何项目都有一个与以往其他任务不完全相同的目标（结果）。这一特定的目标通常要在项目初期设计出来，并在其后的项目活动中一步一步地实现。有时尽管一个项目中包含部分重复的内容，但它在总体上仍然是独特的。如果任务及其结果是完全重复的，那它就不是项目。

4. 周期属性

项目是一次性的任务，因此，任何项目有开始必然有结束，结束意味着项目的完结，在开始与结束之间一般要经历几个阶段。

5. 约束属性

项目也像其他任务一样，有资金、时间、资源等许多约束条件，项目只能在一定的约束条件下进行。这些约束条件既是完成项目的制约因素，也是项目管理的条件，是对项目管理的要求。没有约束的任务不能称为项目，无休止地进行下去的任务也不是项目。有些文献把约束表达为目标，例如把资金、时间、质量称为项目的"三大目标"，用以提出对项目特定的管理要求。从项目管理的角度看，这样要求是十分必要的，但严格来说，"项目目标"是指项目的结果，而不是项目的约束条件。在项目管理过程中，关键的不是目标问题，而是约束问题。但是，在项目开始和结束时，项目目标是突出的。

（二）项目的特征

一般来说，项目具有以下特征：

（1）项目有一个明确界定的目标，即一个期望的产品或服务。项目的目标通常用工作范围、进度计划和成本等指标来界定。例如，一个项目的目标可能是在 10 个月内用 50 万元的预算把某种性能规格的新产品投放市场，而且期望能够高质量地完成，使客户满意。

（2）项目的执行需要完成一系列相互关联的任务，即许多不重复的任务以一定的顺序完成，以实现项目目标。

（3）项目需要运用各种资源来执行任务。资源可能包括不同的人力、组织、设备、原材料和工具等。

（4）项目有具体的时间计划或有限的生命周期。它有开始时间和目标必须实现的到期时间。例如，某所小学装修，从 6 月 20 日开始，必须在 8 月 20 日前完成。

（5）项目是独一无二的、一次性的。某些项目，如设计和修建空间站就是独一无二的，因为以前从未尝试过。还有一些项目，例如开发一种新产品、建一幢楼、筹划一次婚礼，则因其特定的需求而变得独一无二。

（6）每个项目都有客户。客户是为达成目标而提供必要资金的实体，它可能是某个人或组织，也可能是由两个以上的人或组织构成的团队。例如，当一家公司从政府那里获得资金，开发一种处理放射性原料的自动化设备时，政府机构就是客户。当某家公司向由其雇员组成的团队提供资金，以升级公司的管理信息系统时，客户不仅包括目标资助人（公司管理层），而且包括其他利益相关者，如信息系统的最终用户。项目管理人员和项目团队必须成功地实现项目目标，以使客户满意。

（7）项目具有一定的不确定性。一个项目开始前，应当在一定的假定和估计的基础上准备一份计划。用文件记录这些假定是很重要的，因为它们会影响项目预算、进度计划和工作范围等。项目就是以一套独特的任务和每项任务耗用时间的估计、各种资源和这些资源的能力及可用性的估计，以及与这些资源相关的成本估计为基础的。这些假定和估计结合在一起就产生了一定程度的不确定性，它将影响项目目标的成功实现。例如，项目范围可能在预定日期内完成，但是最终成本可能会由于最初低估了某些资源的成本而比预计成本高得多。在项目进行过程中，一些假定将会改进或被实际资料所取代。

（三）项目目标实现的制约因素

项目目标的实现通常受四个因素制约：项目范围、项目成本、项目进度计划和客户满意度。

（1）项目范围（Project Scope），也称工作范围（Work Scope），即为使客户满意而必须做的所有工作。要使客户满意，交付物（有形产品或是提供的其他东西）须达到项目开始时制定的验收标准与要求。例如，经承包商与客户协商，项目范围可能包括清理地面、建造房屋和美化环境等。客户总是期望所有工作都能高质量地完成，例如，一个房屋建造项目，如果完成了所有的工作，却出现窗户难以开关、水龙头漏水、周围布满乱石等情况，客户就不会满意。

（2）项目成本（Cost），就是客户同意为一个可接受的项目交付物所支付的费用。项目成本以预算为基础，而预算是对完成项目所需的各种资源的成本估计，它可能包括项目组成员的薪水、原材料成本、设备和工具租金，以及执行某些项目任务的分包商及咨询商的费用。

（3）项目进度计划（Schedule），是每项活动开始和结束的具体时间表。在项目目标中，通常会根据客户与执行项目的个人或组织商定的具体日期来规定项目范围必须完成的时间。任何项目的目标都是要在一定时间和预算内完成工作范围，并使客户满意。为确保该目标的实现，项目组有必要在项目开始前制订一份计划。该计划应当包括所有工作任务、相关成本及对完成这些任务所需时间的估计。如果没有这样的计划，将会增加不能按时在预算内完成全部工作范围的风险。

项目一旦开始，就有可能发生无法预见的情况，从而影响项目目标中有关工作范围、成本和进度计划等具体目标的成功实现。项目经理的任务就是预测和防止这些状况，以便在预算内按时完成项目范围，并使客户满意。良好的计划和沟通有利于防止问题的产生，以及当问题产生时使其对实现项目目标的影响最小。因此，项目经理必须在计划和沟通上积极主动，领导项目团队实现目标。

（4）客户满意度。项目经理的职责就是确保客户满意，但这绝不仅仅是指按时在预算内完成工作范围，或是在项目结束后询问客户是否满意。项目经理需要与客户保持长期联系，使客户了解项目进展，并辨别客户期望是否有所改变。项目经理可以采用定期安排会议或做进度报告、经常进行电话讨论及发送电子邮件等方式与客户沟通。客户满意意味着客户把自己视为一个合作伙伴，并积极地参与到项目中，为取得项目的成功而一起努力。项目经理必须对整个项目实施过程中的客户满意度情况有所了解。通过与客户保持定期沟通，项目经理可以向客户表明他是真正关心客户期望的，以预防日后发生客户不满意的情况。

（四）项目与日常运作的区别

项目与日常运作（Operations）有着本质的区别。项目具有一次性的特点，也就是说，一个项目完成以后，同样的项目就再也不会出现，项目的大小、地点、时间、类型等都会有所不同。例如一个房地产项目结束以后，就不会在一个地方再做一个一样的项目。日常运作的范围比项目更大一些，具体来说，就是"在需要的时候，以适宜的价格，向顾客提供具有合格质量的产品和服务"，实际上是把原来的生产制造提升到了根据客户的需求进行产品设计，一直到为客户提供相应产品和服务的全过程的管理，也就是运作管理。运作管理，从概念上来说，就是从需求、设计、试制、生产、质检、运输、安装一直到售后服务全过程的管理。因此，两者的区别主要在于以下几个方面：

（1）从工作的性质来看，日常运作存在大量常规的重复活动，它是持续不断地进行的；而项目是独特的、一次性的。

（2）从运作的目标来看，日常运作强调效率和有效性；而项目强调项目目标的实现。

（3）从运作的环境来看，日常运作的环境相对封闭和确定；而项目的环境相对开放和不确定。

（4）从组织体系来看，日常运作的组织体系一般是相对不变和相对持久的，基本按部门来划分；而项目的组织体系是相对变化和相对短暂的，按项目团队来划分。

（5）从管理模式来看，日常运作一般按照部门的职能性，采用直线指挥系统进行管理；而项目一般按照项目的过程和活动进行管理。

为了更好地理解项目的内涵，可以根据表1-1进一步了解项目与日常运作的区别所在。

表1-1　项目与日常运作的区别

比较内容	项目	日常运作
目的	特殊的	常规的
责任人	项目经理	部门经理
时间	有限的	相对无限的
管理方法	风险型	确定型
持续性	一次性	重复性
特性	独特性	普遍性
组织机构	项目组织	职能部门
考核指标	以目标为导向	效率和有效性
资源需求	多变性	稳定性

（五）项目干系人

项目干系人是指那些积极参与项目，或其利益因项目的实施或完成而受到积极或消极影响的个体和组织，他们还会对项目的目标和结果施加影响。项目管理团队必须识别哪些个体和组织是项目干系人，确定他们的需求和期望，然后设法满足和影响这些需求、期望以确保项目能够取得成功。

项目干系人一般包括以下个体和组织：

1. 项目经理

项目经理即负责管理项目的个人。

2. 顾客

顾客即使用项目产品或服务的个人或组织。对一个项目而言，可能会有多个层次的顾客。比如，一种新药的顾客包括了开出药方的医生、使用该药的病人以及为其承保的保险商。

3. 执行组织

执行组织即雇用人员直接从事项目工作的企业。

4. 发起者

发起者即在执行组织中为项目提供资金或其他财政支持的个人或团体。

除此之外，还有许多不同称谓、不同类别的项目干系人，包括项目内部和外部人员、项目所有人和投资者、供应商和承包商、工作组成员及其家属、政府机构、媒介、个体公民、临时的或固定的疏通组织，乃至于整个社会。

（六）项目管理的内容

按照 PMBOK 理论体系，项目管理主要包括九大内容体系。

1. 项目计划管理

项目计划管理是指项目组织根据项目目标的规定，对项目实施过程中的各项活动进行的安排。它涉及项目的整体部署，是项目的微观计划，从这个意义上讲，项目计划管理又叫作项目整体管理。

2. 项目质量管理

项目质量管理是指为了保证项目的可交付成果能够满足客户的需求，围绕项目的质量进行的计划、协调、控制等活动。它包括项目质量计划、质量保证和质量控制等。项目经理可以通过质量计划确定项目的质量标准，通过质量保证监测整个项目的质量，以确保项目达到既定标准，并通过质量控制检验项目的实际可交付成果是否与计划中的标准相一致。

3. 项目进度管理

项目进度管理是指在项目实施过程中，为了确保能够在规定的时间内实现项目目标，对项目活动的进度及日程安排所进行的管理过程。它包括活动定义、活动排序、时间估算、制订项目进度计划和进度控制等。项目本身的性质决定了项目进度会有所变动。只要项目经理能控制住这些变动，就不会影响项目的完成时间。

4. 项目成本管理

项目成本管理是指为保证项目实际发生的成本低于（或等于）项目预算成本所进行的管理过程和活动。它包括资源规划、成本估算、成本预算和成本控制等。

5. 项目人力资源管理

项目人力资源管理是指项目组织对项目的人力资源所进行的科学规划、适当培训、合理配置、准确评估和有效激励等一系列管理工作，是为了保证最有效地发挥参加项目者的才能。它包括组织规划、人员配备和团队建设。

6. 项目采购管理

项目采购管理是指为达到项目目标而从项目组织的外部获取所需的原材料、产品或服务的过程。它包括采购规划、询价、合同管理及合同收尾。

7. 项目风险管理

项目风险管理是指通过风险识别、风险评估去认识项目的风险，并以此为基础合理地利用各种管理方法、技术和手段对项目风险进行有效的控制，妥善处理风险事件所造成的不利后果，以最少的成本保证项目总体目标的实现。它包括风险识别、风险量化、风险应对和风险控制四个过程。

8. 项目沟通管理

项目沟通管理是指为了确保项目信息的合理收集和传递，对项目信息的传递方式、传递过程进行的全面管理。它包括沟通规划、信息分布、进度报告、收尾善后工作。

9. 项目评估

项目评估是指在项目决策与实施活动中开展的一系列的分析与评价活动。它包括项目决策评估、阶段评估和后评估。

（七）项目生命周期理论

项目生命周期（Project Life Cycle）描述的是项目从开始到结束所经历的各个阶段，一般划分为启动阶段、计划阶段、执行阶段、收尾阶段四个阶段，如图1-1所示。实际工作中可根据不同领域或不同方法再进行具体的划分。在项目生命周期运行过程中的不同阶段，不同的组织、个人和资源扮演着不同角色。

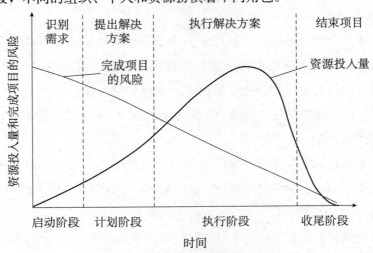

图1-1　项目生命周期的四个阶段

1. 启动阶段

这一阶段的主要任务是识别需求，包括对需求、问题或机会的确认。项目具体要求通常由客户在需求建议书（Request For Proposal，RFP）中注明。通过需求建议书，客户可以要求个人或承包商提交其在成本约束和进度计划下解决问题的建议。例如，一家认为有必要升级其计算机系统的公司，以需求建议书的方式把它的需求写成书面文件，并把文件分别发送给几家计算机咨询公司。

然而，并非在所有情况下都需要一个正式的需求建议书，如在一次会议或讨论中，人们通常会非正式地把需求定义下来。某些人可能会自愿或是按要求准备一份项目建议书，以决定是否由其承担项目。

准确地识别需求是很重要的。有时问题很快就能得到确认，有时客户可能要花上几个月的时间才能清晰地识别需求，收集问题的相关资料，从而确定出解决问题的个人、项目团队或承包商需要满足的特定条件。

2. 计划阶段

这一阶段的主要任务是提出解决方案。在这个阶段，一般会有两个以上的个人或组织（承包商）向客户提交建议书，并希望客户为今后成功执行解决方案而付给酬劳。在这一阶段，承包商的努力变得很重要。对需求建议书感兴趣的承包商，可能会花几个星期的时间来提出一个解决问题的方案，并估计所需资源的种类、数量，设计执行解决方案所需的时间。每个承包商都会把这些信息写成书面文件，并将其提交给客户。例如，几个承包商可能会同时向一个客户提交有关开发一个自动开发票和结账系统的申请书。在客户评估了申请书并选出一个优胜方案后，客户和中标的承包商将协商签订一份合同（协议）。在许多情况下，可能并没有外部承包商参与需求建议书的竞争，公司内部的项目团队就可以提出一份响应管理者需求的建议书。在这种情况下，项目将由公司自己的雇员执行，而不是由外部承包商执行。

3. 执行阶段

这一阶段的主要任务是执行解决方案。此阶段开始于客户已决定了哪个解决方案能最好地满足需求，客户与提交项目建议书的个人或承包商之间已签订了合同。此阶段即为执行项目阶段，包括为项目制订详细的计划，然后执行计划以实现项目目标。在执行项目期间，将会用到不同类型的资源。例如，设计并建造一幢办公楼的项目，首先要由建筑师和工程师制订一个建楼计划。然后，随着建设工程的开展，大量增加所需资源，包括铁匠、木匠、电工、油漆工等人力资源以及各种建筑材料、设备等。项目在建筑完工之后结束，少数其他工人将负责完成美化环境的工作和最后的内部装修。此阶段将最终实现项目目标，使整个工作高质量地在预算内按时完成，让客户满意。例如，为客户开发一个个性化自动系统的项目，如果承包商已经完成了个性化自动系统的设计和安装，并且系统顺利通过了运行测试，客户也接受了此自动系统，那么，项目目标也就实现了，第三个阶段也就完成了。

4. 收尾阶段

这一阶段的主要任务是结束项目。当项目结束时，某些扫尾工作仍需完成。例如，确认一下所有交付物是否都已提交给了客户并被客户接受，所有款项是否都已经结清，所有发票是否都已偿付等。这一阶段的一个重要任务就是评估项目绩效，以便从中得知该在哪些方面进行改进，在未来执行类似项目时有所借鉴。

在这一阶段，应当从客户那里获取反馈，以测量客户满意度，并确认项目是否达到了客户的期望；同样地，也应从项目团队那里获取反馈，以便得到有关未来项目绩效改善方面的建议。

项目生命周期的长度从几个星期到几年不等，根据项目内容、复杂程度和规模而定。而且，并不是所有项目都必然经历项目生命周期的四个阶段。例如，一组社会志愿者决定利用自己的时间、才智和资源，为无家可归者组织一次食品征集活动，他们可能只涉足项目生命周期的第三阶段，其他三个阶段可能就与这个项目无关了。如果一家公司的总经理决定改变工厂设备的布局以提高效率，他可能简单地批示让制造经理主持这一项目，并用本公司的员工去执行项目。在这种情况下，公司不会对来自外部承包商的建议书提出任何书面需求。

在有些情况下，如雇用承包商来改造房屋这一项目，其生命周期的前两个阶段可能会以一种不太结构化的、比较随便的方式展开。客户可能不会把所有要求都写下来，并要求几个承包商去做估算，而是邀请曾为自己或其邻居提供过令人满意的工作成果的承包商，向其解释一下他的要求和目的，并且要求这个承包商提供一些草案和一份成本估算。

一般来讲，当项目在商业环境中执行时，项目生命周期会以更正式、更结构化的方式展开。当项目由私人或志愿者执行时，项目生命周期则趋向于非正式的形式。

二、物流项目

随着 20 世纪 80 年代物流管理从国外引入，并在我国得到迅速发展，物流作为第三利润源，对采购、生产、营销等环节的支持作用及对提高顾客满意度的作用日益彰显，物流项目也成为社会和企业经常实施的一种普遍项目。物流项目作为项目中的一类，具有项目的普遍特征，但也具有不同于其他项目的特点，正确和充分地认识物流项目的类型和特点是实施物流项目管理的前提。

（一）物流项目的定义

物流项目是指物流组织在一定的环境和资源约束条件下，为了创造某项唯一的物流产品或服务所做的一次性工作。例如，设计提供一项新的物流产品或服务，改变一个物流组织的结构、人员配置或组织类型，开发一种全新的或是经过修正的物流管理信息系统（软件系统的开发），修建一个配送中心，开展一次物流宣传活动，完成一项新的物流手续或程序，改造与更新一种物流技术或设备等。

（二）物流项目的特点

1. 周期长

因物流本身具有系统性的特点，涉及环节众多，要求物流、商流、信息流、资金流的结合，所以大多数物流项目建设需要经历较长的周期，少则几年，多则十多年、几十年。同时，由于物流项目往往前期投资较大，因此其运营周期和资金回收周期也比较长。

2. 投资大

物流项目建设往往需要较多的固定资产投资，如购置车辆、征地、建设或租赁房屋和建筑物、购买或租赁物流设施设备等，导致物流项目投资额较大。例如，一般规模的配送中心建设投资费用往往上亿元，更大规模的则高达几十亿元。

3. 涉及面广

涉及面广，一是指物流项目建设和运营牵涉的利益相关者众多，如政府相关部门、企划部门、项目投资者、承包商、供应商、项目管理人员、社会公众等；二是指物流项目往往跨行业、跨地区，需要协调各行业、各地区中分散的资源和职能及各种专业和复合型人才；三是指物流项目内容复杂，大的物流项目往往由许多小项目组合而成。物流项目的这个特点要求对物流项目的管理应充分考虑各方面的关系和利益，实现多部门、多行业、多职能、多项目、多技术的联动。

4. 不可再造

物流投资项目的建设要耗费大量资金、物资和人力等宝贵资源，且一旦建成，就难以更改。

5. 项目风险较大

物流项目具有涉及面广、投资大、周期长等特点，导致物流项目比一般项目具有更大的风险。物流项目在工程建设和营运过程中，经常要受到多种因素的影响与干扰，而这些因素又大多具有相当大的不确定性。因此，从事物流项目投资必须认真识别风险，并设法控制风险，以提高投资的成功率。相对于一般项目而言，物流项目的风险尤为值得关注。

（三）物流项目的分类

由于项目的发起人、目标、内容、涉及面和顾客等的不同，物流项目可以按不同的标准进行分类，一般来说主要有以下几种分类方法。

1. 按照层次分类

按照层次，物流项目可以分为宏观项目、中观项目和微观项目。

（1）宏观项目：一般指涉及国家、社会范围的战略层次的物流项目，这些项目关系到整个国家物流布局和物流产业的发展，涉及面广、规模大、历时长，往往由政府发起和协调，如全国性公共物流节点网络的布局、国家物流基地规划、全国物流中心规划等。

（2）中观项目：这类项目往往为区域性、行业性物流项目或宏观物流项目的子项目，规模中等，如我国西部国际工业物流中心建设项目、川东北物资供应储备中心建设项目等。

（3）微观项目：这类项目一般为企业物流项目，是为了解决某一企业供应链上具体的物流问题，如某企业配送中心规划项目等。

2. 按照客户类型分类

按照客户类型，物流项目可以分为企业物流项目和社会物流项目。

（1）企业物流项目：指为某一个或若干个企业客户提供的专门的物流服务项目。该类项目可由企业自营，也可以委托给第三方物流供应商，如宝供为宝洁提供的日用品国内配送服务项目。

（2）社会物流项目：指向多个客户或社会公众提供的物流服务项目，如联邦快递为全球 200 多个国家和地区的个人和组织提供的快递服务项目。

3. 按照项目成果分类

按照项目成果，物流项目可以分为工程类项目和非工程类项目。

（1）工程类项目：指形成实物资产的物流项目，如某企业仓库建设项目、某地区高速公路建设项目等。

（2）非工程类项目：指不形成实物资产，而以提供物流服务为目的的物流项目，如物流咨询项目、物流培训项目、物流信息服务项目等。

4. 按照货物性质分类

按照货物性质，物流项目可以分为一般货物项目、特种货物项目、液态货物项目、散货项目。其中特种货物项目又可分为大型货物项目、危险货物项目、生鲜货物项目等。

5. 按照实施主体分类

按照实施主体，物流项目可以分为自营项目、第三方物流项目、合作物流项目。

6. 按照项目的主要内容分类

按照项目的主要内容，物流项目可以分为仓储项目、配送项目、物流信息系统项目、流通加工项目。

7. 按照项目涉及的区域分类

按照项目涉及的区域，物流项目可以分为全球物流项目、洲际物流项目、国际物流项目、国内物流项目、城际物流项目、市内物流项目。

（四）典型的物流企业项目

对物流企业来说，可以实施的物流项目多种多样，比较典型的项目有以下几类。

1. 新物流服务产品开发

物流本身是一种服务，具有无形性、不可分性、不一致性和不可储存性等特点。物流服务是第三方物流企业获得市场份额、提高竞争力的有力手段。买方市场的形成、竞争的激烈化、顾客要求的日益多样化和苛刻化，使物流企业必须不断地推出新的服务产品以保持自身的地位和维系与顾客的关系。因此，新的物流服务产品的开发就成为物流企业项目中较常见的项目之一。例如，增加物流服务品种、提供一体化物流、实施供应链管理物流服务、提供物流信息咨询和方案设计、提供物流增值服务等都属于这一类。

2. 信息系统开发

由于物流信息系统的重要性，现代物流企业越来越重视企业内部和企业自身与供应链上其他节点之间的信息沟通与共享，对许多成功的物流模式来说，信息技术的开发、信息平台的建设和使用效率往往是其中的关键因素。例如，戴尔电脑的定制直销模式，其远远低于行业平均水平的库存就是依靠完善的网上交易平台、信息处理、与上千家零配件供应商的信息共享，以及准时制生产和配送而实现的。而联邦快递从建立之初就十分重视物流信息化建设，每年投入巨资完善信息网络、开发相关产品和技术，先后开发和使用了数码支援分发系统、条码技术、互联网电子商务业务、"数码笔"、网上全球货运时测系统、"掌上宝"——无线掌上快件信息处理系统、客户服务信息系统中的自动运送软件、线上作业系统、网络业务系统 Virtual Order 等。联邦快递通过这些信息系统的运作，建立起了覆盖全球的电子化服务网络，利用信息系统强大的订单处理、包裹分拣运送与追踪查询、信息储存、账单寄送、在线服务等功能实现了其快递服务的快速准确、低成本和高服务水平。

我国的物流企业要想成功地实施供应链管理，提高物流效率和服务水平，降低物流成本，信息化是必由之路，现代物流信息技术的高度发展也为物流企业提供了良好的技术环境。物流企业必须通过实施物流信息系统项目，采用新的物流信息技术，完善物流信息网络，提高自身乃至整个供应链的信息化水平。

3. 单件生产

某些特殊的大型物流产品具有一次性单件生产的特征，如秦山核电站废料运输、三峡水电站大型发电机组运输等。这些运输任务是由用户提出详细的运输地点、批量要求，有具体的交货时间和预算费用。这类服务一旦完成，一般利润较高，但一旦失败，风险也很大。因此，这类项目宜采用项目管理的方式组织和实施，可充分发挥企业集体智慧和技术优势，最大限度地避免失误造成的损失。

4. 物流咨询

物流企业面临着很多现实的物流问题，如成本、库存、资金占用等，同时物流企业还会面临很多看不见的物流问题，如增值服务、供应链优化、流程再造等。由于企业本身具有内部循环的特点，这个特点掩盖了企业的一些管理问题，所以企业需要借助于外部的物流咨询项目来解决这些问题。物流咨询项目因此成为与企业战略咨询、人力资源咨询、法律咨询以及金融咨询等咨询业务并列的一个独立的咨询门类，它可以针对物流与供应链的各环节提供专业化的咨询服务。物流咨询以项目的形式实施，更能够体现咨询业务的行业性和专业性。物流咨询项目涉及整体物流方案的策划设计以及相应的程序支持，提供国际、国内贸易和保税区、物流园区的政策咨询服务等，可以调集和管理组织自身及具有互补性的资源、能力和技术，以提供一个综合的供应链解决方案。

5. 设施设备的技术改造与更新

物流设施设备的技术改造与更新是物流管理中的重要内容，随着使用时间的延长、新技术的出现、市场状况和顾客需求的变化，物流企业需要适时地对原有的设施设备进行技术性能、生产能力等方面的改进，如对旧有仓库进行现代化改造，将普通货车改造为冷藏运输车，配置新的拣取系统和电子货位管理，等等。这些改造往往需要从各方面进行深入论证，特别是经济评价、方案优选等，因此，项目管理模式是最合适的模式。

除了以上几种常见的、典型的物流企业项目外，还有其他一些物流活动也可以采用项目管理的模式。不仅在物流企业，在整个物流领域中，项目管理也有着广阔的应用前景。

三、物流项目管理

（一）物流项目管理的定义和特点

物流项目管理即对物流项目的管理，是指运用项目管理和物流与供应链管理的理论、方法和技术，对物流项目进行有效的计划、组织、实施及控制等，以实现物流项目目标的综合管理实践及过程。

正因为物流项目和物流管理具有与一般项目和管理不同的特点，所以物流项目管理也具有自身的特殊性。

1. 项目管理队伍专业化

物流项目涉及范围广，除了项目技术性内容外，在项目策划与设计中，还会用到经济、法律、商贸等方面的专业知识。因此，项目团队中不仅需要经验丰富的项目管理人员，还需要熟悉业务的技术人员和具备相关财务与法律知识的专业人士。一专多能的复合型人才是最适合物流项目管理的人才。无论是生产型企业或者商贸型企业，还是提供物流服务的物流供应商，为了物流项目顺利展开，达到预期的目标，都必须拥有一支专业的项目管理队伍，这是物流项目管理必不可少的人力资源基础。

2. 项目管理需求个性化

物流项目一般都需要根据顾客的特殊要求进行设计和执行。由于物流项目要素组成的多样性，每一个物流项目中都有以前不曾遇到的问题，需要专门设计项目管理的程序或方法，因而充满了挑战。物流项目管理的复杂性和创新性亦由此体现。因此，物流项目管理是对物流项目管理人员的考验，但同时也吸引了许多有识之士加入物流项目管理的行列中来。

3. 项目管理结束人为化

物流项目一般必须经过操作实践才能证明项目的效果。界定物流项目的结束有时较为困难，特别是在项目执行过程中项目组的成员以及外界环境条件已发生了较大的变化或者无论项目组做何种努力，项目成功的希望都很渺茫时，就需要项目参与各方人为地界定项目结束的标志，以防止无休止的项目出现。

4. 项目管理控制全程化

由于物流项目结果存在着较大的不确定性，因此物流项目的投资风险较高。特别是有固定资产投入的物流中心、大型停车场、物流信息系统等项目，在追求物流高收益的同时，也伴随着项目失败的高风险。因此，需要加强项目的进度计划控制和监督，实现项目管理过程的全程控制，以保证项目按预定的目标推进；同时必须建立风险预警机制，当项目出现偏差时，及时提醒项目管理者进行调整或结束此项目，以减少项目带来的损失。

综上所述，物流项目管理的各方只有本着友好合作的精神，从实际出发，结合具体物流项目的特点，认真落实项目管理的每一项要求，才能保证物流项目目标的顺利实现。

（二）现代物流项目管理的发展趋势

1. 电子商务物流项目

电子商务（Electronic Commerce，EC）是指在开放的网络环境下，基于浏览器、服务器的应用方式，实现客户和企业之间的信息沟通、网上购物、电子支付的一种新型的运作方式。

电子商务作为一种数字化生存方式，代表了未来的贸易方式、消费方式和服务方式。它要求完善的整体生态环境，要求打破原有物流行业的传统格局，建设和发展以商品代理和配送为主要特征，物流、商流、信息流有机结合的社会化物流配送中心，建立电子商务物流体系，使各种流畅通无阻，以达到最佳的电子商务水平。

电子商务的发展不仅使企业和企业、企业和顾客之间能直接交易，而且使信息能直接相互流通与共享。要做到这一点，整个物流系统，包括外购材料供应物流与产品配送物流就必须快速、稳定、准确地进行。而在经济全球化、生产专业化的今天，物流环节通常要涉及跨国运输，采用海运、陆运、空运等不同的运输方式，经过运输、装卸、仓储、包装、流通加工、信息流通等物流环节，要求其在准确的时间、准确的地点以准确的数量、完好的质量、适当的价格将原材料送到生产车间，将产品递交给客户。在整个运输过程中，外购材料和产品都能被实时跟踪。要做到这一切，对物流服务商来说是极大的考验和挑战。

另外，在电子商务模式下，需求商与供应商、消费者与生产商直接交易虽然因减少了中间环节而降低了成本，但却产生了这样一个问题：由于需求商往往需要多批次、少批量的货物，而消费者所购商品更是少而单一，而且供求双方所在地也可能相距甚远，因此要想快速、低廉地将产品交付，除非供需双方距离很近，否则是很难做到的。解决这个问题的办法是建立一整套能够进行集成化、规模化运作的运输配送体系。

基于电子商务对物流体系和企业的要求，实施电子商务物流项目会成为未来物流项目的一个重点。这要求物流企业尽快地融入电子商务平台，以项目管理的方式实施网络规划，建立起合理的网络配送体系，建立高效的物流网络信息系统和电子商务系统，从而为电子商务提供高质量、高水平的现代物流配送服务。

2. 服务化物流项目

服务化物流是指以满足消费者的需求为目标，组织货物的合理流动。具体而言就是把商品的采购、运输、仓储、加工、整理、配送、销售和信息等方面有机地结合起来，选择最佳的方式与路径，以最低的费用和最小的风险，保质、保量、适时地将货物从供方运到需方，为消费者提供多功能、一体化的综合性服务。

服务化物流项目的动力来源有：消费者物流机能的扩大；零售业物流机能的扩大；物流服务需求的多样化；国际供应链一体化；信息革命；全球经济可持续发展的要求。随着以上趋势的进一步加强，服务化物流项目将成为今后物流项目发展的一个亮点，并将对物流企业的管理产生深远的影响，具体表现为：从产品管理转向顾客管理；从企业间的交易性管理转向关系性管理；从物资管理转向信息管理。

3. 绿色物流项目

所谓绿色物流项目，是指在物流过程中减少对环境造成的损害，实现物流环境的净化，使物流资源得到最充分利用的物流项目。其目标是将环境管理导入物流业的各个系统，加强物流业中保管、运输、包装、装卸搬运、流通加工等作业环节的环境管理和监督，有效地遏制物流发展造成的环境污染和能源浪费。具体来说，绿色物流项目的目标不同于一般的物流项目。一般的物流项目主要是为了实现物流企业的盈利、满足顾客需求、提高市场占有率等。这些目标最终都是为了实现某一主体的经济利益。而绿色物流项目除追求上述经济利益目标之外，还追求节约资源、保护环境这一既具经济属性又具有社会属性的目标。资源的开发和利用必须有利于环境的维护以及资源的持续利用。开发绿色物流项目已逐渐成为物流企业在未来的发展中不可回避的选择，它不仅对企业自身的发展有利，而且对整个社会的发展也有利，还能够兼顾经济效益和社会效益，实现企业和社会的双赢。

企业实施绿色物流项目的常用途径如下：

(1) 通过车辆的有效利用减少车辆运行，提高配送效率和积载率。

(2) 通过制订发货计划，实现其均衡化和配送路线的最优化，增加往返载货车，减少退货运输和错误配送，争取实现运输配送的效率化和现代化。

(3) 通过同产业共同配送、异产业共同配送、地域内共同配送或由第三方物流企业统一发货，实现运输配送的合理化与最优化。

4. 再生资源（回收）物流项目

再生资源是可以再生利用资源的总称，是生产、加工、制造过程中尚未形成使用价值的排放物，或生活过程中已完成一次使用价值的排放物中全部或部分可再转化成有用物的资源。

5. 大数据时代的项目分析

"大数据"已经成为商业智能、供应商分析和数据管理市场领域中讨论度最高的话题之一，当然也是最热门的流行语之一。越来越多的企业开始关注商业智能和供应商分析，希望可以解决大数据环境中的业务问题。

复习思考题

1. 简述项目管理的发展历史。
2. 简述项目管理的组织。
3. 简述项目管理的职业化发展趋势。
4. 什么是项目？它与日常运作有什么区别？
5. 项目管理有哪些特点？
6. 项目生命周期包括哪些阶段？
7. 什么是物流项目管理？怎样理解这一概念？
8. 简述现代物流项目管理的发展趋势。

物流项目可行性分析

第一节 物流项目识别与构思

一、物流项目识别与选择

(一) 物流项目识别

物流项目识别就是对于客户已识别的需求，承包商从备选的项目方案中选出一种可能的项目方案来满足这种需求。项目识别与需求识别的不同之处在于，需求识别是客户的行为，而项目识别是承包商的行为。

物流项目识别阶段包含三个层次的活动：第一，识别项目需求；第二，提出项目设想或构思；第三，对项目是否立项进行初步分析。这个阶段解决的主要问题是：要进行的是什么项目？在这个阶段项目还只是一个概念，项目的范围和具体内容完全没有成型，项目发起人只是发现了进行一个项目的需求，并对项目的必要性、限制条件、实施后的影响、项目的资源需求等进行了初步的分析。

项目识别是项目生命周期的最初阶段。它开始于需求、问题或机会的识别，结束于需求建议书的发布。客户识别需求、问题或机会，是为了更好地开展业务，同时能够由此看到执行一个有可能使现状得以改善和提高的项目对自己的益处。

(二) 物流项目选择

物流项目选择是指评估各种需求和机会，然后决定哪一个应该以项目的形式来实施。每个机会的收益和结果、优势和劣势、增加值和减少值都需要认定和评估。定量或定性、有形或无形的评估都可以。定量的收益可以利用财务指标来衡量，如销售额的增长或者成本的降低。它们也可以表现为无形收益，如提升公司的形象或者员工士气。另外，每个机会都应有量化的结果，如完成项目所需的成本，或者项目的进行对产量的影响。而有些结果也可能不是具体的，如法律壁垒或者某一特殊团体的反应。

1. 基本原则

为了正确地选择项目，避免失误，在项目选择过程中一般应遵循下列基本原则：

（1）符合发展战略。战略是通过项目来实施的，每一个项目都应该和组织的发展战略有明确的联系，将所有项目和组织的战略方向联系起来是组织成功的关键。项目的选择必须围绕企业发展战略来进行，每个项目都应该对企业的发展战略做出贡献。

（2）考虑资源约束。项目建议来源于各种需求的变化和解决现存问题的动机，组织在选择项目时必须考虑日常运作对资源的需求及可用资源的改变、项目依时间的资源消耗等资源约束因素。

（3）优化项目组合。项目选择是对一个复杂的系统进行综合分析与判断的决策过程，其影响因素很多，在选择项目时，应综合考虑各项目（建议）的收益与风险、项目间的联系、组织的战略目标和可利用资源等多种因素，选择最合适的项目组合，使项目组合的整体绩效和价值最大化。

2. 基本程序

由于受资源的限制，选择合适的项目配置是比较困难的，大多数企业可能会犯的一个共性错误就是选择只对企业长期发展起很小（甚至不起）作用的项目，因此，企业必须有能力避免启动那些对企业长期发展并不重要、未与企业发展战略有效整合的项目，以避免有限资源的浪费。主要方法就是建立一套将项目选择与企业战略有机地联系起来，使项目选择与优先级密切关联，从而保障战略计划与项目有效整合的选择程序，在将企业资源用于某一项目之前，通过选择程序来确定项目的有效性和可行性，以便企业所选择的任何一个项目都符合其发展战略。项目选择程序有以下几步：

（1）制定一套评估机会的标准。这些标准可能包含定性和定量的因素。例如，如果一家制药公司正在考虑开发和引入几种新产品的机会，它可能会按照以下标准来评估每个机会，比如：与公司目标的一致性；预期销量；市场份额的增长；新市场的确立；预期零售价格；需要的投资额；预计单位制造成本；技术发展的需要；投资回报率；人力资源的影响；公众的反应；竞争对手的反应；预期的时间进程；管制审批等。

（2）列出每个机会所基于的假设。例如，如果想修建一个物流配送中心，一个假设可能是公司要能得到一笔银行贷款。

（3）收集每个机会的相关数据和信息，确保做出一个正确的项目选择决定。例如，必须收集与每个机会有关的一些基本财务估计，如估计的项目收入和实施与运营成本。

这些成本可以用特定的基于数学的财务模型来分析，这样它们就能够在一个统一的基础上进行比较。这可能需要一整套财务或经济模型分析方法，用来计算直接回报、贴现的现金流、净现值、内部收益率、投资回报率，或者与每一个考虑中的机会有关的生命周期成本。

除了收集相关的数据以外，还必须获得与每个机会有关的其他一些信息，如这个机会将会影响到的各种利益相关者的信息。这些利益相关者可能是雇员、顾客或者社区居民。收集这些信息的方法包括问卷调查、小组专题讨论、访谈或者对已有报告进行分析。

（4）对照标准评估每一个机会。对每个机会的相关数据和信息进行收集、分析和总结后，就应该将这些资料提交给那些负责评估的人。参与评估和选择决策的人数较多是比较有利的，因为能得到各种观点和看法。参与评估和选择决策的团队或委员会中的每个成员都应有不同的背景和经验，并将其应用到决策过程中去。他们可能一些来自市场部，对消费者的偏好很了解；一些来自财务部，熟知产品成本和公司的财务状况；一些来自生产部，了解生产流程及设备需要做哪些改进；一些来自研发部，知道要研发多少种新的技术；一些来自人力资源部，知道机会可能会给劳动力或者社区带来哪些影响。

虽然在项目选择及优先顺序上达成一致要花较长的时间，也面临着较大的压力，但是与只由一个人做出决定相比，多人参与决策更加可能得到一个高质量的决策结果。另外，人们也更容易接受这样的决策。

开展评估和选择过程的一个方法就是让评估和选择委员会制定一套评价标准，也可以制定某种类型的评分体系（如高—中—低，1～5分或者1～10分）。根据每项标准给每一个机会打分。然后，每个委员会成员都应该拿到已经收集、分析和总结的所有数据和信息。在所有成员碰面前，每个成员都应根据评价标准独立分析每一个机会的收益和结果、优势和劣势。这样就能确保每一个成员在全体委员会成员碰面前就已经进行了细致的考虑。

建议制作一个项目评价表，列出评价标准，旁边能够填写评语，并针对每个标准设置一个小空格用于打分。评估和选择委员会的每个成员都应在全体委员会成员开会以前完成每一个机会的评价表的填写。

在多数情况下，项目选择将综合考虑定量评估的结果和每个成员基于其经验所感受到的价值。尽管最终决定还是由公司的所有者、总裁或者部门主管来做，但有一个能够进行充分考虑的评估过程和选择程序，以及一个健全的评估和选择委员会，将大大增加做出能够带来最大总体收益的最好决策的机会。

（三）需求建议书

一旦做出要利用某个或某些机会的决定，并且想雇用承包商或者顾问来执行该项目，下一步就要准备需求建议书。如果该项目由公司内部的团队来执行，也应准备一份文件，类似于需求建议书，列出项目需求。

需求建议书是指从客户角度出发，全面、详细地向服务商陈述、表达为了满足其已识别需求所应做的准备工作的书面文件。也就是说，需求建议书是客户向服务商发出的用来说明如何满足其已识别需求的建议书，是客户与服务商建立正式联系的第一份书面文件，又称招标书。需求建议书一般由客户起草，主要描述客户的需求、条件及对项目任务的具体要求。一份完整的需求建议书主要包括满足其需求的项目的工作表述、任务要求、客户供应条款、付款方式、契约形式、项目时间等。

好的需求建议书能让服务商准确把握客户所期待的产品或服务。当然，并非在所有情况下都需要准备一份正式的需求建议书，当企业的某一需求由内部开发项目予以满足时，这一过程就变得简单多了，此时更多需要的是口头上的交流和信息传递，而不是把宝贵的时间耽搁在仅仅起到信息传递作用的需求建议书上。例如，某一软件开发公司原来的财务分析系统已经远远不能适应日益增加的业务需要时，便可直接要求软件开发小组进行开发，这时只需把相关的要求口头传达给软件开发小组即可。

1. 需求建议书的主要内容

（1）工作表述。

工作表述部分要说明项目的工作范围，概括客户要求开发商或项目团队执行的任务或工作单元，说明项目所涉及的各种工作哪些必须由开发商或项目团队去完成，哪些由客户自己去做。例如，企业建设一个网站所需设备的采购任务，是由客户自己完成，还是由开发商去完成；企业网站上的页面文字，是客户自己撰写，还是由开发商撰写等。

（2）任务要求。

需求建议书必须具体规定开发商所要完成任务的规格和特征，如涉及大小、数量、颜色、重量、速度时所必须满足的物理参数和操作参数。例如，企业建设一个网站，可能要求在 1 000 人同时访问的情况下不会产生堵塞，以及网站的浏览页面数量不低于多少；建设一个自动结账和收款系统，可能要求具备每天办理 12 000 次交易的功能和其他特定的功能，如在开出发票的 30 天内没有收到账款，就会自动发出催款通知。具体的任务要求可能会成为将来的验收标准。

（3）交付物。

交付物就是开发商所提供的实体内容，这应该在需求建议书中说明。例如，对于自动结账和收款系统来说，客户可能要求开发商提供硬件（计算机）、软件、操作手册和培训课程。交付物也可能包括客户要求开发商提供的定期进度报告或终期报告。

（4）客户供应条款。

需求建议书还应该列出客户供应条款。例如，客户需要建设一个网站，可能需要向开发商提供企业内部的组织结构及各部门之间业务关系的详细说明，包括信息流程的类型、信息流量和发生频率等。

（5）客户对需求的确认。

需求建议书不是对客户需求的最后确认。最后确认应该在客户对开发商提出的方案进行评估之后。例如，印刷宣传手册，可能在开印之前要经过客户审定；局域网的建设，在购买材料和设备之前，客户必须审定开发商的技术方案。这一点在需求建议书中必须向开发商说明。

（6）期望的合同类型。

合同可以按固定价格订立。这样，开发商实际上就是费用包干。客户只给固定的费用，不管开发商实际工作花费多少。在固定的费用范围内，开发商必须保证功能的实现和质量要求的达成，超支的风险由开发商负担。

合同也可以规定开发商不承担风险，即在时间、原材料限制的条件下，不论实际成本多少，客户都会付给开发商特定的报酬，也就是所谓包工不包料。在我国现阶段的条件下，这种合同比较普遍。在需求建议书中，最好说明客户希望采用哪种类型的合同。

（7）期望的付款方式。

付款方式可以分为一次性付款和分阶段付款，在开始前付款和结束后付款。一般根据项目的性质来确定付款方式。如网页制作，往往在项目末期付款；而建设局域网，一般在方案确认后付款30%以便开发商进行采购，工程结束验收后再付满90%，留10%等到使用一段时间以后确认无问题时付清。具体付款方式需要合同双方协商，但在需求建议书中，客户应该先提出自己期望的付款方式。

（8）进度计划的要求。

进度计划的要求可能很粗略，如要求在6个月内完成；也可能详细一些，如建设一个自动结账和收款系统，要求多长时间内完成方案设计和审定，多长时间内完成硬件选购与安装，多长时间内完成软件研制、测试与安装，最后开发商在系统安装调试后，在多长时间内提交所有的系统文件和操作培训。

（9）申请书的格式和内容提示。

为了便于在几个开发商之间进行比较和评价，申请书应该在形式上采取同一种格式，内容的结构也应该一致。这样对不同的申请者来说也比较公平，还能减轻客户在评审时的工作量。客户在需求建议书中可以限定申请书的每一部分所用的文字数量或页数。

（10）提交申请书的最后期限。

申请书受理的截止日期是必须交代清楚的。例如，要求开发商在接到需求建议书后多少个工作日之内（或1周之内、1个月之内等）提交申请书，或大家一律在某月某日之前提交申请书。这样做的目的是便于同时对众多的申请者进行比较、评估，也是为了保证公平，不给某些开发商额外的时间和机会。

（11）对申请书的评价标准。

在建议书中要明确客户将根据哪些准则来评价开发商提交的申请书。这样做的目的是指导开发商写好申请书。一般评价标准包括4个方面的内容：开发商在类似项目中的经验；开发商提出的技术方案是否合适；进度计划；成本。

（12）资金总量。

开发商总是希望了解客户有多少资金可以用于开展项目，但客户在需求建议书中往往不愿意透露这个信息。其实，客户暗示大概的数字，告诉开发商打算花多少钱来开展项目是有好处的，这样可以使开发商提交与客户资金水平相适应的申请书，提高项目准备阶段的工作效率。

2. 编写需求建议书的一般原则

需求建议书应该由客户编写，但由于各种客观因素的限制，实际上很难做到。所以，很多时候都是由客户与项目小组共同编写。编写项目需求说明的过程也是项目小组带领客户进行项目需求启发的过程。编写高质量的项目需求建议书没有公式化的方法，需要大量的实践经验。以下是编写需求建议书需要把握的几个原则：

（1）需求应该是正确的。

建议书中的每个需求都必须精确描述要交付的成果。需求内容是否正确，需要客户的代表来进行确认，由他们检查、决定客户需求的正确性。没有客户的需求检查会导致项目实施过程中出现很多问题。

（2）需求应该是可行的。

项目的需求应该在有限的资源、已知的能力、有限的系统及其环境下是可实现的。

为了避免需求的不可行性，在需求分析阶段应该有核心技术人员参与，检查在技术上什么能做、什么不能做，以及哪些需要额外的付出等。

（3）需求内容应该是必要的。

需求建议书中的每个需求都应该有相应的出处，即说明什么是客户确实需要的，什么要顺应外部的需求、接口或标准。如果不能标识出处，则这个需求可能不是真正需要的。

（4）需求内容应该有优先级。

优先级是由客户或其代理及项目小组共同商讨后确定的。如果所有的需求都被视为同等重要，那么在开发过程中遇到预算削减、计划超时或组员离开而产生新的需求时，项目经理将无所适从。

（5）需求内容应该是明确的。

需求不该有歧义，要避免使用一些拟订项目需求建议书的人很清楚但其他人感到模糊不清的词汇。如：用户友好性、容易、简单、快速、有效、几个、艺术级、改善、最大、最小，等等。每个需要都应简洁、直观地采用用户熟知的语言来表述，而不要采用计算机术语。

二、物流项目构思

物流项目构思是指对未来投资的物流项目的目标、功能、范围、大体轮廓以及项目涉及的各主要因素的设想与初步界定。

（一）项目构思阶段

项目构思是一种创造性的探索过程。一个成功的项目构思，不是一蹴而就的，而是需要经历一个渐进的过程。项目构思一般包含以下几个阶段。

1. 预备阶段

预备阶段即项目构思的准备阶段，可细分为四个步骤：一是确定所构思项目的性质和目标范围；二是调查研究，收集资料和信息；三是资料整理，去粗取精；四是研究资料和信息，通过分类、组合、加减、演绎、归纳、分析和综合等方法，了解资料所包含的内容，挖掘资料中蕴含的内在规律。

2. 领悟阶段

领悟阶段一般分为潜伏、创意出现和构思诞生三个步骤。潜伏实质上就是将拥有的资料和信息与所需构思的项目联系起来，全面系统地反复思考，综合比较分析。创意出现就是在大量思维过程中出现具有独特新意但不完全成熟或不全面的某些概念和观点，实际上就是以人脑中的信息、知识和智慧为基础，通过综合、类比、借鉴、推理而得出某一概念或见解的逻辑思维过程。由于这一思维过程的细节尚不完全明晰，也往往不被人的意识所完全察觉，因而也可以认为是一种不完全的逻辑思维。所以，创意出现是项目策划者在下意识活动中进行逻辑思维和非逻辑思维的结果。构思诞生是指通过多次、多方面的创意出现和反复综合思考，形成项目的初步轮廓，并用语言、文字、图表等方式明确表达出来，这是项目完整构思的基础，也是项目构思进一步深入的起点。

3. 完善阶段

从项目构思的初步诞生到项目构思的完善，可以分为发展、评估、实现三个步骤。发展是通过进一步综合分析，对初步诞生的项目构思进行内容和外延上的深入和扩充，使之更趋完善。评估是对已形成的项目构思从多方面进行评价分析，甚至可以进行多方案的评选。在必要时，还需要组织项目策划人员和有关专家进行集体讨论研究，力求使项目构思尽可能完善和符合客观实际。实现是经过更加全面而有针对性的市场调查分析之后，将评估后的项目构思方案细化为可操作的项目建设方案。在实施和细化过程中，发现有不完善或不正确之处，应立即予以改进、修正和完善。

（二）项目构思的方法

项目构思是一种创造性的活动，无固定的模式或现成的方法可循，需要具体情况具体分析，但仍有一些常用的分析构思方法可以借鉴、参考，项目管理者们根据实践经验，归纳出了一些有用的方法。

1. 组合法

组合法是指把两个或两个以上的物流项目整合，形成新的物流项目，这是物流项目构思时常采用的最简单的方法。投资者（或物流客户）为适应市场需要，提高物流项目的整体效益和市场竞争力，往往依据物流项目的特征和自身条件，将企业自有或社会现有的几个相关物流项目整合形成一个新物流项目，如将城区的路网改造项目与自身的物流配送优化项目组合为物流配送网络优化项目。此种构思方法适用于在市场上已经取得了很好效果的物流项目，因而不需要做太多的市场调查。

2. 比较分析法

这种物流项目构思方法是指物流项目策划者通过对自己所掌握或熟悉的某个或多个特定的物流项目（既可以是典型的成功物流项目，又可以是不成功的项目）进行纵向分析或横向联想比较，来挖掘和发现物流项目投资的新机会。例如，依据已经成功的全球卫星定位项目，开发物流企业运输车辆的定位跟踪和远程控制项目。这种方法是从内涵和外延两方面对现有的项目进行研究和反复思考，因而比组合法要复杂些，而且要求物流项目策划者具有一定的思维深度，并掌握大量有价值的信息。

3. 头脑风暴法

头脑风暴法又称脑力刺激法、智力激励法。这种创造过程的核心是"发现设想，提出新构思"。开展这种集体创造活动时，需要召集较多的人，一般 6～12 人，共同畅谈讨论。畅谈会需要遵循以下 4 个原则：

（1）讨论者应自由地表达自己的想法，任何人暂时不要对他人的想法做任何评价，使发言者畅所欲言。

（2）大量的想法中必定包含有价值的内容，畅谈会后要进行全面、综合的评析，认真归纳总结，从中找出有价值和新颖的设想。

（3）尽可能地发挥想象，提出各种想法，重数量而不是质量。

（4）鼓励综合数种见解或在他人见解上进行发挥，集思广益，发挥团队思维的叠加性。

4. 集体问卷法

集体问卷法又称德尔菲法，即给每个参加集体构思创造的人一份罗列了物流项目构思相关的主要问题的问卷，要求每个人在一定的时间内将问题的解决办法以及对物流项目的某些设想和看法记录在问卷上，然后将问卷收回，对内容进行汇集整理，并加以总结，再提交集体讨论，做进一步的研究、比较和筛选，如此重复几轮后最终形成一个一致的方案。这种方法将意见调查法和头脑风暴法结合起来，效果较好，常被采用。

德尔菲法的实施过程包括以下步骤：

（1）拟订决策提纲。

先把所要决策的项目描述成几个需要解决的问题，问题必须提得十分明确，不论由谁来回答，对问题的理解都应相同，而且最好只能用具体、明确的形式回答。

（2）选定决策专家。

选择的专家一般是有名望的或从事该项工作多年的专家，最好包括多领域的有关专家，人数一般以 20～50 人为宜，一些重大问题的决策可选择 100 人以上。

（3）征询专家意见。

向专家邮寄第一次征询表，要求每位专家提出自己决策的意见和依据，并说明是否需要补充资料。

（4）修改决策意见。

决策的组织者将第一次决策的结果及资料进行综合整理、归纳，使其条理化，然后发出第二次征询表，同时把汇总的情况一同寄出去，让每一位专家看到全体专家的意见倾向，据此对所征询的问题提出修改意见或重新做一次评价。

（5）确定决策结果。

征询、修改以及汇总反复进行三四轮，专家的意见就会逐步集中和收敛，组织者据此可得出专家们趋于一致的决策结果。

德尔菲法也可以理解为组织集体思想交流的过程。该方法具有以下几个特点：

（1）匿名性。

征询和回答是用书信的形式"背靠背"进行的，回答者彼此不知道具体是谁，这就可以避免相互间的消极影响。

（2）反馈性。

征得的意见经过统计整理，会重新反馈给回答者。每个人都可以知道全体的意见倾向以及持不同意见者的理由。每一个回答者都有机会修改自己的见解，而且无损自己的威信。

（3）收敛性。

征询意见过程经过几轮（一般为 3 轮或 4 轮）重复，回答者就能够达成大致的共识，甚至是比较协调一致的共识。也就是说，统计归纳的结果是收敛的，而不是发散的。

第二节　物流项目融资

项目融资（Project Financing）是 20 世纪 70 年代兴起的用于基础设施、能源、公用电话、石油和矿产开采等大型项目的一种重要筹资手段。项目融资与传统的资金筹集方式有很大的区别，它是一种无追索权或仅有有限追索权的贷款，它所涉及的资金量和风险都比较大，具有特殊性和复杂性。

一、项目融资概述

（一）项目融资的定义

项目融资是一种与公司融资（Corporate Financing）方式相对应的，以物流项目公司为融资主体，以项目未来收益和资产为融资基础，由项目的参与各方分担风险的无追索权或仅有有限追索权性质的特定融资方式。

在项目融资中，至少有发起人、项目公司和贷款人三方当事人，项目融资关系示意图如图2-1所示。

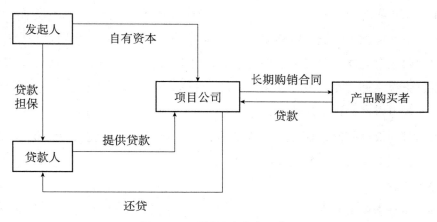

图 2-1 项目融资关系示意图

1. 发起人

发起人指直接参与项目投资和管理的投资者，即股东。它可以是单独某家公司，也可以是由多个投资者组成的联合体。普遍的做法是在发起人的授意下成立一个项目公司，发起人一般在该公司中拥有股份，类似控股公司。发起人是项目融资的真正借款人，它一般需要以直接担保或间接担保的形式为项目公司提供一定的信用支持。

2. 项目公司

项目公司是项目投资者根据股东协议（或称合资协议）创建的一个确定的法律实体。项目公司应根据《中华人民共和国公司法》及其他法律的有关规定在中国境内设立并注册，项目公司的主要法律形式是有限责任公司和股份有限公司。项目公司以公司法人身份进行融资并承担相关责任，它是项目的直接主办人，直接参与项目和项目管理，直接承担项目债务责任和项目风险。

3. 贷款人

贷款人指项目资金的提供者，主要有商业银行、非银行金融机构（如租赁公司、财务公司、投资基金）和一些国家政府的出口信贷机构。承担项目融资责任的银行可以是单独的一家商业银行，也可以是多家银行参与的银团，一般取决于项目的贷款规模和项目风险。银团的贷款组织方式可分散每一家金融机构在项目贷款中的风险。

（二）项目融资的特征

1. 仅有有限追索权

项目贷款是具有有限追索权的筹资方式。追索是指借款人未按期偿还债务时，贷款人要求借款人用除抵押资产之外的其他资产偿还债务的权利。对于一个工程项目而言，如果采用传统融资方式，贷款人为项目借款人提供的是完全追索形式的融资贷款。在这种情况下，借款人的资信等级是贷款人最为关心的事情。而在项目融资中，贷款人的贷款回收主要取决于项目的经济强度，除了在有些情况下或有些阶段，贷款人对借款人有追索权之外，在一般情况下，无论项目成功与否，贷款人均不能追索到项目借款人除该项目资产、现金流量及所承担的义务之外任何形式的财产。对项目融资来说，项目本身的效益是偿还债务最可靠的保证，因此，项目贷款人更加重视对项目效益的考察，注重对项目本身的债务追索。

2. 项目导向

项目导向是指项目融资不依赖项目发起人的信用和资产，而是以项目本身的未来现金流量和资产作为举债的基础，一个典型的项目融资，通常需要建立一个单独的项目公司来筹集资金并持有项目资产。由于这个新设公司没有以往的营业记录，除项目以外，并无其他资产，只能依靠这个项目本身的未来收益和资产来筹措资金，项目贷款人的基本保障是项目未来的现金流量和资产，而不是项目发起人以往的财力和资产，因此，项目贷款人出于对自身安全的考虑，需要对项目的谈判、建设、运营进行全程的监控。

3. 风险分担

风险分担是指项目融资普遍建立在多方合作的基础上，项目参与各方均在自己力所能及的范围内承担一定的风险，避免了由其中的任何一方独自承担全部风险。项目发起人通过项目融资可以达到利用外部债务融通项目大部分资金的目的，从而可以把项目的大部分风险转移给项目贷款人，以减少项目发起人所承担的项目风险。对于项目贷款人而言，其风险也只能维持在可接受的水平，因而它们会将项目风险合理地分配给项目的参与各方。项目的不同参与方对风险的承受能力可能有很大区别，承受风险的大小，取决于它们所希望得到的回报及风险承受能力，从而形成了项目公司对偿还贷款承担直接责任、项目发起人提供有限担保、由第三方向贷款人提供信用支持的风险分担结构。

4. 债务屏蔽

债务屏蔽是指在项目融资中通过对投资结构和融资结构的设计，可以把项目债务的追索权限制在项目公司中，从而对项目发起人的资产负债表不产生影响。项目融资是一种非公司负债型融资，也称为资产负债表外的融资，即项目的债务不表现在项目发起公司的资产负债表中。项目融资的非公司负债型融资特征使得项目发起公司能够以有限的财力从事更多的投资，且达到分散投资风险或将投资风险限制在多个项目之中的目的。

5. 项目周期长

由于项目融资所涉及的资金量和风险都比较大，因此，项目评价必须十分慎重，时间一般也比较长。在项目谈判中，由于要协调项目参与各方的不同利益，而有关风险分担的每个细节又必须在合同中加以详细规定，因而谈判的时间也会延长。项目融资耗时长短对项目的成败有着重要的影响。如果耗时过长，会徒增直接成本，还有可能错过市场和其他机会，造成更为严重的经济损失。因而大型项目融资一般是随着项目建设的进程，在项目的生命周期内分阶段、多渠道、多形式地筹集资金。

6. 融资成本高

在项目融资中，贷款方承担了较高风险，所以项目融资贷款所要求的利率高于普通贷款，而融资过程中烦琐的程序、各种担保与抵押等因素都增加了项目融资的费用。在项目营运期间，可能还得花费额外的费用来监控施工进展、运营及贷款的使用，这些因素都使项目融资的成本大大增加。

7. 负债能力强

项目融资通过建立复杂的多边担保体系，可以增强项目的债务承受能力；通过对项目融资结构的设计，可以排除许多风险因素和不确定因素，对项目潜在的风险也会有较为清醒的认识。由于项目融资主要依赖于项目的现金流量和资产，而不是依赖于项目的投资者或发起人的资信，故而有些对于投资者来说很难筹措到的资金可以利用项目融资来安排，难以得到的担保条件也可以通过组织项目融资来实现。因此，采用项目融资一般可以获得比传统方式更高的贷款比例。

在国际经济舞台上，项目融资除以上特征之外，还有利用税收优势降低融资成本、提高项目的综合收益率、增强偿债能力、促进产品出口等特征。

（三）项目融资与公司融资的区别

根据融资结构的不同，投资项目的融资方式可分为传统的公司融资（Corporate Financing）和现代的项目融资（Project Financing）。

公司融资是依托现有的公司法人进行融资活动。其特点是：（1）它不组建新的项目法人，由既有公司法人作为项目发起者，统一组织融资活动并承担融资责任和风险；

（2）拟建项目一般是在既有公司法人资产和信用基础上进行的，并形成增量资产；

（3）投资者将该项目与公司法人作为一个整体看待，以公司法人的财务整体状况（如资产负债、盈利水平）考察其融资后的偿债能力，决定是否参与投资或贷款。

而项目融资是新组建独立的项目公司进行融资活动。

例如，某工业公司现已拥有甲、乙两个工厂，为了新建丙工厂，决定从金融市场上筹集建设资金，讨论的筹资方式大致有两种：第一种是借来的款项用于建设新厂丙，而归还贷款的资金来源于甲、乙、丙三个工厂的收益。如果新厂丙建设失败，该公司把原来的甲、乙两工厂的收益作为偿债的保证。这时贷款方对该公司有完全追索权。第二种是借来的款项用于建设新项目丙厂，用于偿债的资金仅限于丙厂建成后的各种收益。如果新项目丙厂建设失败，贷款方只能从清理项目丙厂的资产中收回部分贷款，除此之外，不能要求该公司用别的资金来源，包括甲、乙两工厂的收入来归还贷款，这时贷款方对该公司无追索权。或者在签订贷款协议时，只要求该公司把特定的一部分资产作为贷款担保，这时贷款方对该工业公司拥有有限追索权。第一种为公司融资，第二种则属于项目融资，如图2-2、图2-3所示。两者的主要区别如表2-1所示。

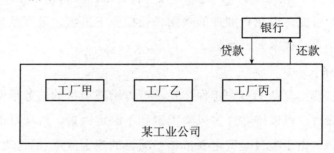

图2-2 公司融资

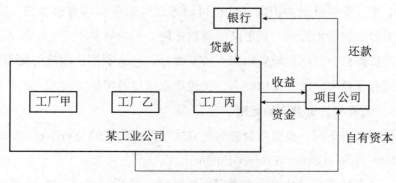

图2-3 项目融资

表 2-1　项目融资与公司融资的主要区别

内容	项目融资	公司融资
融资主体	项目公司	发起人
融资基础	项目的资产和现金流量（放贷者最关注项目效益）	借贷人/发起人的资信
追索程度	有限追索（特定阶段或范围内）或无追索	完全追索（用抵押资产以外的其他资产偿还债务）
风险分担	所有参与者	集中于发起人/放贷者/担保者
股权比例（本贷比）	发起人出资比例较低（通常＜30%），杠杆比率高	发起人出资比例较高，通常＞30%或40%
会计处理	资产负债表外融资（通过投/融资结构设计，使债务不出现在发起人的资产负债表上，仅出现在项目公司的资产负债表上）	项目债务是发起人债务的一部分，出现在其资产负债表上
贷款技术	复杂	比较简单
持续时间	长	比较短
融资成本	较高	较低
贷款人对项目的管理权	参与项目管理	不参与项目管理
资产负债率	70%～90%	40%～60%

　　项目融资以被融资项目本身的经济强度作为决定是否提供贷款的首要考虑因素，贷款人自始至终都着眼于控制和积极影响项目运作的全过程，并且能够根据项目的特点设计出多种多样的融资结构，满足项目投资者（借款人）的不同需求，使一些在传统融资条件下可能无法取得贷款资金的项目通过项目融资的手段得以开发。项目融资的这一特征，对于资本占用量大、投资回收期长的工业部门具有特别的吸引力。理论上，项目融资已经被视为一种在国际金融市场上可以避免国家信贷困难而为资本密集型项目筹集资金的有效方法。因此，在过去几十年中，项目融资发展迅速，在石油、煤炭、采矿、钢铁、有色金属、森林、发电以及一些大型基础设施建设项目，甚至军事工程中得到了广泛、成功的应用。

　　（四）项目融资的适用范围

　　项目融资这种特殊的融资方式从产生到现在已经走过了几十年的历程。从历史上看，各方对于采用这种方式都比较谨慎，都要根据现实情况的要求做出周密安排。由于这种融资方式对贷款人来说风险较大，对借款人来说成本较高，因此不在迫不得已时，一般较少采用。在发达国家，项目融资首先应用于资源开发项目，然后是基础设施项目，进而在制造业项目上也做过一些尝试。

1. 资源开发项目

资源开发项目运用项目融资方式的典型是英国北海油田项目。1969—1970 年，刚刚经历过经济危机的英国很不景气，为了缓解国家的衰败局面，在进行了一定的储量勘查之后，英国决定开发北海油田。当时，负责该项目的是不列颠石油公司。由于开发项目风险很大，成功则收益丰厚，失败则颗粒无收，因此，在国内资金不足的情况下，不列颠石油公司不愿意通过股权融资方式向外筹资，担心项目失败而导致自己破产。最后，大胆的美国银行通过产品支付这种项目融资方式帮助英国完成了北海油田项目的开发，自己也获得了高收益。除石油项目外，项目融资也可用于天然气、煤炭、铁、铜等资源的开采。

2. 基础设施项目

基础设施项目是项目融资应用最多的领域。基础设施领域一般包括铁路、公路、港口电信和能源等项目的建设。项目融资之所以在基础设施领域应用最广，一方面是由于这类项目投资规模巨大，完全由政府出资有困难；另一方面也是商业化经营的需要，因为只有商业化经营才能产生效益，并提高效益。在发达国家，许多基础设施建设项目因采用项目融资而取得成功。

3. 制造业项目

虽然项目融资在制造业领域有所应用，但范围比较窄。因为制造业中间产品很多，工序多，操作起来比较困难；另外，其对资金的需求也不如前两个领域那么大。在制造业，项目融资多用于工程上比较简单或某个工程阶段中已使用特定技术的制造业项目，另外也适用于委托加工生产的制造业项目。

以上是发达国家项目融资的适用范围。但是具体到每个国家如何确定项目融资的适用范围，则直接与该国利用外资的政策有关。可以说，由于各国情况不同，并非所有项目都适合采用项目融资方式。项目融资一般适用于那些竞争性不强的行业，具体来说，只有那些通过对用户收费取得收益的设施和服务，才适合项目融资方式，这类项目尽管建设周期长、投资量大，但收益稳定，受市场变化影响小，整体风险相对较小，对投资者有一定的吸引力。

在发展中国家，可实施项目融资的领域一般来说主要是：公路及配套设施，港口设施，机场及有关设施，发电、配电及有关设施，电信设施，供水、污水处理、排水及有关设施，等等。由此看来，项目融资的适用领域虽然比较宽广，但主要集中在基础设施项目上。

目前，在中国，项目融资主要应用于公路、电厂、污水处理等基础设施项目上。

二、项目融资组织

（一）项目融资参与方

任何一个项目，一般都要涉及产、供、销环节上的多个参与者。而以项目融资方式筹资的项目，由于资金数额大、涉及面广，且要有完善的合同体系来分担项目风险，因此参与者就更多。项目发起人、项目公司、借款方、贷款银行这些基本参与者，是这种特殊融资方式的主体；而没有承建商、供应商和承购商的参加，项目是不能实际建成的；担保受托方、保险公司等也是项目成功的保障；由于项目融资涉及土地、建设经营权、关税、国内税收、环境保护、主权等重大问题，东道国政府在其中的作用更是不言而喻的。

1. 项目主办人

项目主办人又称项目发起人，是项目公司的投资者，也是股东。项目主办人可以是某家公司，也可以是由多个投资者组成的联合体，如承包商、供应商、项目产品的承购商或项目设施的使用者都可以成为项目的发起人。此外，它还包括项目间接受益者，如即将兴建的交通设施所在地的土地所有者，该项目可以使他们的土地升值。

由于项目融资多用于基础设施和公共项目，在发展中国家一般都有国有企业参加，因此有利于项目获得批准及实施，降低项目的政治风险。项目主办人投资是为了取得利润，它们可以直接管理项目公司，也可以委托项目公司管理人员负责日常管理。

2. 项目公司

项目公司通常是一个确定的法律实体。它是为了项目的建设和满足市场需求而建立的自主经营、自负盈亏的经营实体。项目主办人是项目公司的发起人和出资者，它们投入的资本金形成项目公司的权益。除此之外，项目公司主要依靠借款来营建和购置资产，以项目本身的资产和未来的现金流量作为偿还债务的保证。因此，可以把项目公司看作一个资产经营公司，它并不一定参与建成项目的经营和产品销售。

3. 借款方

多数情况下，借款方就是项目公司。但有些时候，借款方也可能不是项目公司。这是因为项目的实施和融资结构受到很多因素的影响，比如东道国的税收制度、外汇制度、担保制度、法律诉讼的可行性等。很多项目的借款方也可能不止一个，它们各自独立借款以便参与到项目中来。项目的承建公司、经营公司、原材料供应商及产品买主都可能成为独立的借款方。

国际上一些银行和金融机构不向国有企业贷款和提供担保，为避开这一融资障碼，可设立专门的机构，如"受托借款机构"。银行向受托借款机构提供贷款，实际上为国有项目公司的施工筹措了资金。受托借款机构向承建商支付工程费用，项目建成后根据与项目公司签订的产品承购协议向承购商收取贷款，然后归还银行的贷款本息。

4. 贷款银行

在项目融资中，往往由多家银行组成一个银团为项目提供贷款。这种贷款又称为辛迪加贷款。为了分散东道国的政治风险，银团一般由来自不同国家的银行组成，包括东道国的银行。

5. 承建商

承建商负责项目工程的设计和建设，通常与项目公司签订固定价格的总承包合同。一般情况下，承建商要承担延期误工和工程质量不合格的风险。对于大项目，承建商可以另签合同，把自己的工作分包给分包商。

6. 供应商

供应商包括设备供应商和原材料供应商。其收益来源于供应合同，它们对项目的经济效益不太关心。设备的供应一般与贷款捆绑在一起，这样做，一方面贷款方可以为本国企业开辟国外市场，另一方面借款方可以获得出口信贷等优惠贷款。双方都既可以得到好处，又要付出代价，只是各自的关注点不一样。

7. 承购商

为了保证基建项目的成功，使项目建成后有足够的现金流入用于还本付息，在项目谈判阶段，一般都要确定产品及服务的承购商，并签订协议，来减少或分散项目的市场风险。

8. 担保受托方

项目公司主要以其资产及项目未来收益作为还款保证。为了防止项目公司违约或转移资产，贷款银行一般都要求项目公司将资产及收益账户放在东道国境外的一家中立机构，这家机构被称为担保受托方，担保受托方一般为一家资信等级较高的银行或独立的信托公司。

9. 保险公司

项目融资的巨大资金数额及未来许多难以预料的不利因素，要求项目各方准确地判定自己面临的主要风险，并及时投保。因此，保险公司就成了分担项目风险的重要一方。

10. 财务金融顾问

项目公司要在金融市场上筹集资金，必须获得熟悉金融市场运作规则的金融机构的帮助。项目主办人一般聘请商业银行和投资银行作为其财务金融顾问。它们熟知项目所在地的情况，能根据当地条件对项目融资结构提出参考意见，并对项目的经济可行性做出估计。财务金融顾问提供的报告包括有关项目成本、市场价格、市场需求、外汇汇率的信息及预测资料，并附有每个主办人的基本情况介绍。财务金融顾问的专业技能以及同金融界的广泛联系，使它们向贷款银行推荐项目时有很强的说服力。但是，财务金融顾问不承担顾问工作所引起的任何后果。

11. 专家

项目工程的设计和施工有大量技术问题需要听取专家的意见。项目主办人和财务金融顾问都需要聘请一些国内外有名望的技术专家。他们负责策划或审查项目的可行性研究，监督和协调项目的进展。特别是在项目主办人与贷款人就项目是否满足融资文件规定的完工和验收标准发生争议时，专家可作为它们之间的仲裁人。

12. 律师

项目融资各参与方之间大多是合同关系。项目文件的复杂性和参与方的国际性需要有资深的国际律师事务所介入。项目主办人进行初步的可行性研究、项目公司抵押资产和贷款方拟订贷款协议时都要听取律师的意见。每个采用项目融资的工程项目都由于本身性质及东道国的不同而有其特殊之处，因此，律师要熟悉东道国的政治、经济、法律和税收制度，甚至要了解当地的社会文化观念，这样才能在发生具体问题时应对自如，并能预先估计到可能出现的问题，防患于未然。

13. 国际金融机构

发展中国家的许多项目都是由世界银行及地区开发机构，如亚洲开发银行、欧洲复兴开发银行提供部分或全部资金。取得这些机构的贷款可以减少项目融资的资金成本，降低项目的风险。但这些机构在贷款的审查和监督、担保以及贷款的终止和生效等问题上有各自独立的政策和标准，这势必会影响融资结构，必须引起注意。

14. 东道国政府

东道国政府在项目融资中的角色虽然是间接的，但是很重要，例如减免税收或特许兑换外币。东道国政府还常常通过代理机构投入权益资金，或充当项目产品的最大买主或用户。

（二）项目公司的组成形式

许多大型项目都需要几家公司共同投入财力和专门技能才能建成和经营。除本国公司外，一般还吸收外国公司参加。如果项目主办人是两家以上的公司，则它们必须通过谈判采取适当的法律形式来保证拟议中的项目顺利实施。它们可以采用合伙或合同的法律形式来实施拟议中的项目，也可以专门成立一家同它们分开的、独立的公司来实施拟议中的项目。前者称为契约式合营，后者称为股权式合资经营。

1. 契约式合营

契约式合营又称合作经营，是最常见的项目组织方式。它可分为法人式和非法人式两种类型。法人式合作经营是指合作双方组成具有法人资格的合营实体，这个实体有独立的财产权，有起诉权和被诉权，设有董事会作为最高权力机构，并以该法人的全部财产为限对其债务承担责任。非法人式合作经营是指合作双方不组成具有法人资格的合营实体，双方都是独立的法人，各自以自身的法人资格按合同规定的比例在法律上承担责任。合作双方可以组成一个联合管理机构来处理日常事务，也可以委托一方或聘请第三方进行管理。

2. 股权式合资经营

股权式合资经营是指由合作双方共同组成有限责任公司，共同经营、共负盈亏、共担风险，并按股权额分配利润。在以项目融资方式筹措项目资金时，项目公司作为借款人，将合资企业的资产作为贷款的物权担保，以企业的收益作为偿还贷款的主要资金来源。项目发起人除了向贷款人做出有限担保外，不承担为项目公司偿还债务的责任。

我国基础设施和能源、矿产项目所需资金数额大，开发前景好，因此吸引了不少外国资本。合作经营和股权式合资经营是当前我国利用外国直接投资的主要形式，项目公司也不例外。中外合作和股权式合资经营的项目公司在我国已批准的融资项目中占绝大多数。对一些重要的基础设施和具有战略价值的项目，外商往往愿意通过合资控股掌握项目的经营调度权，进而谋得更大的利益。所以，在中外股权式合资经营的项目公司中，对中外股权比例和控股问题要予以重视。

三、项目融资的主要方式

（一）产品支付

产品支付在美国石油、天然气、矿产等项目融资中极为常见。这种形式是针对项目贷款的还款方式而言的。借款方在项目投产后不以项目产品的销售收入来偿还债务，而是直接以项目产品来还本付息。在贷款得到偿还前，贷款方拥有项目部分或全部产品的所有权。在绝大多数情况下，产品支付只是产权的转移而已，而非产品本身的转移。贷款方通常会要求项目公司购回属于它们的项目产品或通过它们的代理来销售这些产品。更常见的是根据收贷或付款协议，以购买商或最终用户承诺的付款责任来收回贷款并获得商业利润。典型的产品支付结构具有以下特点：

（1）只有项目产品可以用于支付各种经营成本支出和债务还本付息。

（2）贷款的偿还期比项目的经济寿命周期短。

（3）贷款人不提供用于项目经营开支的资金。

产品支付还款方式的关键是产品所有权的转移。在石油、天然气和矿产项目中，项目公司是在国家颁发的开采许可证基础上经营的，其产品转让权仅限于许可证允许的范围，不得将该地区其他储量用于产品所有权的转移。

（二）远期购买

远期购买是在产品支付的基础上发展起来的一种更为灵活的项目融资方式。同样，贷款方可以成立一个专设公司，这个专设公司不仅可以购买事先商定好的一定数量的远期产品，还可以直接购买这些产品未来的销售收入。项目公司将来交付给专设公司的产品或收入正好可以用来偿还银行贷款。其结构类似产品支付，也要由担保受托方对产品的销售和产品所有权的购买进行担保。

（三）租赁融资

租赁融资常用于以资产为基础的项目，如船舶和飞机的购置。在美国、英国等发达国家，许多大规模的项目融资，如大型发电厂等也采用了租赁融资的方式。租赁的一般形式是：租赁公司以自己的信用从银行取得贷款，购买厂房及设备，然后租赁给项目公司。项目公司在项目营运期间，以营运收入向租赁公司支付租金，租赁公司以其收到的租金通过担保信托向贷款银行偿本付息。

采用租赁融资至少有两大优点：第一，租赁融资可以通过厂房和设备的折旧给项目发起人带来税收优惠，从而降低了项目总成本；第二，在为法律尚不健全的国家担保购置资产的项目进行融资时，采用租赁的方式，由于租赁资产的所有权没有发生转移，仍在贷款人的掌握之中，因此，债权人对租赁资产比较放心，从而降低了贷款风险。

租赁融资通常遵循以下程序：

（1）项目主办人确定需要购置的厂房和机器设备，并设立项目公司或专设公司。项目公司或项目主办人与设备供应商和承包商签订资产的购买和建造合同，然后转移给租赁公司；或者在租赁公司表示愿意参与交易之后再签订合同。

（2）租赁开始，租赁公司向项目公司出租厂房和机器设备，建造施工合同的执行由项目公司或项目主办人之一根据监督协议代表出租人负责监督。

（3）在建造过程中，租金按等价于购置和建设成本的利息数额支付，由一家或多家银行为租金支付提供担保，有时也可由项目主办人担保。出租人与担保银行签订的文件一般规定：在发生违约事件时，出租人有权加速回收资金，没收和出售担保物。贷款银行根据与出租人签订的合作协议，通过担保人从出租人处得到对项目资产和施工合同的担保。在建造阶段，银行为了承担项目公司的反向赔偿责任，会要求一家或多家项目主办人提供完全或有限担保。

（4）工程完工之后，在经营阶段项目公司按基本租赁期租金金额逐年偿还租金（含本金和利息）。项目主办人的担保将不再有效，由银行承担项目风险。银行可以通过转让销售合同和应收款，以及对资产征收费用等形式获得担保。对租赁资产进行完工检验的标准和程序同其他形式的项目融资规定是一样的。

（5）在基本租赁期末，即在出租人租赁资产的成本全部回收并获得了预期的商业利润后，租赁资产进入租赁期的第二期或第三期。这时的租金异常低廉。项目公司能否在租赁期末将租赁资产买下，取决于项目所在国的税收政策。有些国家规定，若买下租赁资产，此项交易的性质将变为委托购买，也就不能享受有关的税收优惠政策。此时项目公司可以作为出租人的唯一代理人，以出租人可接受的价格卖出租赁资产。资产出售的大部分收入将以代理费形式返回项目公司。

在租赁形式的项目融资中，租赁公司和担保银行关于协作方式和担保范围的谈判最为艰巨。出租人希望保留资产所有权或有权重新占有出租资产来补偿其所预见的潜在损失，而忽视银行担保的存在，并且要求银行对由资产所有权引起的环境责任也负责担保。而银行则希望对资产拥有有效的担保权益，以与担保的责任相对应。银行通常会竭力将其担保范围限制在对租金支付及相关的财务责任的担保范围之内，而不愿意对租赁条款规定的项目公司应支付的所有赔偿提供全部担保。

在大型项目中，由于很难由一家租赁公司承担整个项目的租赁融资任务，因此常常由一组租赁公司分别购置资产出租，或者由几家出租人合伙经营，共同占有资产。这时由于资产的整体性，无法在几个出租人之间按投资额精确划分，因此资产变现时通常是整个资产出售，其变现程序及变现收入的分配应事先在所有出租人之间达成一致意见。

（四）建设—经营—移交（Build-Operate-Transfer，BOT）

就分类标准而言，BOT 与产品支付、远期购买及租赁融资是不同的。产品支付、远期购买及租赁融资是项目融资的还款方式；而 BOT 本身不是还款方式，而是一种工程建设形式，只是这种建设形式通常采用项目融资这种方式来融资而已。其实，BOT 与项目融资是从不同的角度来考察项目的：前者是指基础设施建设方式，有时也称

"公共工程特许权";而后者是指筹资方式。因此，BOT 项目可以通过项目融资来借款，也可以通过其他方式来借款；而项目融资既可以应用于 BOT 项目中，也可以应用于其他类型的项目中。

在 BOT 方式中，通常由项目东道国政府或其所属机构与项目公司签署协议，把项目建设及经营的特许权授予项目公司。项目公司在项目经营特许期内，利用项目收益补偿投资及营运支出，并获得利润。特许期满后，项目移交给东道国政府或其下属机构。BOT 主要有以下优点：

（1）能够扩大资金来源，政府能在资金缺乏的情况下利用外部资金建设一些基础设施项目。

（2）能够提高项目管理的效率，增加国有企业人员对外交往的经验并提高管理水平。

（3）发展中国家可吸引外国投资，引进国外先进技术。

对于为全社会提供产品和服务的公共工程，如交通和能源项目，BOT 方式是项目融资最适宜的结构。

在 BOT 方式中，东道国政府是最重要的参与者和支持者。首先，BOT 项目必须得到政府的批准，并与项目公司签订详尽的特许权协议。协议将详细规定政府与项目公司各自的权利和义务。其次，东道国政府往往提供部分资金、信誉、履约等方面的支持。政府部门也可持有项目公司的股份。发展中国家吸引外资的 BOT 项目若离开东道国政府的强力支持，将很难吸引外国私营公司冒巨大风险投资于东道国基础设施建设项目。

（五）移交—经营—移交（Transfer-Operate-Transfer，TOT）

TOT 是指委托方（政府）与被委托方（外商或私人企业）签订协议，规定委托方将已建成投产运营的基础设施项目移交给被委托方在一定期限内进行经营，委托方凭借所移交的基础设施项目未来若干年的收益（现金流量），一次性地从被委托方那里融到一笔资金，再将这笔资金用于新的基础设施项目的建设，经营期满后，被委托方再将项目移交给委托方。

（六）资产证券化（Assets Backed Securitization，ABS）

资产证券化是指将原始权益人（卖方）缺乏流动性但能够产生可预见未来现金收入的资产构造转变为资本市场可销售和流通的金融产品的过程。它起源于 20 世纪 60 年代末美国的住宅抵押贷款市场。适合证券化的资产必须具备以下特征：能带来一定的未来现金流入；现金流入的期限与条件易于把握；资产达到一定的信用质量标准化水平。

（七）公私合营（Public-Private Partnerships，PPP）

公私合营是指政府与私人组织为了合作建设城市基础设施项目，或是为了提供某种公共物品或服务，以特许权协议为基础，彼此之间形成一种伙伴式的合作关系，并通过签署合同来明确双方的权利和义务，以确保合作的顺利完成，最终使合作各方获得比预期单独行动更为有利的结果。政府部门通过政府采购形式与中标单位组成的特殊目的公司签订合同（特殊目的公司一般是由中标的建筑公司、服务经营公司或对项目进行投资的第三方组成的股份有限公司），由特殊目的公司负责筹资、建设及经营。政府通常与提供贷款的金融机构达成一个直接协议，向金融机构承诺将按与特殊目的公司签订的合同支付有关费用，这个协议使特殊目的公司能比较顺利地获得金融机构的贷款。

四、物流项目融资方式

（一）物流项目的主要融资方式

物流项目融资方式主要有：银行贷款、发行债券、融资租赁、金融租赁等。

1. 银行贷款

银行是企业最主要的融资渠道。按资金性质，可将银行贷款分为流动资金贷款、固定资产贷款和专项贷款三类。银行对一些经营状况好、信用可靠的企业，授予一定时期内一定金额的信贷额度，企业在有效期与额度范围内可以循环使用。

2. 发行债券

企业债券，也称公司债券，是企业依照法定程序发行、约定在一定期限内还本付息的有价证券，它表示发债企业和投资人之间是一种债权债务关系。债券持有人不参与企业的经营管理，但有权按期收回约定的本息。

3. 融资租赁

融资租赁是融资与融物相结合的一种融资方式，它兼具金融与贸易的双重职能，对提高企业的筹资融资效益，推动与促进企业的技术进步，有着十分明显的作用。融资租赁有直接购买租赁、售出后回租以及杠杆租赁等形式。

4. 金融租赁

金融租赁是一种集信贷、贸易、租赁于一体，以租赁物件的所有权与使用权相分离为特征的新型融资方式。设备使用厂家看中某种设备后，即可委托金融租赁公司出资购得，然后由金融租赁公司以租赁的形式将设备交付给企业使用。当企业在合同期内把租金还清后，最终还将拥有该设备的所有权。对于资金缺乏的企业来说，金融租赁不失为一种加速投资、扩大生产的好办法；对于某些产品积压的企业来说，金融租赁不失为一种促进销售、拓展市场的好手段。通过金融租赁，企业可用少量资金获得所需的先进技术设备，可以边生产边还租金。

（二）加强物流企业融资能力的手段

我国物流行业规模庞大，占 GDP 比重高，但在物流金融方面还存在一些亟须解决的问题，如监管法律关系的界定、行业规范的完善、准入机制的建立等。这就要求政府部门利用相关政策调控和金融工具，加强对物流金融的扶持和引导，推进行业持续健康发展。

1．设立政府基金支持物流金融发展

通过设立物流产业基金、入股社会金融机构等方式，加大对重点物流金融服务企业的支持力度，为其发展提供必要的资金保障；同时，积极引导金融机构提高对符合条件企业的授信额度，降低物流金融风险，助力打造区域物流金融服务中心。

2．加大税收政策支持

为促进现代物流业做大做强，政府宜为物流产业的发展提供更多、更符合实际需要的政策支持，如颁布税收优惠政策、降低相关税率等，力争从政策上为物流产业发展提供强大支持。

3．引导物流企业提升自身信用等级，力促金融创新

企业要加强自身建设，尤其要设法提升自身信用等级，并及时与银行进行交流，使银行准确掌握自己的融资需求。银行则要从物流市场的实际情况出发，针对物流企业研发具有风投性质、支持新生物流企业发展的融资产品等，以便增加自身收益。同时，鉴于物流企业普遍具有强烈的保险需求，保险公司也应积极研发针对性强的险种，大力推动物流保险业务全覆盖，以提高自身实力，实现多赢。

综上所述，物流企业如果想得到好的发展，就避免不了要去进行融资，物流企业需要去了解企业融资的方式有哪些，进而选择一个自己有能力承担的方式去融资。

第三节　物流项目经济评价

一、现金流量

（一）现金流量的概念

在技术经济分析中，一般把被评价的项目视为一个独立的经济系统，这个系统可

以是一个企业，也可以是一个地区或一个部门。现金流量是指某一个系统在一定时期内流入和流出的现金量。现金是指货币资本，包括纸币、硬币、汇票等。现金流量有正负之分。通常，流入系统的资金收入叫现金流入量，简称现金流入，为正现金流量；流出系统的资金支出叫现金流出量，简称现金流出，为负现金流量；某一时期内现金流入量与现金流出量的代数和叫作净现金流量。现金流入量、现金流出量和净现金流量统称为现金流量或现金流。现金流量包含两个要素，即现金活动的方向和现金活动量。

（二）现金流量图

为了评价项目的经济效益，常借助现金流量图和现金流量表进行分析。现金流量图是表示项目系统在整个寿命期内某个时间点的现金流入和现金流出状况的一种示意图。现金流量图示例如图 2-4 所示。

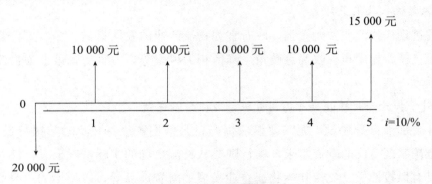

图 2-4　现金流量图示例

对现金流量图需要做几点说明：

（1）图中横轴是时间轴，向右延伸表示时间的延续。轴线等分成若干间隔，每一间隔代表一个时间单位（年、季、月、日）。时间轴上的点称为时点，时点通常表示该期的期末，同时也是下一期的期初。零点为第一期的始点。

（2）箭头表示现金流动的方向，箭头向下表示现金流出，箭头向上表示现金流入，箭线的长短与收入或支出的大小基本成比例。

（3）现金流量图与分析计算的立足点有关。对于同一方案的资金，借款人的收入就是贷款人的支出，因而分析计算时首先要确定立足点。

（4）为方便计算，画现金流量图时约定，投资发生在各期期初，经营费用、营业收入等均发生在各期期末，回收固定资产净残值与回收流动资金则在项目寿命周期终了时发生。

二、资金时间价值

（一）资金时间价值的概念

资金与时间的关系体现在资金的时间价值中。所谓资金时间价值，是指资金在生产或流通领域不断运动，随时间的推移而产生的增值，或者说是资金在生产或流通领域的运动中随时间的变化而产生的资金价值的变化量。

资金时间价值可以从两方面来理解：

首先，将资金用于某项投资，由资金的运动（流通—生产—流通）可获得一定的收益或利润，这就是资金的"时间价值"。

其次，如果放弃资金的使用权，就相当于失去了收益的机会，或牺牲了现期消费，即相当于付出了一定的代价，这也是资金时间价值的体现。

（二）资金时间价值的衡量尺度

资金时间价值是以一定的经济活动所产生的增值或利润来表达的，因此，利息、利润是时间价值的体现，是衡量资金时间价值的绝对尺度。

利息是资金占有者转让使用权所取得的报酬，也是使用者所付出的代价，无论是个人还是企业，向银行贷款，都要支付利息。同理，个人或企业向银行存款，银行也要支付利息。即使使用自有资金，不需要向别人支付利息，但也失去了将这笔资金存入银行或贷款给别人投资而获利的机会，这种机会的损失也就是使用自有资金的代价。

利润是资金投入生产或流通领域所直接获取的增值，也是衡量资金时间价值的尺度。除绝对尺度外，衡量资金时间价值也可用相对尺度。我们习惯上把银行储蓄或债务资本支付中，单位时间的利息额与本金的比例称为利率，而把单位时间内直接投资于生产、流通领域所获得的利润额与投资额的比值称为资金利润率或投资收益率，在技术经济学中可把资金增值的利息、利润统称为收益。因此，利润率、利率也可用收益率来统称，它们是衡量资金时间价值的相对尺度。

（三）资金时间价值的计算方法

计算利息的时间单位为计息周期，计息周期有年、季、月、周、日之分，在技术经济分析中计息周期多采用年。计算资金时间价值的基本方法有单利法和复利法。

1. 单利法

单利法是指仅以本金计算利息的方法，即在下期计算利息时不把已产生的利息也作为本金计算利息，也就是说利息不再计息。按单利计息方式，利息和占用资金的时间、本金量成正比例关系，比例系数即利率。本金在资金占用期所产生的总利息即为本金在资金占用期所产生的资金时间价值。

单利法计算期末本利和的公式为：

$$I_n = P \cdot i \cdot n \tag{2-1}$$

$$F_n = P + P \cdot i \cdot n = P(1 + i \cdot n) \tag{2-2}$$

式中，I_n 表示总利息；P 表示本金额；n 表示计息期数；i 表示每个计利期的利率；F_n 表示 n 期末的本利和。

例 2-1 借款 10 000 元，借期 3 年，年利率 5%，按单利计息，第 3 年年末应还本利共多少？

解： 根据式（2-1）、（2-2），

∵ $P = 10\ 000, n = 3, i = 5\%$

∴ $I_3 = P \cdot i \cdot n = 10\ 000 \times 5\% \times 3 = 1\ 500(元)$

$F_3 = P + I_3 = 10\ 000 + 1\ 500 = 11\ 500(元)$

答： 第三年年末应还本利 11 500 元。

单利的经济含义是，一笔投资在投入生产后的全部生产时间内，每年以一定的效果系数为社会提供一定的经济效果。因此，当评价一个企业在某一段时间内为社会提供多少财富时可用单利计算。可以说单利法是从简单再生产的角度计算经济效果的。

单利法虽然考虑资金的时间价值，但仅以本金为基数在整个资金占用期期末一次计算利息，对以前已经产生的利息并没有转入计息基数而累计利息，即等于忽略了这笔资金的时间价值，没能完全反映出各期利息的时间价值，因此单利法计算资金时间价值是不完善的。

2. 复利法

复利法是指用本金和前期累计利息总额之和为基数计算利息的方法，即除最初的本金要计算利息外，每一计息周期的利息都要并入本金，再生利息，俗称"利滚利"。

复利法计算本利和的公式为：

$$F = P(1 + i)^n \tag{2-3}$$

式（2-3）的推导过程如表 2-2 所示。

表 2-2 式（2-3）的推导过程

计息周期 n	本利和 F_n
1	$F_1 = P + P \cdot i = P(1 + i)$
2	$F_2 = P(1 + i) + P(1 + i) \cdot i = P(1 + i)^2$
3	$F_3 = P(1 + i)^2 + P(1 + i)^2 \cdot i = P(1 + i)^3$
...	...
n	$F_n = P(1 + i)^{n-1} + P(1 + i)^{n-1} \cdot i = P(1 + i)^n$

按复利法，本金在 n 期的资金占用期所产生的资金时间价值（总利息）为：

$$I_n = F - P = P(1+i)^n - P \qquad (2-4)$$

例 2-2　基础数据同上例，按复利计息，第 3 年年末的本利和是多少？

解：根据式（2-3）

$$F = 10\,000 \times (1+5\%)^3 = 11\,576.25\,（元）$$

答：第 3 年年末的本利和为 11 576.25 元。

从例 2-1、例 2-2 中可以看出，同一笔借款，在计息周期和利率相同的情况下，用复利计算出的利息金额比用单利计算出的大。本金越大、利率越高、期限越长，两者差距就越大。

复利法由于更全面地考虑了利息的时间价值，即利息再生利息，比较符合资金在社会再生产过程中的实际情况，因此它是一种比较完善的计算方法。在技术经济分析中若不另外说明，均按复利法计算。我国基本建设投资借款以及国外资金借款都是按复利计算的。

复利法有间断复利和连续复利两种。间断复利是按一定期限（如年、季、月、日）复利计息的方法；连续复利是按瞬时（计息周期趋于有限短）复利计息的方法。从理论上讲，复利计算应该采用连续复利计息法，因为资金实际上是在不停地运动着的，每时每刻都通过生产过程增值，但是为了简化计算，在实际工作中一般是按照一定期限计息的。因此，除有特殊要求外，在技术经济分析中通常采用间断（普通）复利计息法计算利息。

3. 计息周期小于一年的复利计算

计息周期是计算利息的时间单位，付息周期是支付利息的时间单位。一般不加以特殊说明时，在技术经济分析中都是以年为计息周期，即所采用的利率是年利率。但在实际经济活动中，计息周期有年、季、月、周、日等多种形式，这样就出现了不同周期的利率换算问题。

当计息周期与付息周期不相等时，就产生了名义利率与实际利率的区别。

（1）名义利率。

名义利率是计息周期利率与付息周期内的计息周期数的积。

例如，月利率 1%，每月计息一次，则年名义利率为 12%，它等于计息周期利率 1% 乘以一年内的计息周期数 12；季名义利率为 3%，它等于计息周期利率 1% 乘以一季度内的计息周期数 3。在这里，"月利率 1%，每月计息一次"，也可以表示为"年利率 12%，每月计息一次"或"季利率 3%，每月计息一次"，而此种表示法中的年利率 12% 与季利率 3% 均为名义利率。

名义利率也称挂名利率，它只是一种习惯上的表示方法。人们通常习惯于对计息周期小于一年的利率仍用年利率的方式予以表达。例如，半年计算一次利息，利率4％，则表示为"年利率8％，半年计息一次"。这里的年利率8％，就是名义利率。

实际计算利息时不用名义利率，而用实际利率。

（2）实际利率。

实际利率是计算利息时实际采用的利率，也称有效利率。它是对名义利率按付息周期内的计息周期长短等因素进行调整后计算所得的利率，是借款者在复利周期小于一年时实际支付的利率值，是有效的利率。人们习惯上所称的实际利率为年实际利率。

用 r 表示名义利率，i 表示实际利率，m 表示一年中的计息次数，则一年的本利和为：

$$F = P\left(1+\frac{r}{m}\right)^m \tag{2-5}$$

实际年利率为：

$$i = \frac{F-P}{P} = \left(1+\frac{r}{m}\right)^m - 1 \tag{2-6}$$

4. 资金等值计算

（1）资金等值的概念。

在资金时间价值的计算中，等值是一个十分重要的概念。由于资金具有时间价值，因此，等量资金所处的时点不同时，其价值一般也不同；不同时点的不等量资金，其价值也可能是相同的。资金等值是指在考虑时间因素的情况下，一笔资金与不同时点绝对值不等的另一笔或一系列资金，按某一利率换算至某一相同时点时，可能具有相等的价值。例如，现在的100元与一年以后的110元，绝对值不等，但如果年利率为10％，则两者是等值的。因为现在的100元，一年后的本利和应该是本金100元与利息10元（100×10％）之和，即110元。同样，1年后的110元等于现在的100元［110/（1+10％）］。

影响资金等值的因素有三个：资金额、利率、资金发生的时间。三个因素中任何一个因素的变化都将导致等值发生变化。而其中利率是一个关键因素，一般等值计算中都是以同一利率为依据的。

利用等值概念，可以把某一时点的资金按一定利率换算为与之等值的另一时点或另一序列时点的资金，反之亦然。这个换算过程即为资金的等值计算。

在技术经济分析中，为了考察投资项目的经济效果，必须对项目寿命期内不同时间发生的全部费用与全部收益进行计算和分析。在考虑资金时间价值的情况下，不同时间发生的收入或支出，其数值不能直接相加减，只能通过等值计算将它们换算到同一时点上，再进行分析。

等值计算包括：1）单个现金流之间的计算；2）单个现金流与系列现金流之间的计算；3）系列现金流之间的计算。

（2）等值计算公式。

设项目在期初投入本金为 P，利率为 i，计息期数为 n，在第 n 期期末的本利和为 F。在等值计算中，有三种现金流是最基本、最典型的。

1）现在值 P。

现在值属于现在一次支付（或收入）性质的金额，简称现值。另外，现在值也可以是未来某一时刻的货币资金按某种利率折算到现在的值。其计算公式如下：

$$P = F(1+i)^{-n} \tag{2-7}$$

或者用函数符号表示为：

$$P = F(P/F,i,n) \tag{2-8}$$

式中，$(1+i)^{-n}$ 或 $(P/F,i,n)$ 称为整付现值因子或一次支付现值系数。

2）将来值 F。

将来值是指站在现在时刻来看，发生在未来某时刻一次支付（或收入）的货币资金，简称为终值。其计算公式如下：

$$F = P(1+i)^n \tag{2-9}$$

或者用函数符号表示为：

$$F = P(F/P,i,n) \tag{2-10}$$

式中，$(1+i)^n$ 或 $(F/P,i,n)$ 称为整付复利因子或一次支付本利和系数。

现在值 P 和将来值 F 现金流量图如图 2-5 所示。

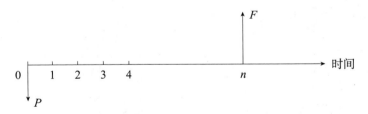

图 2-5 现在值 P 和将来值 F 现金流量图

3）等年值 A。

等年值（等额年金）是指从现在时刻来看，以后分次等额支付（或收入）的货币资金，通常每期金额间隔周期为一年，故称"等年值"，也可称"年金"。等额年金包括期末年金、期初年金、延期年金等，常用的期末年金应当满足三个条件：各期支付金额相等，即 A；支付期（n）中各期的间隔应相等（如一年）；第一次支付在第一年年末，以后每一次支付都在每一期期末。

年金终值计算公式如下：

$$F = A\frac{(1+i)^n - 1}{i} \tag{2-11}$$

或者用函数符号表示为：

$$F = A(F/A, i, n) \tag{2-12}$$

因此，当 A 已知时，就有了求解 F 的公式，其中 $\frac{(1+i)^n - 1}{i}$ 或 $(F/A, i, n)$ 称为等额系列复利因子。

年金现值计算公式如下：

$$P = A\frac{(1+i)^n - 1}{i(1+i)^n} \tag{2-13}$$

或者用函数符号表示为：

$$P = A(P/A, i, n) \tag{2-14}$$

式中，$\frac{(1+i)^n - 1}{i(1+i)^n}$ 或 $(P/A, i, n)$ 称为等额系列现值因子。

等年值 A 现金流量图如图 2-6 所示。

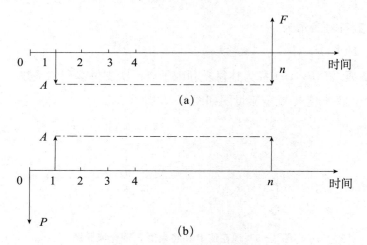

图 2-6 等年值 A 现金流量图

实际工作中遇到的各种现金流，都可以理解成上述几种典型现金流的某种组合。

在等值计算中，把将来某一时点或一系列时点的现金流按给定的利率换算为现在时点的等值现金流称为"贴现"或"折现"，换算过程中所用的利率称为"贴现率"或"折现率"，贴现后的现金流称为"现值"；而把由现在时点或一系列时点的现金流按给定的利率计算所得的将来某时点的等值现金流称为"将来值"或"终值"。应当指出，现值常指计算期的期初即第一年年初（第零年）的现金流。但现值又是一个相对的概念。在等值计算中，若系统的现金流无论是流出还是流入均在一个时点上一次全部发生，则称为"整付"或"一次支付"。相对于整付而言，某笔款项分别在几个时点上多次发生，则称为"分付"。分付可以是等额分付，也可以是不等额分付。连续等额分付中，等额分付值通常称为"系列值"，如果是以年为计息期，即称为"等额年金"或"年值"。在连续不等额分付中，又有"等差分付"和"等比分付"。

三、经济效果评价方法

由于项目的复杂性，任何一种具体的评价指标都只能反映项目的某一方面或某些方面。为了对项目进行系统而全面的评价，往往需要采用多个评价指标。这些相互联系又相对独立的评价指标构成了项目的经济效果评价指标体系。如何根据项目的特点选用合适、有效的评价指标，进而建立恰当的经济效果评价指标体系，以辅助科学决策，是投资项目评价的核心内容。因此，必须了解各种经济效果评价指标的含义、特点及相互之间的关系。

一般而言，经济效果评价指标的设定应遵循以下原则：

（1）经济效益原则，即所设指标应注重项目的经济效益。

（2）可比性原则，即所设指标必须满足排他性项目或方案共同比较的基础与前提。

（3）区别性原则，即所设指标具有可鉴别性，能够检验和区别各项目的经济效益与费用的差异。

（4）可操作性原则，即所设指标应简单易行且确有实效。

经济效果评价指标分为很多种类和层次，主要可分为两大类，一类是不考虑资金时间价值的静态评价指标，另一类是考虑资金时间价值的动态评价指标。

（一）净现值

净现值（Net Present Value，NPV）是指在考虑资金时间价值的前提下，将项目整个寿命期内各年发生的现金流量按一定的贴现率贴现到同一时点（通常是期初）上的现值之总和。其计算公式如下：

$$NPV = \sum_{t=0}^{n} (CI_t - CO_t)(1 + i_0)^{-t} \qquad (2-15)$$

式中，NPV 表示净现值；CI_t 表示第 t 年的现金流入量；CO_t 表示第 t 年的现金流出量；n 表示项目寿命期（一般为年）；i_0 表示基准贴现率（基准收益率）。

若 $NPV \geqslant 0$，则表明项目超过或达到了基准收益率标准，方案可行；若 $NPV < 0$，

则表明项目不能达到基准收益率标准，可以考虑不接受该方案。

进行多方案择优时，首先要判断备选方案是否可行。若有多个方案可行，则须遵循净现值最大准则进行判断，即在投资资金充足的情况下，净现值越大的方案越优。

例 2-3 某厂拟投资一个项目，该项目各年的现金流量如表 2-3 所示，若期望收益率为 10%，试用净现值指标判断该项目经济上是否可行。

解： 计算结果见表 2-3。

表 2-3 某项目各年的现金流量和净现值计算结果 单位：万元

年份	投资额	收入	支出	净现金流量	因数	现值
0	−300	0	0	−300	1.000	−300
1	0	250	150	100	0.909 1	90.9
2	0	250	150	100	0.826 4	82.6
3	0	250	150	100	0.752 3	75.1
4	0	250	150	100	0.683 0	68.3
5	0	250	150	100	0.620 9	62.1
NPV 值						79

也可由公式计算出 $NPV = -300 + 100 (P/A, 10\%, 5) \approx 79$（万元）。

由于 $NPV > 0$，故该项目在经济效果上可以接受。计算结果表明，该项目在整个寿命期内除保证 10% 的收益率外，还可以多收入 79 万元。

由 NPV 的计算公式可以看出，基准贴现率是其中一个重要的因素。那么两者之间是一种什么样的关系呢？我们可以把基准贴现率 i_0 看作自变量，净现值看作因变量，在其他因素不变的情况下考察两者的关系。此时，NPV 的计算公式就可以看作是 NPV 与 i_0 之间的函数关系，我们称之为净现值函数。

以表 2-3 所示的项目的现金流量为例，我们可分别计算 i_0 为 0、5%、10%、15%、20%、25%、30%、∞时的 NPV 值，结果如表 2-4 所示。

表 2-4 某项目的净现值计算表 单位：万元

年份	净现金流量	i_0	$NPV(i_0) = -300 + 100(P/A, i, 5)$
0	−300	0	200
1	100	5%	133
2	100	10%	79
3	100	15%	35
4	100	20%	1
5	100	25%	−31
		30%	−56
		∞	−300

依据表 2-4 中的数据，可画出净现值函数的曲线，如图 2-7 所示。

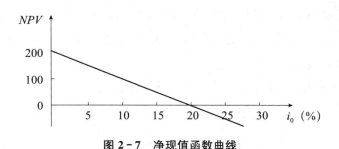

图 2-7　净现值函数曲线

因此，净现值函数的特点为：

（1）对某一特定项目的现金流量来说，净现值随基准贴现率 i_0 的增大而减小。基准贴现率越高，可接受的方案越少。

（2）存在一个临界基准贴现率 i^*，此时 NPV 为 0，净现值函数曲线与横坐标相交。当选定的 $i_0 < i^*$ 时，项目产生的 $NPV > 0$；当选定的 $i_0 > i^*$ 时，项目产生的 $NPV < 0$。

图 2-8 所示为某项目的两种备选方案的净现值函数。

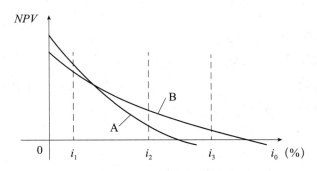

图 2-8　A、B 两方案的净现值函数曲线

由图 2-8 可以看出，当选定基准贴现率为 i_1 时，A、B 两方案均可行，但 A 方案更优；当基准贴现率提高至 i_2 时，B 方案更优；当基准贴现率再提高至 i_3 时，仅有 B 方案可行。这说明，各方案的净现值对基准贴现率 i_0 的敏感性不同。

净现值指标的优点和缺点如下：

优点：计算简便；计算结果稳定，不会因为计算方法的不同而出现任何差异；比较直观，直接以货币金额表示项目投资收益；考虑了资金的时间价值和项目在整个寿命期内的费用与收益情况。

缺点：在方案择优时，不能简单地选择净现值最优的方案为最优方案，因为初始投资额也是非常重要的考虑因素，所以，需要结合净现值指数来对方案进行择优。

（二）投资回收期

投资回收期，又称投资返本期，是反映项目投资回收速度的重要指标，它是指以项目的净收益抵偿其全部投资所需要的时间，通常以"年"表示。根据是否考虑资金时间价值，投资回收期可以分为静态投资回收期 T_p 和动态投资回收期 T_d。

1. 静态投资回收期

式（2-16）表示 T_p 为累计净现金流量等于零的时点：

$$\sum_{t=0}^{T_p} NCF_t = \sum_{t=0}^{T_p}(CI_t - CO_t) = 0 \tag{2-16}$$

但此时点往往不是一个自然年份，因此在实际工作中，一般根据现金流量表，按式（2-17）计算 T_p：

$$T_p = 累计净现金流量开始出现正值年份数 - 1 + \frac{上年累计净现金流量的绝对值}{当年净现金流量} \tag{2-17}$$

若项目分 m 年投入资金为 I，项目投产后每年的净收入（或年利润额）为 R，则补偿原始投资所需年限（投资回收期，从投资开始年算起，以下同）为：

$$T_p = \frac{I}{R} + m \tag{2-18}$$

2. 动态投资回收期

静态投资回收期因未考虑资金时间价值，难以准确地辨别项目的优劣。与它相对应的改进指标则是动态投资回收期，它是指用项目各年收益的现值来回收其全部投资的现值所需要的时间。假设资金的折现率为 i，则 T_d 可表示为：

$$\sum_{t=0}^{T_d}(CI_t - CO_t)(1+i)^{-t} = 0 \tag{2-19}$$

或者，

$$T_d = \frac{净现金流量折现累计值开始出现正值的年份数}{} - 1 + \frac{上年净现金流量折现累计的绝对值}{当年净现金流量折现值} \tag{2-20}$$

若在投资期内各年度的资金投放量为 $I_k(k=1,2,\cdots,m)$，则考虑资金时间价值的投资期末的等价投资 I' 为：

$$I' = \sum_{k=1}^{m} I_k(1+i)^k \tag{2-21}$$

$$T_d = -\frac{\ln\left(1 - I' \times \frac{i}{R}\right)}{\ln(1+i)} + m \tag{2-22}$$

对于所投资的项目，投资回收期越短，经济效果就越好，若部门或行业确定的基准投资回收期为 T_c，则项目判别标准为：当（T_p）$T_d \leq T_c$ 时，可以考虑接受该项目；当（T_p）$T_d > T_c$ 时，则一般应拒绝该项目。

例 2 - 4　A 项目的投资为 140 万元，准备分三年投入，投产后每年都有净利润产生，项目计算（寿命）期为 8 年。试求项目的投资回收期，并且判断项目的有利性（折现率取 15%，基准投资回收期取 6 年）。

解：根据题意，计算得出 A 项目现金流量表（表 2 - 5）。

表 2 - 5　A 项目现金流量表

	T	0	1	2	3	4	5	6	7	8
净现金（万元）	NCF_t	−80	−40	−20	30	40	45	60	70	90
累计净现金（万元）	$\sum NCF_t$	−80	−120	−140	−110	−70	−25	35	105	195
净现值（万元）	$NCF_t(1+i)^{-t}$	−80	−35	−15	20	23	22	26	26	29
累计净现值（万元）	$\sum NCF_t(1+i)^{-t}$	−80	−115	−130	−110	−87	−65	−39	−13	16

由公式（2 - 17）计算可得，静态投资回收期 $T_p = 6 - 1 + |-25| / 60 = 5.4$（年）。

由公式（2 - 20）计算可得，动态投资回收期 $T_d = 8 - 1 + |-13| / 29 = 7.4$（年）。

项目的基准投资回收期 T_c 为 6 年，动态投资回收期大于 T_c，单纯依据此指标，应拒绝该项目。

投资回收期指标的优点和缺点如下：

优点：计算简单，使用方便；能反映项目的风险性，因为一般而言，时间越长，项目的现金流量越难以正确估计，其收益也更难以保证，而项目的回收期越短，说明项目初始投资回收越快，项目的风险也就越小。

缺点：没有考虑资金时间价值；没有考虑项目投资回收期后发生的现金流量，因而无法反映项目在整个寿命期内的经济效果。因此，用该指标进行计算，对短期收益大的方案有利，这是用其进行多方案评价时必须注意的问题。

总之，投资回收期作为反映项目财务上投资回收能力的重要指标，有其特有的优点，比较适于在技术经济数据不完备和不精确的项目初选阶段使用，被广泛用于项目评价工作中；又由于该指标兼顾了方案的经济性和风险性，在某一类型的方案评价中具有特别的用处（如投资者由于资金紧张、产品周期短、市场变化快等各种原因而希望早日收回投资）。但是必须注意的是，该指标仅适用于项目的可行性判断，多作为反映项目风险状况的辅助性指标使用，不能用来对多方案进行择优评价。

（三）投资收益率

投资收益率是指项目达到设计生产能力后在正常生产年份的净收益与投资总额的比率。由于分析目的的不同，投资收益率在具体应用中有许多不同的表达方式，在项目评价中最为常用的是投资利润率（也称为投资效果系数）。投资利润率的含义是单位投资所能获得的年净利，其计算公式为：

$$E = P/I \qquad\qquad (2-23)$$

式中，E 表示投资利润率；P 表示正常生产年份的年利润或年均利润（对生产期内各年利润变化较大的项目而言）；I 表示总投资额。

若 E_b 为标准投资利润率，则当 $E \geqslant E_b$ 时投资方案可行。

在实际应用中，可根据需要对公式计算采用不同的取值口径，以用于不同的目的，因而投资收益率往往还呈现为以下不同的表示形式：

投资利税率＝（年利润＋税金）/全部投资额

资本金利润率＝年利润/资本金

全部投资收益率＝（年利润＋折旧与摊销＋利息支出）/全部投资额

权益投资收益率＝（年利润＋折旧与摊销）/权益投资额

例 2-5 某项目总投资 50 万元，预计正常生产年份年收入 15 万元，年支出为 6 万元，若标准投资利润率为 15%，该项目是否可行？

解： $E = (15-6)/50 \times 100\% = 18\%$

$E > E_b$，故该项目可行。

投资收益率指标的优点和缺点如下：

优点：该指标与国家统计资料和企业有关财务资料较为对口，计算简单方便，如投资利润率就可以根据损益表的有关数据计算求得；该指标的基准容易确定，实际可操作性强，可以选取银行利率、企业利税率等作为标准投资收益率，如在财务评价中，将投资利润率与行业平均利润率相比，可以衡量出项目单位投资盈利能力是否达到本行业的平均水平。因此，该指标使用范围较广。

缺点：正如所有的静态指标一样，投资收益率指标也没有反映资金时间价值，不能体现早期收益比后期收益的优越性。

（四）内部投资收益率

内部投资收益率是使项目在整个寿命期产生的净现值为零的贴现率，一般用 IRR（Internal Rate of Return）表示。它是项目经济评价最重要的指标之一。

对常规项目而言，所取的贴现率越大，项目的净现值就越小。而净现值评价指标的评价标准是项目净现值不小于零。因此，内部投资收益率可以理解为使项目净现值指标可行的最大贴现率。也就是说，以项目在整个寿命期所产生的现金流入完全抵补其现金流出，平均每年还产生 IRR 的收益水平。IRR 可由以下公式算出：

$$NPV = \sum C_t / (1 + IRR)^t = 0 \qquad (2-24)$$

式中，C_t 表示第 t 期（年）的现金流量；IRR 表示内部投资收益率。

判别准则为：先确定基准投资收益率 MARR（Minimum Acceptable Rate of Return），若 $IRR \geqslant MARR$，则项目可行。

计算方法及步骤如下：

从 IRR 的计算公式可以看出，内部收益率的计算是对一元高次方程的求解，用代数法解较为复杂，通常采用"试算内插法"求近似解。

第一步，初步估算 IRR 值。先用一个贴现率 i_1，计算相应的 $NPV(i_1)$，若 $NPV(i_1) > 0$，则表明 $IRR > i_1$；相反，若 $NPV(i_1) < 0$，则说明 $IRR < i_1$。

第二步，根据所求得的 NPV 值进行观察，反复试算，可得到两个较为接近的贴现率 i_m 和 i_n，且 $NPV(i_m) > 0$，$NPV(i_n) < 0$，则 IRR 值必定在两个贴现率之间。

第三步，用线性内插法求得 IRR 的近似值。其计算公式为：

$$IRR = i_m + \frac{NPV(i_m)}{NPV(i_m) + |NPV(i_n)|} \times (i_n - i_m) \qquad (2-25)$$

公式（2-25）的求解原理如图 2-9 所示。

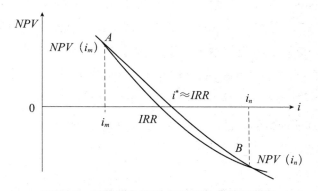

图 2-9 用线性内插法求解 IRR 的原理图解

在图 2-9 中，当 $i_n - i_m$ 足够小时，可以将曲线 AB 看成近似直线段，AB 与横坐标交点处的折现率 i^* 即为 IRR 的近似值。$\triangle Ai_m i^*$ 相似于 $\triangle Bi_n i^*$，故：

$$\frac{i^* - i_m}{i_n - i^*} = \frac{NPV(i_m)}{|NPV(i_n)|}$$

通过变换即可得到 IRR 的求解公式。

由求解原理可知，计算结果的误差与 $i_n - i_m$ 的大小有关，$i_n - i_m$ 越大，则误差越大。因此，为保证计算结果的可靠性与精确度，应反复试算，使 $i_n - i_m < 5\%$；在工程计算中，应使 $i_n - i_m \leqslant 1\%$，这样产生的误差就会很小。

内部投资收益率指标的优点和缺点如下：

优点：内部投资收益率的经济含义是项目在整个寿命期内，用其全部现金流入抵补现金流出后，还可产生 IRR 的投资收益率，这个收益率是项目所固有的，反映了投资项目的贡献效率。因此，该指标可以作为有关部门监控行业经济效果的衡量标准，主管部门可以根据情况制定本行业的基准投资收益率 MARR。这是净现值、净年值等指标所无法比拟的。当投资资金有限时，可以计算项目的内部投资收益率，选择投资收益率高的方案，可达到提高资金使用效率的目的。此外，当净收益一定时，投资大的方案内部投资收益率会低一些，所以内部投资收益率指标能在一定程度上起到控制投资的作用。

缺点：对非常规投资项目而言，内部投资收益率方程可能会出现多解或无解的情况，此时不能用内部投资收益率指标来评价方案，宜选用净现值等其他指标。若实在需要使用内部投资收益率指标，则需对项目的现金流量进行调整，才有可能求出唯一的正实数解；进行多方案比较时，要结合评价目标考虑指标的适用性。比如，对企业而言，若希望获得最大利润，则不能采用内部投资收益率作为衡量指标。因为内部投资收益率高的方案不一定就是利润最大的方案。由于对内部投资收益率的计算采用了复利计算法，因此其中就隐含了这样一个基本假定：项目寿命期内所获得的净收益可全部用于再投资，再投资的收益率等于项目的内部投资收益率。而现实投资中，出现这种情况的机会较小，这种假定也是造成非常规投资项目出现多解的原因。

例 2-6　某工程项目需投资 1 000 万元，寿命期 20 年，该项目的净现金流量如表 2-6 所示，试计算该项目的内部投资收益率。若基准贴现率 i_0 为 10%，判断项目是否可行。

表 2-6　某项目净现金流量　　　　　　　　　　　　　单位：万元

年末	0	1~20
净现金流量	−1 000	110

解：（1）根据公式可得，$-1\,000 + 110\,(P/A, i, 20) = 0$。

（2）设 $i_m = 9\%$，$i_n = 10\%$，分别计算其净现值。

$NPV_m = -1\,000 + 110\,(P/A, 9\%, 20) = -1\,000 + 110 \times 9.128\,5 = 4.135$（万元）

$NPV_n = -1\,000 + 110\,(P/A, 10\%, 20) = -1\,000 + 110 \times 8.513\,6 = -63.504$（万元）

（3）用内插法算出内部收益率 i。

$$i = 9\% + \frac{4.135}{4.135 + 63.504} \times (10\% - 9\%) \approx 9.06\%$$

由于 $i < i_0$，故该项目在经济效果上不可接受。

（五）外部投资收益率

针对内部投资收益率求解复杂以及易导致非常规项目多解这两个不足之处，人们提出了外部投资收益率指标。外部投资收益率是对内部投资收益率的一种修正，也按复利计算，即同样假定项目寿命期内所获得的净收益可用来进行再投资，假设再投资的收益率等于基准收益率。其计算公式如下：

$$\sum_{i=1}^{n} I_t(P/F, ERR, t) = \sum_{i=1}^{n} R_t(P/F, MARR, t) \tag{2-26}$$

式中，I_t 表示投资；R_t 表示净收益；ERR 表示外部投资收益率。

判别准则为：若 $ERR \geqslant MARR$，则项目可行。

ERR 指标具有以下特点：属于相对性指标，因此只能判断项目是否可行，不能用来进行方案择优；在实际中应用不普遍，但对非常规项目的评价比 IRR 要好，因为它不会出现多解的情况，而且求解更为简便。

例 2-7 某硬质合金厂需从国外引进一套先进的生产线，该项目的预计净现金流量如表 2-7 所示，若期望收益率为 10%，计算该项目的外部投资收益率，并判断项目是否可行。

表 2-7 某项目预计净现金流量 单位：万元

年末	0	1	2	3	4	5
净现金流量	−3 100	1 000	−1 000	500	2 000	2 000

解：该项目是非常规项目，且最多有三个正实根解，因此计算其外部投资收益率更为简便，计算如下：

$1\,000\,(P/F, 10\%, 1) + 500\,(P/F, 10\%, 3) + 2\,000\,(P/F, 10\%, 4) +$
$2\,000\,(P/F, 10\%, 5) = 3\,100 + 1\,000\,(P/F, ERR, 2)\,(P/F, ERR, 2) \approx 0.792\,55$

查表有 $(P/F, 12\%, 2) = 0.797\,20$

$(P/F, 15\%, 2) = 0.756\,10$

$$ERR = 12\% + \frac{0.797\,20 - 0.792\,55}{0.797\,20 - 0.756\,10} \times (15\% - 12\%) \approx 12.3\%$$

用线性内插法计算示意图如图 2-10 所示。

因为 $ERR = 12.3\% > 10\%$，故该项目在经济效果上可行。

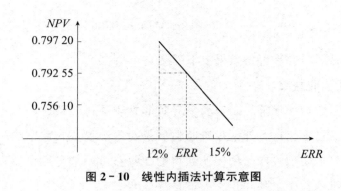

图 2 - 10　线性内插法计算示意图

物流项目不确定性分析

　　项目评价所采用的数据，大部分来自预测和估算，有一定程度的不确定性。为了分析不确定性因素对经济评价指标的影响，需进行不确定性分析，用以估计项目可能承担的风险，确定项目在经济上的可靠性。

　　不确定性分析包括盈亏平衡分析、敏感性分析和概率分析等。盈亏平衡分析只用于财务评价，敏感性分析和概率分析可同时用于财务评价和国民经济评价。

一、盈亏平衡分析

　　盈亏平衡分析主要是通过确定项目的产量盈亏平衡点，分析、预测产品产量（或生产能力利用率）对项目盈亏的影响。所谓盈亏平衡点，就是在盈亏平衡图上当达到一定产量（销售量）时，销售收入等于总成本，项目不盈不亏（盈利为零）的那一点。

　　盈亏平衡点可以用计算公式或直接绘制盈亏平衡图（见图 2 - 11）求得。图 2 - 11 以产量或生产能力利用率（％）为横坐标，以销售收入或总成本费用（包括固定成本和可变成本）为纵坐标，绘制了销售收入线和总成本费用线。两条线的交点，即为盈亏平衡点。与盈亏平衡点对应的横坐标，即为以产量或生产能力利用率表示的盈亏平衡点 BEP。进行项目盈亏平衡分析时，如果附有盈亏平衡图，将更为直观，便于理解。另外，在绘制盈亏平衡图时，销售税金及附加通常被视为项目必要的固定支出，此时，将使盈亏平衡点上移。

　　盈亏平衡分析是通过盈亏平衡点（BEP）分析项目成本与收益的平衡关系的一种

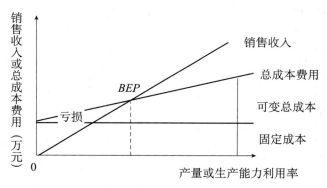

图 2 - 11　盈亏平衡图示例

方法。盈亏平衡点通常根据正常生产年份的产品产量或销售量、可变成本、固定成本、产品价格、销售税金及附加等数据计算，用产量或生产能力利用率表示。其计算公式为：

$$BEP（生产能力利用率）=\frac{年固定总成本}{年产品销售收入-年可变总成本-年销售税金及附加}\times100\%$$

$$(2-27)$$

$$BEP（产量）=\frac{年固定总成本}{单位产品价格-单位产品可变总成本-单位产品销售税金及附加} \quad (2-28)$$

$$BEP（产量）=设计生产能力\times BEP（生产能力利用率） \quad (2-29)$$

盈亏平衡点越低，表明项目适应市场变化的能力越大，抗风险能力越强。

二、敏感性分析

敏感性分析是指通过分析、预测项目主要因素发生变化时对经济评价指标的影响，从中找出敏感因素，并确定其影响程度。在项目计算期内可能发生变化的因素有产品产量（生产负荷）、产品价格、产品成本或主要原材料与动力价格、固定资产投资、建设工期及汇率等。敏感性分析通常是分析这些因素单独变化或多因素变化对内部投资收益率的影响，必要时也可分析对静态投资回收期和借款偿还期的影响。项目对某种因素的敏感程度可以表示为该因素按一定比例变化时引起评价指标变动的幅度，也可以表示为评价指标达到临界点（财务内部收益率等于财务基准收益率或经济内部收益率等于社会折现率）时允许某个因素变化的最大幅度，即极限变化。为求此极限，可绘制敏感性分析图。

具体分析方法如下：以全部投资内部收益率为纵坐标，以几种不确定性因素的变化率（百分数）为横坐标，绘制敏感性分析图（见图 2-12），标出财务基准收益率线或社会折现率线。

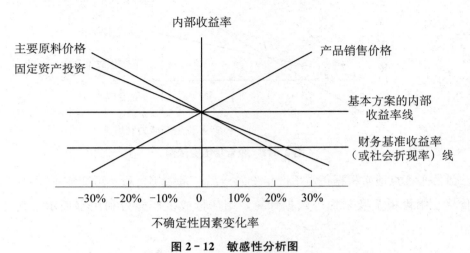

图 2-12 敏感性分析图

图中某些因素对全部投资内部收益率的影响线与基准收益率线或社会折现率线的交点（临界点），表示允许该种因素变化的最大幅度，即极限变化。变化幅度超过这个极限，项目将不可行。

三、概率分析

敏感性分析只能指出项目评价指标对不确定性因素的敏感程度，但不能表明不确定性因素的变化发生的可能性大小，以及这种可能性对评价指标的影响程度。因此，根据项目特点和实际需要，有条件时还应进行概率分析。概率分析是使用概率研究预测各种不确定性因素和风险因素的发生对项目评价指标影响的一种定量分析方法。通常把以客观统计数据为基础的概率称为客观概率，把以人为预测和估计为基础的概率称为主观概率。确定主观概率应十分慎重，否则会对分析结果产生影响。简单的概率分析是在根据经验设定各种情况发生的可能性（概率）后，计算项目净现值的期望值及净现值大于或等于零时的累计概率，累计概率值越大，说明项目承担的风险越小；也可以通过模拟法测算项目评价指标（如内部收益率）的概率分布。在方案比选中，可只计算净现值的期望值。计算时应根据具体问题的特点选择适当的计算方法。

一般的计算步骤如下：（1）列出各种要考虑的不确定性因素（敏感要素）；（2）设想各种不确定性因素可能发生的情况，即其数值发生变化的几种情况；（3）分别确定每种情况出现的可能性，即概率，每种不确定性因素可能发生情况的概率之和必须等于 1；（4）分别求出各可能发生事件的净现值、加权净现值，然后求出净现值的期望值；（5）求出净现值大于或等于零时的累计概率。

第五节 **物流项目可行性研究**

一、物流项目可行性研究概述

物流项目可行性研究是项目识别、项目目标确定和项目构思后物流项目前期策划的一项最重要的内容。许多物流项目同时也是大型的工程建设项目，依据我国法律及国际惯例，必须进行可行性研究。物流项目可行性研究也是批准物流项目建议书后物流项目审批、立项的一项重要程序。大型物流项目的可行性研究往往包括机会研究、初步可行性研究和详细可行性研究等阶段。通过物流项目的可行性研究，可在投资决策前对拟建的物流项目进行全面的环境、经济和技术论证，为物流项目的投资决策和实施提供科学的依据。

（一）物流项目可行性研究的概念

物流项目可行性研究是指对拟实施的物流项目在技术上的先进性、适用性，经济上的合理性、营利性，环境上的安全性以及实施上的可能性、风险性等方面进行全面、科学的综合分析，为项目决策提供客观依据的一种分析研究活动，是项目正式立项的基础。可行性研究更强调对物流项目进行论证的客观性、科学性与规范性，"先论证，后决策"是现代物流项目管理的基本原则。物流项目可行性研究必须具备完整可靠的资料数据、科学的方法、先进的工具、相应的研究人才和资金等条件，并且需要回答以下问题：

（1）物流项目建设有无必要？

（2）物流项目在技术上是否可行？

（3）物流项目在经济上是否有生命力？财务上是否有利可图？

（4）物流项目对社会与环境是否有益？会造成什么影响？

（5）物流项目需要多少资金？能否筹集到以及通过何种渠道筹集到足够的资金？

（6）物流项目的建设周期有多长？

（7）物流项目需要多少资源？

（8）物流项目实施有什么风险？风险程度如何？如何规避和防范风险？

（二）物流项目可行性研究的作用

物流项目可行性研究对于项目成败与价值具有十分重要的影响，其作用主要表现在以下方面：

（1）是物流项目能否实施的依据。

（2）是物流项目资金筹措的依据。

（3）是物流项目审批、申请有关建设许可文件的依据。

（4）是与利益各方合作、签订各种协议和合同的依据。

（5）是物流项目进行工程设计、施工、物流设备购置等工作安排的依据。

（6）是物流项目考核和评估的依据。

二、物流项目可行性研究的步骤

物流项目可行性研究按其研究深度一般可分为机会研究、初步可行性研究与详细可行性研究。当然，并非所有的物流项目都必须完成这几种研究，对于一些较大的物流项目，由于详细可行性研究需要耗费大量的时间和资金，因此可以先进行机会研究和初步可行性研究，以剔除那些明显不可行的项目；而对于一些中小型物流项目来说，可能一开始就进入详细可行性研究的阶段。

在许多物流项目中，形成项目建议书的过程其实就是机会研究的过程。机会研究主要用来分析、鉴别投资的机会和物流项目的设想，一般是相当粗糙的，更多的是依靠总的估计数据，而不是详细的分析研究。机会研究通常分为地区研究、部门（行业）研究和以资源为基础的研究。

初步可行性研究又称预可行性研究，是指对物流项目进行初步的论证和估计，对物流项目投资机会是否有前途、对投资者是否有吸引力和在商业上能否取得盈利等方面做出评价，以确定拟建物流项目是否能成立、是否需要进行进一步的详细可行性研究。初步可行性研究是一个介于机会研究和详细可行性研究之间的中间研究阶段。它与详细可行性研究之间的主要区别在于所获取的资料的详细程度不同，最后提出的结果也不尽相同。

详细可行性研究又称为最终可行性研究，它是指对与物流项目有关的工程、技术、经济、文化、环境及政策条件进行详尽、系统的全面调查、研究与分析，对各种可能的方案进行选择，评价物流项目的各种效益和风险，对最佳投资方案和最终决策提出建议。

物流项目可行性研究是一个连续的过程，一般可分为以下六个步骤：

（1）明确可行性研究的目标和范围。

（2）收集并调查、分析相关资料。

（3）拟订多种可行的并且能够相互替代的方案。

（4）多方案分析、比较，选择最优方案并进一步论证。

（5）编制项目可行性研究报告。

（6）编制资金筹措与项目实施进度等计划。

三、物流项目可行性研究报告的主要内容

各类物流项目可行性研究报告的具体侧重点有所不同，但一般应包括以下内容。

（一）总论

总论是物流项目可行性研究报告的综述，一般包括以下内容：

（1）物流项目背景，如物流项目基本信息、承办单位概况、项目提出的理由及过程。

（2）物流项目概况，如项目建设规模与目标、主要建设条件、总投入资金及预期效益、主要经济技术指标。

（3）存在的问题与建议，如资金来源问题、论证过程中出现的重要争论问题和不同的意见等。

（4）可行性研究报告编制的依据。

（二）物流产品或服务的市场需求

物流产品或服务的市场需求方面主要包括以下几点：

（1）国内外物流市场近期需求状况。

（2）对未来物流市场需求趋势进行预测。包括进行物流产品销售预测、价格分析，判断物流产品或服务的市场竞争能力及进入国际市场的前景，对国内现有物流服务商的服务能力进行估计等。

在市场经济条件下，进行投资前必须对企业物流产品前景进行深入的分析。在可行性研究报告中，市场分析程度的深浅、销售战略的制定情况，对以后投资成败有着至关重要的影响。实际上，许多财务数据，如市场容量、服务价格等，都在市场分析的基础上得出。对一般物流项目而言，这两个因素恰恰是投资的敏感性因素。许多可行性研究认为可行而实践中不可行的项目，都是因为高估了市场容量或物流产品服务价格。因此，对市场分析不能不慎重对待。

（三）项目选址

物流项目地址的选择关系到物流服务的成本、便捷性和环境影响等方面，其研究内容主要包括以下几点：

（1）物流项目需要利用的各种资源的种类、数量、消耗量等，如土地、水电、燃料等。

（2）物流项目对道路、站点、通信、网络、服务等基础设施的要求。

（3）物流项目占地面积、总体布置方案、建设条件、地价、拆迁及其他工程费用情况。

（4）待选地址的地理位置，与供应商、顾客和产品市场的距离。

（5）根据物流项目的技术要求，对地址的区位、气象、水文、地质、地形条件、地震和洪水情况以及社会经济现状进行调查研究，收集基础资料，了解当地交通运输、通信设施及水、电、气、热的现状和发展趋势。

（6）对待选地址进行多方案的技术经济分析和比选，提出选择意见。

（四）建设规模与技术方案

建设规模与技术方案包括以下两方面内容：

（1）物流项目建设规模，如配送中心的正常流通量、最高流通量等。

（2）物流项目的技术方案。对需要工程施工的物流项目而言，技术方案由物流技术方案、工程技术方案和设备技术方案组成。其中，物流技术方案的选择较为关键，它又包括信息、包装、装卸搬运、运输、仓储、流通加工等技术方案。工程技术方案包括总平面图、辅助工程等，在某些项目中还应有防震、防洪、排洪等技术说明。设备技术方案包括设备的种类、型号、技术参数、使用维修、设备来源和比较选择等。

（五）原材料、燃料供应

这方面内容主要说明物流项目所需要的原材料和燃料的取得途径、供应商情况、价格及市场比较、运输储存等。对许多物流项目来说，该部分内容十分重要，如物流包装项目、运输项目等，原材料和燃料的供应和价格直接影响到物流项目的经营效益。

（六）节能

节能方面的内容包括物流项目的能源指标及分析、节能措施综述和单项节能工程等。

（七）环境影响及保护

环境保护报告目前已成为可行性研究报告中的重要组成部分，因环保状况不符合有关要求，许多有经济效益的物流项目不能投产。而不符合环保要求且已投产的物流项目，也会因影响周边群众生活，同时又无力治理而被迫停产。因此，必须贯彻执行国家有关环境保护和职业安全卫生方面的法律法规。一般而言，环保报告主要包括以下内容：

（1）备选地址的环境现状。

（2）拟建物流项目的主要污染源和污染物，对主要污染源的描述及污染物浓度的计算。

（3）物流项目拟采用的环境保护和排放标准。

（4）治理环境的方案。

（5）环境监测制度的建议。

（6）环境保护投资估算。

（7）环境影响评价结论。

（八）物流组织机构、人员及培训

在物流组织机构部分，要说明物流组织机构的设置原则、组织形式及工作制度；在人员部分，要说明物流从业人员类别、工资及福利费等，另附人员培训方案。

（九）建设方式及进度计划

物流项目实施一般包括项目可行性分析、设计、建设准备、实施、项目验收等阶段。在可行性研究报告中，应分别确定项目各阶段所需的时间，编制进度计划表。

（十）投资估算与资金筹措

物流项目总投资由固定资产投资、固定资产投资借款建设期利息、固定资产投资方向调节税及流动资金组成。在投资估算过程中，应对上述每一项进行详细估算，并以此作为下一步经济评价工作的基础。

资金筹措方面的分析研究主要是根据对物流项目投资估算的结果，研究落实资金来源渠道和资金筹集方式，从中选择条件优惠、成本低廉的资金，以提高项目的投资效益。

（十一）项目经济评价

经济评价是物流项目可行性研究的核心内容，它是指采用现代经济分析方法，对拟建物流项目建设期、生产期内投入、产出等诸多经济因素进行调查、预测、研究、计算和验证，比较选择，选出最佳方案，作为物流项目决策的重要依据。它包括微观经济评价（财务评价）和宏观经济评价（国民经济评价）。

（十二）社会效益评价

社会效益评价包括以下内容：

（1）项目对社会的影响分析。

（2）项目与所在地的互相适应性分析。

（3）社会效益评价结论。

（十三）项目风险分析

项目风险分析主要包括以下内容：

（1）物流项目未来可能面临的主要风险，如分析物流项目的政策、市场、社会和环境、金融、技术等方面的风险。

（2）风险评估，对可能面临的主要风险评估其风险程度和对物流项目的影响。

（3）风险防范，提出防范及降低风险的相应策略。

（十四）其他

物流项目其他需要说明的地方，如劳动安全、卫生、消防等。

（十五）综合评价结论及建议

综合上述经济评价、环境影响分析、社会效益评价和风险分析等内容对物流项目进行全面的分析评价，包括对推荐的拟建物流项目的建设条件、产品方案、技术、经济效益、社会效益、环境影响提出结论性意见；对主要的对比方案进行说明；对可行性研究中尚未解决的主要问题提出解决办法和建议；对应修改的主要问题进行说明，提出修改意见；对不可行的物流项目，提出不可行的原因及处理意见等。

（十六）必要的附件和附图

必要的附件和附图包括物流项目建议书（初步可行性报告）、物流项目立项批文、地址选择报告书、资源勘探报告、贷款意向书、环境影响报告，合营各方的营业执照副本、法定代表人证明书、资产和经营情况资料，以及上级主管部门的意见等。

复习思考题

1. 项目融资与公司融资有什么区别？

2. 资金时间价值的概念是什么？

3. 物流项目经济效果评价的主要指标有哪些？各有什么优缺点？

4. 物流项目可行性研究包括哪些内容？

5. 物流项目盈亏平衡分析的方法有哪些？

6. 物流项目敏感性分析的目的是什么？

7. 物流项目概率分析的目的是什么？

8. 某物流企业在 A、B 两地间运输某种产品，其总运输能力为每次 20 000 件，产品运费为 15 元/件，每次运输固定成本 30 000 元，产品的平均运输成本为 10 元/件。求：（1）每次运输该产品多少件才能保本？（2）若按最大运输能力提供物流服务，盈亏平衡时的产品运费应为多少，单位产品运输成本应控制在多少？

第三章

物流项目计划管理

第一节 物流项目目标与计划

一、物流项目目标

（一）物流项目目标的含义与特点

计划过程的第一步是确定项目目标，即预期的结果或最终产品。目标必须明确界定并且要在执行项目的组织或承包商和客户之间达成一致。目标必须明确、可行、具体和可度量。项目目标的实现要能被客户和承包商看到，即项目团队必须提供有形的最终产品。

一个项目的目标，通常用工作范围、进度计划和成本来表示。例如"在10个月内，在200万元的预算内，开发一款新的物流软件，并达到预先规定的性能指标"。而类似"完成一个物流项目"的项目目标就太模糊了，因为客户和承包商在"完成"的意义上可能会有不同的看法。

理想情况下，项目目标在项目一开始就应是清楚而明确的。有时，项目目标需要随着项目的推进做出改动。项目经理和客户必须对有关原有项目目标的所有改动达成一致意见，因为任何变动都可能影响项目工作范围、完工日期和最终成本。

项目目标具有以下特点。

1. 多目标性

项目的目标一般不是单一的，项目是一个多目标的系统，而且不同目标之间会相互影响，要确定项目目标，就需要对项目的多个目标进行权衡。实施项目的过程就是多个目标相互协调的过程。这种协调包括项目在同一层次的多个目标之间的协调、项目总体目标与其他项目目标之间的协调、项目本身与组织总体目标之间的协调、不同层次项目目标之间的协调等。

项目无论大小、无论何种类型，其基本目标一般都表现为三个方面，即时间、成本和技术性能。所以，实施项目目标的目的就是要充分利用可获得的资源，使项目在既定时间内，在一定的预算下，获得所期望的技术性能。然而，这三个基本目标之间是相互矛盾、彼此冲突的。项目管理就是要统筹这些目标，达到时间、成本和技术性能三者的平衡。

2. 优先性

如上所述，项目是一个多目标的系统，不同层次的目标，其重要性也不相同，往往被赋予不同的权重。有些项目对时间优先，有些项目对质量优先，也有些项目对成本优先，这种优先权重对项目经理的管理工作是有指导性的，项目经理始终在这些权重的指导下安排资源、进行计划和控制。此外，不同的目标在项目生命周期的不同阶段，其权重也往往不同。例如，技术性能、成本和时间作为项目的三个基本目标，是项目在其生命周期过程中始终追求的目标，但其权重在项目生命周期的不同阶段却不相同，技术性能是项目初始阶段主要考虑的目标，成本是项目实施阶段主要考虑的目标，而时间往往在项目终止阶段显示出迫切性。另外，不同类型的项目，对这三个基本目标追求的努力程度也有所不同。例如，技改项目可能更加注重成本；研发项目可能更加注重项目技术性能的实现，而且有时为了追求技术性能的实现，宁愿以更长的时间或更高的成本为代价；军事项目可能更加关注时间，为了争取时间，宁愿以高成本为代价。

3. 层次性

项目是分层次的，不同的层次有相应的目标，各个层次目标的集合构成项目总目标。对项目总目标的描述一般需由抽象到具体，要有一定的层次性。通常我们把一组意义明确的目标按其意义和内容表示为一个递阶层次的结构，因此，目标是一个有层次的体系。它的最高层是总体目标，指明解决问题的总的依据和原动力，最下层是具体目标，指出解决问题的具体方针。上层目标是下层目标的目的，下层目标是上层目标的手段；高层次的目标一般表现为战略性、方向性、非操作性，而低层次的目标则表现为具体性、明确性、可操作性。一般而言，项目的各个层次目标是相互矛盾和制约的。

目标的具体表达通常有三个层次，即战略性目标、策略性目标和项目实施计划。项目的战略性目标也就是项目总体目标，也叫作项目的使命，通常用以说明为什么实施该项目、实施该项目的意义，是以描述性语言来表达的；项目的策略性目标也就是项目的具体目标，用以说明该项目具体应该做什么、应该达到什么样的具体结果，通常是用数据指标来表达；而项目实施计划则用以说明如何实现项目目标、怎样操作，通常为计划安排，主要涉及日期、人员和资金的安排。这三个层次之间紧密联系，层层落实。项目一般首先制定战略性目标，如时间、质量和投资等；最后制订实施计划，具体落实到日期安排、人员安排和资金安排等。

项目目标的层次性要求采用渐进的方式逐步实现目标，如果试图同时实现所有的项目目标，只会造成重复劳动，既浪费时间又浪费钱。项目目标只能一步一步地去实现，并且每实现一个目标就要进行一次评估，确保整个项目能得以控制。

（二）项目目标确定原则

确定项目目标应遵循以下几个原则。

1. 尽可能定量描述

项目目标与企业目标描述不同。企业目标也有战略目标和策略目标。战略目标规定了企业未来的发展方向，一般用描述性表达的方式，主要从定性的角度确定发展内涵。在实际运行过程中还需要将战略目标具体化。而项目是操作层面的内容，项目目标要有操作性、可度量性，以便于最后的考核。

2. 应使每一个项目成员都清楚项目目标

项目经理是重要角色，不等于所有的事情都由项目经理来做。项目的成功需要全体成员共同努力。所以，要调动全员的积极性，动员项目团队形成合力，必须要求项目每一个成员都知道项目目标，这样有利于集中力量共同努力。

3. 目标是客观现实的，不是理想化的

项目目标是一个激励，同时也是一种惩罚，实现目标将会得到奖赏，无法实现目标就会受到惩罚。不切合实际的目标起不到激励作用，也就背离了目标设计的初衷。所以，确定目标要深入实际进行调查、分析，借鉴同类项目的经验，不能太理想化，也不能把目标定得太低。

4. 目标描述尽可能简要

项目目标的实现是一个复杂的过程，但是，目标本身不能复杂化，目标要用简要的语言或者数据指标来描述，要尽可能简明扼要。

（三）项目目标的描述

确定、清晰的目标描述能够便于考核，与绩效比较以后才能明确目标什么时候实

现。含糊其词、模棱两可的目标描述，将给考核工作带来难度，也是产生纠纷的原因之一。

在项目实施的开始，项目经理最主要的任务就是准确地界定项目的总目标，通过对总目标的分解便可得到各分目标，它们共同构成了项目的目标体系。也就是说，项目目标确定的结果应该是一个目标体系。它们分别涉及项目的时间、成本、技术性能三个方面，每个方面都可能有一些具体的要求及相对应的目标体系，这也体现了目标的层次性。

对目标的表述，应该从以下几个方面展开：（1）数量（多少）；（2）质量（怎么样）；（3）目标或项目对象（谁）；（4）时间（什么时间开始，什么时间结束）；（5）地点（在哪里）。

一般来说，项目总目标的指标比项目分目标和最终交付成果更倾向于定性。而项目分目标和最终交付成果的指标则更倾向于定量，以易于检测。

二、物流项目计划

（一）物流项目计划的含义

物流项目计划是用于协调所有物流项目计划编制文件、指导项目执行和控制的文件。其关键组成部分包括项目简介或概览、如何组织项目的描述、项目管理流程和技术的描述、所要完成工作的描述、进度信息和预算信息。

项目计划要列出所要做的主要工作和任务清单，在工作和任务清单中要清楚地描述出以下内容：

（1）项目划分的各个实施阶段。

（2）每个阶段的工作重点和任务是什么。

（3）完成各阶段工作和任务的人力、资源需求及时间期限。

（4）各阶段工作和任务的成果形式。

（5）项目实施过程中对风险、疑难及其他不可预见因素等的处理机制。

（6）各任务组及开发人员之间的组织、协调关系等。

（二）物流项目计划制订的原则

项目计划作为项目管理的重要工作，在项目中起着承上启下的作用，因此要按照项目总目标、总计划进行详细的计划。计划文件经批准后作为项目的工作指南。

物流项目计划的制订一般应遵循以下六个原则。

1. 目的性

任何项目都有一个或几个确定的目标，以实现特定的功能、作用和任务，而任何项目计划的制订都是围绕项目目标的实现展开的。在制订计划时，首先必须分析目标、弄清任务。因此，项目计划具有目的性。

2. 系统性

项目计划本身是一个系统，由一系列子计划组成，各个子计划不是孤立存在的，而是彼此之间相对独立，又紧密相关。因此，制订的项目计划也应具备系统的目的性、相关性、层次性、适应性、整体性等基本特征，使项目计划形成有机协调的整体。

3. 经济性

项目计划的目标不仅要求项目有较高的效率，而且要有较高的效益，所以在计划中必须提出多种方案进行优化分析。

4. 动态性

这是由项目的寿命周期所决定的。一个项目的寿命周期短则数月，长则数年，在这期间，项目环境常处于变化之中，可能会使计划的实施偏离项目基准计划，因此项目计划要随着环境和条件的变化而不断调整和修改，以保证实现项目目标。

5. 相关性

项目计划是一个系统的整体，构成项目计划的任何子计划的变化都会影响其他子计划的制订和执行，并最终影响项目计划的正常实施。因此，制订项目计划要充分考虑各子计划间的相关性。

6. 职能性

项目计划的制订和实施不是以某个组织或部门内的机构设置为依据，也不是以自身的利益及要求为出发点，而是以项目和项目管理的总体及职能为出发点，涉及项目管理的各个部门和机构。

（三）物流项目计划制订的步骤

项目管理就是制订计划、执行计划、监控计划的过程。项目管理大师科兹纳更是指出："不做计划的好处，就是不用成天煎熬地监控计划的执行情况，直接面临突如其来的失败与痛苦。"可见项目计划在项目管理中的重要性。项目计划的制订是一项非常重要但又非常有难度的工作，一般要遵循以下几步。

1. 明确项目范围

所谓项目范围，简单地说就是项目中所有要做的工作。在项目中，首先接触到的是客户的需求，根据其需求给出解决方案，直到投标签订合同。这时要初步明确项目的范围：项目要交付什么类型的产品或服务、有多少数量、如何验收等。具体来看，项目范围有两个维度：一个是关键交付点的时间维度，叫作项目交付阶段；另一个是交付动作，这又包含两个方面，一个是项目管理，另一个是实施过程，也叫工序，就是如何来完成每个交付阶段的工作任务。

同时，最好还要明确各工作包之间的依赖关系，特别是各工序之间的依赖关系。

2. 定义项目组织

根据工作分解结构，对工序进行归类，确定项目主要人员分工和项目组织结构，并明确项目责任矩阵与项目组运作机制，如问题升级、例会等的制度或流程。对于大型项目而言，项目成员分属于很多的部门，确定核心成员、明确职责并进行有效管理至关重要。

3. 分解工作分解结构（WBS）

根据分解的 WBS，由各模块核心成员对 WBS 进行进一步分解，分到项目活动（一般分解原则：该活动可以由一个人完成，工期不超过 80 小时）。再与相关人员一起讨论，确定各项活动的基本时间（活动时间的估算一般可以采用三点估算原则或类比估算原则）。各活动时间估算完成后，找出关键路径，并与交付点进行顺推与倒推，调整活动时间与顺序，以满足交付期限（这时候要注意风险时间的储备）。

4. 输出进度计划表

在前面工作的基础上，理想情况下，即资源足够充分的条件下，可顺利进行进度计划的制订。而现实条件下，资源往往是个重要的约束条件。资源缺乏或者对单个资源的过度分配，都会给项目计划的执行带来极大的风险。因此，要将各个资源工时按照时间的维度进行汇总，发现过度分配的资源，在满足交付进度要求的基础上，进行资源平衡。

5. 主从计划匹配

主计划在最后确定之前，一定要与正在制订的从计划进行匹配，比如物流计划的到货时间点与主计划设备安装开工点的匹配、分包商交付时间点与主计划交付点的匹配，否则会出现主从计划脱节，项目计划无法执行的情况。比如按照主计划，设备安装工程师已经到达工程实施地点，而货却没有到，导致出现窝工的现象。分包商计划与主计划不匹配，整个项目就无法顺畅地实施。

6. 项目计划的确认

最后的项目计划一定要与重要的干系人进行确认，特别是要与客户确认。如果有不满意的地方，要尽量协商然后再调整，确认后的项目计划要作为以后项目的基线。如有变更，就要按变更流程进行。计划如果没有与客户确认，可能会出现客户随意变更计划的情况。

（四）物流项目计划的类型

物流项目计划是物流项目管理工作的中心内容。根据不同的目的和不同的时间进展，物流项目计划具体可分为：里程碑计划、项目实施计划、项目进度计划。每一种项目计划都是为完成一个项目管理工作而安排的具体内容。

1. 里程碑计划

里程碑计划是确定项目的关键交付物或者项目交付产品的具体时间表。里程碑计划可以看作是一个项目在初级阶段制定的蓝图，是对项目完成时间以及项目产品交付时间的计划。里程碑计划直接就可以在日历上用星号或者三角来表示。

2. 项目实施计划

项目实施计划表现为整个项目实施的所有步骤，涉及项目管理的各个方面，如制定要完成的目标及相应的工作，以及怎样为保证工作的实施提供相应的领导支持和指导。它包括进度计划、成本管理计划与风险管理计划等。

3. 项目进度计划

项目进度计划就是根据项目实施具体的日程安排，规划整个工作进展，可分为项目初步计划和详细计划，或者整体计划和子计划，等等。

第二节　物流项目范围管理

一、物流项目范围管理概述

（一）物流项目范围管理的含义

物流项目范围是关于物流项目工作内容和期望产出的所有信息。项目范围包括所有要执行的活动、耗费的资源以及最终的产品（服务），还包括产品（服务）的质量标准。物流项目范围管理是指对物流项目目标和目的的概念建立、完全定义、执行和终止过程进行控制。它是项目所有工作的基础。物流项目范围管理的过程由一些显著的活动组成，这些活动都基于项目制订的系统计划。

项目要想取得成功，全面地进行计划是非常重要的。如果不对详细的规格进行阐述和汇总，并制订控制计划，项目就只能是空谈。一般来说，项目计划是对需要做什么、谁来做以及什么时候做进行规定，以便对责任进行分配。项目必然会涉及操作的层面，也就是要进入开发阶段，但是这只能在制订了系统的计划，即实施了范围管理之后才能实行。

（二）物流项目范围管理的主要内容

物流项目范围管理的内容包括保证项目能按要求的范围完成所涉及的所有过程，具体来说主要有以下几个方面。

1. 范围计划

范围计划应该包含哪些内容呢？不同的计划详尽程度自然不一样，但范围说明和范围管理计划必须包含在内。

2. 范围分解

必须采取分解的手段把主要的可交付成果分成更容易管理的单元才能一目了然，最终得出项目的工作分解结构（WBS）。恰当的范围定义对项目的成功十分关键，当范围的定义不明确时，就会不可避免地出现变更，很可能造成返工、延长工期、降低团队士气等一系列不利后果。

比较常用的方式是以项目进度为依据划分 WBS，这种方式的优点是结合进度划分比较直观，时间感强，评审中容易发现遗漏或多出的部分，也更容易被大多数人理解。

3. 范围变更

一个项目的范围计划可能制订得非常好，但是想不出现任何变动几乎是不可能的。因此对变更的管理是项目经理必备的能力之一。范围变更的原因是多方面的，比如用户要求增加产品功能、环保问题导致设计方案修改而增加施工内容等。项目经理在管理过程中必须通过监督绩效报告、当前进展情况等来分析和预测可能出现的范围变更，在发生变更时遵循规范的变更程序来管理变更。企业的项目管理体系中要有一套严格、高效、实用的变更程序，它对管理好项目至关重要。

二、物流项目范围规划

（一）物流项目范围规划的输入

1. 产品（服务）说明

产品（服务）说明应该阐明项目工作完成后所生产出的产品或服务的特征。产品（服务）说明通常在项目工作的早期阐述得少，而在项目工作的后期阐述得多，因为产品或服务的特征是逐步显现出来的。

产品（服务）说明也应该记载已生产出的产品或服务同商家的需要或别的影响因素间的关系，它会对项目产生积极的影响。产品（服务）说明的形式和内容是多种多样的，它应该为以后的项目规划提供详细、充分的资料。

许多项目都有一个按购买者的合同进行工作的销售组织。在这种情况下，最初的产品（服务）说明通常是由购买者提供的。如果购买者的工作本身就是制定项目，则购买者的产品（服务）说明就是对自己工作的陈述。

2. 项目（服务）证书

项目（服务）证书是正式认可项目存在的文件。它对其他文件既有直接指导作用，也有参考作用。项目（服务）证书应该在管理者对项目及项目所需的条件进行客观分析后颁发，有了它，项目经理才能运用、组织生产资源，进行生产活动。当一个项目按照合同执行时，合同条款通常与项目证书一样，为销售者服务。

3. 制约因素

制约因素是限制项目管理团队运行的要素。例如，事先确定预算是制约项目团队的操作范围、职员调配和进度计划的一个很重要的因素。当一个项目按照合同执行时，合同条款通常是制约因素。

4. 假设条件

为了规划目标的准确性，所考虑的假设因素必须具有科学性、真实性和确定性。假设通常包含一定程度的风险。

（二）物流项目范围规划的工具和技术

1. 产品分析

对项目产出物进行分析，可以使项目业主或客户与项目组织对项目产出物形成准确的理解并达成共识，从而指导人们编制项目范围计划。它包括系统工程、价值工程、价值分析、功效分析和质量功能配置等技术。

2. 收益与成本分析

收益与成本分析是指评估各种项目选择的有形成本和无形成本与收益，然后用投资回报率或投资回报周期等金融衡量尺度来评估这些经确认的选择方案的相对优势，选择适当的鉴定方式估算投入与产出情况的相对期望。

3. 提出项目备选方案的方法

一个项目用不同的技术完成，就会产生不同的方案。提出项目备选方案的方法主要有三种：头脑风暴法、横向思维法和专家判断法。

（1）头脑风暴法。

头脑风暴（Brain-Storming），最早是精神病理学上的用语，指的是精神病患者的精神错乱状态。而现在它已成为无限制的自由联想和讨论的代名词，其目的在于产生新观念或激发创新设想。

头脑风暴法是由美国创造学家 A.F. 奥斯本于 1939 年首次提出、1953 年正式发表的一种激发新思维的方法。此法经各国创造学研究者的实践和发展，如今已经形成了一个发明技法群，如奥斯本智力激励法、默写式智力激励法、卡片式智力激励法等。

在群体决策中，群体成员心理的相互作用和影响会使其易屈于权威或大多数人的意见，形成所谓的"群体思维"。群体思维削弱了群体的批判精神和创造力，损害了决策的质量。为了保证群体决策的创造性，提高决策质量，管理上发展了一系列改善群体决策的方法，头脑风暴法是较为典型的一种。

头脑风暴法又可分为直接头脑风暴法（通常简称为头脑风暴法）和质疑头脑风暴法（也称反头脑风暴法）。前者是在专家群体决策时尽可能激发创造性，产生尽可能多的设想的方法；后者则是对前者提出的设想、方案逐一进行质疑，分析其现实可行性的方法。

采用头脑风暴法组织群体决策时，要集中有关专家召开专题会议，主持者以明确的方式向所有参与者阐明问题，说明会议的规则，尽量创造融洽轻松的会议气氛。而且主持者一般不发表意见，以免影响会议的自由气氛，由专家们"自由"提出尽可能多的方案。

（2）横向思维法。

横向思维是爱德华·德·波诺教授针对纵向思维，即传统的逻辑思维提出的一种看问题的新程式、新方法。他认为纵向思维者对局势采取最理智的态度，从假设—前提—概念开始，进而依靠逻辑认真解决问题，直至获得问题的答案；而横向思维者是对问题本身提出问题、重构问题，它倾向于探求观察事物的所有不同的方法，而不是接受最有希望的方法并按照该方法去做。这对打破既有的思维模式是十分有用的。

（3）专家判断法。

专家判断法是指向学有专长、见识广博的专家进行咨询，并请他们根据实践经验和判断能力对计划期产品的销售量或销售额做出预测的方法。这里的专家，一般包括本企业或同行企业的高级领导人、销售部门经理、经销商和其他外界专家，但不包括顾客和推销人员。

（三）物流项目范围规划的输出

1. 范围说明

范围说明能够为未来的项目决策提供文档基准，为项目参与者和利益相关人形成和确立共同的认识提供一个纪实基础。随着项目的开展，项目的范围说明可能需要修改和精确化，以更为准确地反映项目范围的变更。范围说明可以直接进行分析，也可以通过参考以下文档制定出来：

（1）项目调整。为了满足不同的商业需求，项目调整可以为未来效益平衡提供基础。

（2）项目产品。产品说明的一个简要概况。

（3）项目可交付成果。一个子产品级别的列表清单，这些子产品完整的、令人满意的交付标志着项目工作的完成。

（4）项目目标。项目目标至少要包括时间、成本和技术性能等方面的目标。项目目标应该包括绝对或相对值，不可量化的目标通常要承担很高的风险。在一些应用领域中，以项目可交付成果作为项目的目标。整个项目的目标是决定项目能否取得成功的关键因素。

2. 辅助说明

为项目范围阐述进行辅助说明，即根据需要记录和编辑一些文件，通过其他项目管理程序，将其变成易被利用的东西。辅助说明应该包括所有确定的假设文件和限制性文档。辅助说明的数量因项目所处领域不同而有所不同。

3. 范围管理计划

范围管理计划是描述如何对项目范围进行管理以及项目范围的变化怎样才能与项目要求相一致等问题的文件。同时范围管理计划应该包括一个对项目范围预期的稳定性进行的评估，也就是对项目范围变更的可能性大小、变更的频率和多少的评估。由于项目产品的特质不是一开始就明确的，而是不断被细化的，因此在项目范围管理计划中还应该有一个很难实现但必需的内容，就是对范围怎样被确定以及分类的清楚、准确的描述。

需要注意的是，项目范围计划是整体项目计划的一个辅助要素，它是按照项目的需要制订的，其形式既可以是正式的也可以是非正式的，既可以是详细的也可以是概括的。

第三节　物流项目结构分解

物流项目结构分解是指将项目主要的可交付成果分解为较小的、更易管理的组成部分，以便给未来的项目活动——计划编制、执行、控制和收尾等提供一定的帮助。

一、工作分解结构

工作分解结构（WBS）是进行项目范围定义时所使用的重要工具和技术之一，是面向可交付成果的对项目元素的分组，它组织并定义了整个项目范围，未列入工作分解结构的工作将排除在项目范围之外。它是项目团队在项目期间要完成或产出的最终细目的等级树。所有这些细目的完成或产出构成了整个项目的工作范围。进行工作分解是非常重要的工作，工作分解的好坏在很大程度上决定着项目能否成功。如果项目工作分解得不好，在实施的过程中难免要进行修改，可能会打乱项目的进程，造成返工、延误时间、增加费用等。

（一）WBS 结构设计

从根本上来说，WBS 就是将项目工作分解为越来越小的、更易于管理和控制的单元系统。图 3-1 形象地展示了 WBS 从上到下分解的过程，它是将项目按照其内在结构或实施过程的顺序进行逐层分解而形成的结构示意图。

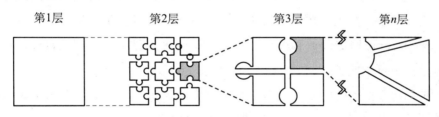

第1层　　　　　　第2层　　　　　　第3层　　　　　　第n层

图 3-1　WBS 分解示意图

第一层是项目本身，即项目包含的所有工作。

第二层是项目的主要可交付成果，但不是全部成果。主要可交付成果应该包括里程碑。里程碑是划分项目阶段的标志，表示项目进程从一个阶段进入另一个阶段，工作内容将发生变化。主要可交付成果有时还包括对项目进程具有较大影响的其他可交付成果。主要可交付成果的选择因项目工作范围特点的不同而有所不同，还可以从项目的功能构成和组成部分的相对独立性的角度选择。选择这一层次的可交付成果的原则是便于进行管理。

第三层是项目的可交付成果。这一层选择的原则同上一层类似，根据完成成果的活动构成的特点选择，比如以时间为横坐标，以完成任务的活动展开数量为纵坐标。对每个可交付成果的分解单元的选择角度可以不同，以下分层也有类似的情况。在 WBS 结构的每一层中，必须考虑各层信息如何像流水一样由各条支流汇集到干流，最终流入大海。这个过程要不断地重复，直到可交付的子成果小到管理的最底层乃至个人。这个可交付的子成果又被进一步分解为工作包。分解中应尽量减少结构的层次，层次太多不易有效管理。各主要可交付成果的层次数量可能有多有少，但层次衔接应以自然状态发生。此外，还应考虑到使结构具有越来越强的灵活性，并从一开始就注意使结构被赋予代码时对于用户来说是易于理解的。

第 n 层是工作包。工作包是 WBS 结构的底层，是管理所需的最低层次的信息，是项目的最小可控单元。在这一层次上，应能够满足用户对交流或监控的需要，这是项目经理、工程和建设人员管理项目所要求的最低层次。工作包是短期任务，可能包含不同的工作种类，有明确的起点和终点，会消耗一定的资源并占用一定的成本。每个工作包都是一个控制点，工作包的管理者有责任关注这个工作包，按照技术说明的要求在预算内按期完成。实际工作表明，一个工作包的工期应该不超过 10 天或一个报告期。如果一个工作包的工期超过 10 天，就应该在这个工期内设立检查或监视点，也可以 3~5 天设立一个检查或监视点，以保证问题可以在不太长的时间内被发现。

工作包应具备以下特点：

（1）与上一层次相应单元相关联，是与同一层次其他工作包关系明确的独立单元。

（2）责任能够落实到具体单位或个人，充分考虑项目的组织机构，要与组织分解结构（Organizational Breakdown Structure，OBS）紧密结合，以便项目经理将各工作单元分派给项目班子成员。

（3）可确定工期，时间跨度最短。时间跨度的长短反映了组织对该工作包项目进度控制的要求，其时间跨度的上限应根据这个原则确定。

（4）能够确定实际预算、人员和资源需求。

图 3-2 所示是广州白云国际机场工程项目分解图，从此例中不难看出，工作分解结构是出于管理和控制的目的而将项目分解成易于管理部分的技术，它是直接按等级把项目分解成子项目，再把子项目分解成更小的工作单元，直至最后分解成具体的工作（或工作包）的系统方法。

由于项目的工作分解是在确定了项目范围之后进行的，因此对于各具体的项目而言，项目的范围说明书是进行项目分解的直接前提和依据。

（二）WBS 编码设计

工作分解结构中的每一项工作单元都要编上号码，用来唯一确定每一个单元，这些号码组成编码系统。编码系统同项目工作分解结构本身一样重要，在项目规划和以后的各个阶段，项目各基本单元的查找、变更、费用计算、时间安排、资源安排、质量要求等各个方面都要参照这个编码系统。若编码系统不完整或编排得不合适，会引起很多麻烦。

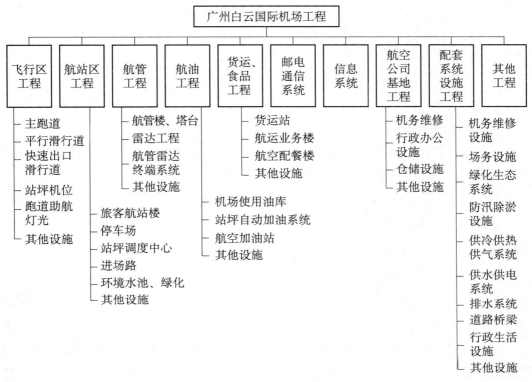

图 3-2　广州白云国际机场工程项目分解图

利用编码技术对 WBS 进行信息交换，可以简化 WBS 的信息交流过程。编码设计与结构设计是有对应关系的。结构的每一层次都有一个分配给它的特定的代码，对应编码的某一位数。在最高层次，项目不需要代码。在第二层次，如果要管理的关键活动数量小于 9（假设只用数字来编码），那么这一层的编码就是典型的一位数编码；如果用字母表示，那么这一层上就可能有 26 个关键活动；如果用字母加数字表示，那么这一层上就可能有 35 个关键活动。第三层次的编码代表上述每一个关键活动所包含的主要任务，这个层次如果是两位数编码，其灵活性范围为 99 以内，如果再加上字母，则大于 99。以下依次类推。

例：×××项目

主要可交付成果

1.1 可交付成果

1.1.1 最底层可交付子成果

1.1.1.1 工作包

1.1.1.2 工作包

....

    1.1.2 最底层可交付子成果

       1.1.2.1 工作包

       1.1.2.2 工作包

    ....

  1.2 可交付子成果

    1.2.1 最底层可交付子成果

       1.2.1.1 工作包

       1.2.1.2 工作包

    ....

    1.2.2 最底层可交付子成果

       1.2.2.1 工作包

       1.2.2.2 工作包

    ....

在上例中，WBS 编码是由四位数组成的，第一位数表示处于零级的整个项目；第二位数是处于第一级的子工作单元（或子项目）的编码；第三位数是处于第二级的具体工作单元的编码；第四位数是处于第三级的更细、更具体的工作单元的编码。编码的每一位数字，由左到右表示不同的级别，即第一位代表零级，第二位代表一级，依次类推。

在 WBS 编码中，任何等级的工作单元都是次一级全部工作单元的总和。如第二个数字代表子工作单元（或子项目），也就是把原项目分解为更小的部分。因此，整个项目就是子项目的总和。所有子项目编码的第一位数字相同，而代表子项目的数字不同。再下一级的工作单元的编码依次类推。

在制定 WBS 编码时，责任与预算也可以用同一编码数字制定出来。就职责来说，第一位数字代表责任最大者——项目经理，第二位数字代表各子项目的负责人，第三和第四位数字分别代表二、三级工作单元的相应负责人。预算同理。

编码设计对于作为项目控制系统应用手段的 WBS 来说是关键。不管用户是高级管理人员还是其他职员，编码对于所有人来说都应当具有共同的意义。在进行编码设计时，必须考虑收集到的信息和收集信息所用到的方法，使信息能够自然地通过 WBS 编码录入应用记录系统。

在进行编码设计时，在一个既定层次上，应该尽量用同一代码表示类似的信息，这样可以使编码更容易被理解。此外，在设计编码时还应当考虑到用户方便，使编码以用户容易理解的方式出现。例如，在有的 WBS 设计中，用代码的第一个字母简单地给出其所代表的意义，如用 M（Manpower）代表人力等。

在实际工作中除了使用树状图外，还经常使用列表形式表示 WBS 分层和编码设计。具体见后面关于 WBS 种类的内容。

工作分解结构图一旦确定下来，除非遇到特殊情况，不能随便加以改动。如遇到必须加以改动的情况，须召开各方会议，如部门主管、项目经理、执行人员、客户和承包商等参与的大会，就项目目标、工作分解结构等情况共同磋商，并达成一致意见，且加以确认，省却日后可能遇到的麻烦。

（三）WBS 的作用和优点

工作分解结构是组织管理工作的主要依据，是企业项目管理工作的基础。从某种程度上讲，WBS 是项目管理的骨架。

1. 工作分解结构的作用

（1）明确、准确地说明项目的范围。

（2）为各独立单元分派人员，规定这些人员的相应职责。

（3）针对各独立单元进行时间、费用和资源需要量的估算，提高时间、费用和资源计算的准确度。

（4）为进度计划和费用控制奠定共同基础，确定项目进度测量和控制的基准。

（5）将项目工作与项目的财务账目联系起来。

（6）确定工作内容和工作顺序。

（7）估算项目整体和全过程的费用。

2. 工作分解结构的优点

（1）能够为工作定义提供更有效的控制。一般来说，良好的项目管理应遵循下列几个原则：通过设施的结构化分解来进行管理；关注结果，即实现什么，而不是怎样实现；通过工作分解结构，使技术和人员、系统和组织之间取得平衡；在项目涉及的所有部门之间，通过定义角色、责任和工作关系来建立一个契约；采用一个简明的报告结构。使用工作分解结构可以满足以上五个原则中的前三个，避免计划的误区，即只在一个详细的层次上定义工作。以一个结构化的方式来定义工作可以保证得到更好的结果。通过可交付成果来进行工作定义，在项目开展过程中，只有那些对生产设施有必要的工作才做，计划也就变得更加固定。在环境不断变化的情况下，项目所需的工作可能会发生变化，但不管怎么变化，一定要对最终结果有益。

（2）能够把工作分配到相应的工作包中。WBS 中的工作包是自然的，因为 WBS 的目的是生产产品，在分配责任的同时也对负责每个产品或服务的部门进行了相应的授权。

（3）便于找到控制的最佳层次。在较低层次上进行控制可能意味着在控制上所花的时间要比完成工作所需的时间更多，而在较高层次上进行控制则意味着有些重要情况可能会被忽视。通过 WBS，可以找到控制的最佳层次。一般情况下，控制活动的长短应该与控制会议召开的频度相一致。

（4）有助于控制风险。在实际项目工作中，WBS 的分解层次可根据风险的水平来确定。将项目划分到每个单元风险都相对较低的状况，便于在较小的范围内控制风险，减少损失。

（5）是信息沟通的基础。现代大型复杂项目一般要涉及大量的资源，涉及许多公司、供货商、承包人等，有时还会有政府部门的高技术设施或资金投入，因而所要求的综合信息的数量往往相当大，信息沟通也更为频繁。这些大项目通常涉及巨资并历时若干年。项目开始进行时项目环境会随着项目的进展而发生很大的变化，可能会偏离之前的设想，此即项目早期阶段的不确定性。这就要求所有的有关集团要有一个共同的信息基础———一种各有关集团或用户从项目一开始到最后完成都能用来沟通信息的工具。这些集团和用户包括业主、供应商、承包人、项目管理人员、设计人员以及政府有关部门等。而一个设计恰当的工作分解结构就相当于在这些集团或用户之间设置了一个较精确的信息沟通连接器，为其建立起相互交流的共同基础。以工作分解结构为基础来编制预算进度和描述项目的其他方面，能够使所有与项目有关的人员或集团都明了为完成项目所需要做的各项工作以及项目的进展情况等。

（6）为系统综合与控制提供有效手段。典型的项目控制系统包括进度、费用、会计等不同的子系统。子系统在某种程度上是相互独立的，但是各个子系统之间的信息转移是不可缺少的，必须将这些子系统很好地综合起来，才能够真正达到项目管理的目的。而工作分解结构的应用就可以提供这样一种手段。

在 WBS 的应用中，各个子系统都利用它收集数据，这些系统都是在与 WBS 有直接联系的代码词典和编码结构的共同基础上来接收信息的。由于 WBS 代码的应用使所有进入系统的信息都采用一个统一的定义方法，因而能确保所有收集到的数据都能够与同一基准相比较，并使项目工程师、会计师以及其他项目管理人员都能参照具有相同意义的信息，这对于项目控制的意义是显而易见的。例如，许多项目的典型问题之一是会计系统和进度控制系统不是采用完全相同的分类或编码，但是在一个有组织的共同基础之上，对成本和进度做出统一和恰当的解释、分析和预测对于项目的有效管理是非常重要的。此外，各个子系统之间在 WBS 基础上的共同联系越多，对项目控制就越有益，因为这样可以减少或消除分析中的系统差异。

二、项目工作分解结构表示形式

工作分解结构描述的是可交付成果和工作内容，其描述方式应该是技术上的完成，能够被验证和度量，同时也能提供集成化计划和工作控制的概念框架。可交付成果可以是产品，也可以是服务，并且可交付的产品应与产品分解结构中的产品相对应。

工作分解结构是一个工具，用来更方便地进行沟通工作。项目经理和项目团队可以使用 WBS 制订项目进度计划，确定资源需求和成本。项目工作分解结构的呈现方法有很多种，下面介绍几种常用的表示形式。

（一）大纲式

大纲式工作分解结构图便于查看和理解工作分解结构的布局。它易于修改和使用，尤其是 Microsoft Word 中的自动编号功能会自动更新 WBS 代码。如图 3－3 所示。

```
1. 物流配送中心设计
   1.1  作业功能设计
        1.1.1  作业流程
        1.1.2  区域功能
        1.1.3  作业功能
   1.2  设施与设备设计
        1.2.1  容器设备
        1.2.2  储存设备
        1.2.3  搬运设备
        1.2.4  订单拣选
        1.2.5  流通加工
        1.2.6  物流周边设备
   1.3  区域布局
        1.3.1  物流流线设计
        1.3.2  总体布局
        1.3.3  空间设计
   1.4  信息系统
        1.4.1  功能设计
        1.4.2  结构设计
```

图 3－3 大纲式工作分解结构图

（二）分层结构式

这种结构类似于大纲式，但没有缩进。虽然这种格式比较难读，但适用于项目有很多层次的情况。如图 3－4 所示。

层次	WBS 编码	内容
1	1	物流配送中心设计
2	1.1	作业功能设计
3	1.1.1	作业流程
3	1.1.2	区域功能
3	1.1.3	作业功能
2	1.2	设施与设备设计
3	1.2.1	容器设备
3	1.2.2	储存设备
3	1.2.3	搬运设备
3	1.2.4	订单拣选
3	1.2.5	流通加工
3	1.2.6	物流周边设备
2	1.3	区域布局
3	1.3.1	物流流线设计
3	1.3.2	总体布局
3	1.3.3	空间设计
2	1.4	信息系统
3	1.4.1	功能设计
3	1.4.2	结构设计

图 3-4　分层结构式工作分解结构图

（三）表格式

表格式工作分解结构图是用表格表示工作分解结构。它也是项目经理最常使用的一种格式。如图 3-5 所示。

第一层	第二层	第三层
1 物流配送中心设计	1.1 作业功能设计	1.1.1 作业流程 1.1.2 区域功能 1.1.3 作业功能
	1.2 设施与设备设计	1.2.1 容器设备 1.2.2 储存设备 1.2.3 搬运设备 1.2.4 订单拣选 1.2.5 流通加工 1.2.6 物流周边设备
	1.3 区域布局	1.3.1 物流流线设计 1.3.2 总体布局 1.3.3 空间设计
	1.4 信息系统	1.4.1 功能设计 1.4.2 结构设计

图 3-5　表格式工作分解结构图

（四）树形结构

树形结构视图是工作分解结构最流行的格式。它提供了一种易于理解的工作分解结构视图。如图 3 - 6 所示。

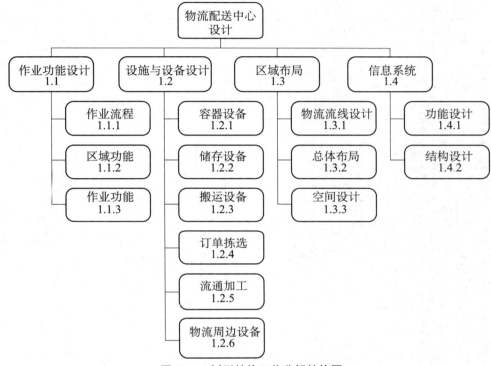

图 3 - 6　树形结构工作分解结构图

（五）工作分解结构词典

较大的项目一般都有许多工作包，这些最底层的工作包必须有全面、详细和明确的文字说明，因此在实际工作中常常把所有的工作包用文字说明汇集在一起，编成一个项目的工作分解结构词典，以便需要时查阅。工作分解结构词典是一套工作分解结构的单元说明书和手册，通常包括：项目的 WBS 单元编号（编码）体系说明；按照顺序列出的单元的标识；目标的定义；单元计划发生的费用和完成的工作量说明；要完成的工作以及该单元与其他单元的关系的摘要叙述。如图 3 - 7 所示。

三、工作分解结构的制定方法

制定工作分解结构的方法多种多样，主要包括：类比法、自上而下法、自下而上法和使用指导方针等。

层次	WBS 编码	内容	描述
1	1	物流配送中心设计	物流配送中心项目的总体设计
2	1.1	作业功能设计	物流配送中心基本功能的设计
3	1.1.1	作业流程	……
3	1.1.2	区域功能	……
3	1.1.3	作业功能	……
2	1.2	设施与设备设计	……
3	1.2.1	容器设备	……
3	1.2.2	储存设备	……
3	1.2.3	搬运设备	……
3	1.2.4	订单拣选	……
3	1.2.5	流通加工	……
3	1.2.6	物流周边设备	……
2	1.3	区域布局	……
3	1.3.1	物流流线设计	……
3	1.3.2	总体布局	……
3	1.3.3	空间设计	……
2	1.4	信息系统	……
3	1.4.1	功能设计	……
3	1.4.2	结构设计	……

图 3-7 工作分解结构词典

（一）类比法

类比法就是以一个类似项目的 WBS 模板为基础，制定项目的工作分解结构。例如，某飞机制造公司曾设计制造多种类型的大型客机，当该公司计划设计生产某种新型战斗机时，就可以参照以往制造大型客机时设计的子系统，以从前的子系统为基础，进行新项目 WBS 的编制。比如，该 WBS 的第一层中有飞机机身项，该项又包括了飞机前身、飞机中部、飞机后身和机翼等第二层的多个子项。这种一般性产品导向的 WBS 就成为新飞机项目的范围定义和新型战斗机成本估算等工作的起点。

（二）自上而下法

自上而下法常常被视为构建 WBS 的常规方法，它是指从项目最大的单位开始，逐步将其分解成下一级的多个子项。这个过程就是要不断增加级数，细化工作任务。这种方法对项目经理而言，可以说是最佳方法，因为他们具备广泛的技术知识和对项目的整体视角。

（三）自下而上法

自下而上法是指让项目团队成员从一开始就尽可能地确定项目有关的各项具体任务，然后对各项具体任务进行整合，并归总到一个整体活动或 WBS 的上一级内容中。仍以上例中的飞机制造公司设计制造新型战斗机为例，采用自下而上法，不是开始就考察 WBS 制定的指导方针或是参考其他类似项目的 WBS，而是尽可能详细地列出那些项目团队成员认为项目需要完成的任务。在列出详细的任务清单后，就开始对所有工作进行分类，以便将这些详细的工作归入上一级的大项中。比如说，战斗机制造项目团队某个小组中的商业分析人员会知道他必须确定用户对项目的要求以及该项目的内容要求；工程师们也会知道他们必须确定对战斗机系统的要求和对发动机的要求。于是，该小组可能会将这四项任务都归入战斗机制造项目的概念设计这个总项中。

自下而上法一般都很费时，但这种方法对于 WBS 的创建来说，效果特别好。项目经理经常对那些使用全新系统或方法的项目采用这种方法，或者用该法来促进全员参与或项目团队的协作。

（四）使用指导方针

如果存在 WBS 的指导方针，那就必须遵循这些方针。美国国防部的许多项目都要求承包商按照国防部提供的 WBS 模板提交它们的项目建议书。这些建议书必须包括针对 WBS 中每一项任务的成本估算，既要有明细估算项，也要有归总估算项。项目整体的成本估算必须是通过归总 WBS 底层各项任务的成本而得到的。当国防部有关人员对成本计划进行评审时，他们必须将承包商的成本估算与国防部的成本估算进行对比，如果某项 WBS 任务成本有很大的出入，那一般就意味着承包商对要做的工作还没搞清楚。

20 世纪 80 年代中期，美国空军要建立一个本地在线网络系统，以便为 15 个空军指挥基地提供自动控制系统，于是需要征求该系统的开发计划。这个 2.5 亿美元的项目包括提供必要的硬件设施，以及诸如合同、技术规范、建议邀请书等文档的共享开发应用软件等。空军建议书指导方针包括一个 WBS 模板，主要承包商在准备其成本建议书时必须遵循这一模板。这个 WBS 的第一级主要包括硬件、软件开发、培训和项目管理等几项内容。硬件项所包含的第二层子项则主要有服务器、工作站、打印机和网络硬件设施等。空军有关人员会对照他们内部的成本估算（该估算同样也是以这个 WBS 为基础的），考察承包商的成本建议书。因此，拥有一个 WBS 模板既有助于承包商准备成本建议书，也便于空军方面对承包商进行评价工作。

四、项目工作分解的步骤及注意事项

（一）项目工作分解的步骤

在进行项目工作分解的时候，一般遵从以下几个主要步骤：

（1）先明确并识别出项目的各主要组成部分。一般来讲，项目的主要组成部分包括项目的可交付成果和项目管理本身。在进行这一步时需要解答的问题是：要实现项目目标需要完成哪些主要工作？一般情况下，项目的主要工作是指贯穿项目始终的工作，在项目分解结构中主要被列在第二层。

（2）确定每个可交付成果的详细程度是否已经达到了足以编制恰当的成本估算和历时估算的要求。"恰当"的含义可能会随着项目的进程而发生一定的变化，因为对将来产生的一项可交付成果进行分解是不大可能的。对每个可交付成果，如果已经足够详细，则进入第四步，否则接着进行第三步，也就是说不同的可交付成果可能有不同的分解层次。

（3）确定工作包。工作包应该用切实的、可验证的结果来描述，以便进行绩效测量。与可交付成果一样，工作包应该根据项目工作实际是如何组织和完成的来定义。切实、可验证的结果既可包括产品，又可包括服务。这一步要解答的问题是：要完成上述各组成部分，有哪些更具体的工作要做？对于各组成部分的更小的组成部分，需要取得哪些可以核实的结果，以及完成这些更小组成部分的先后顺序是怎样的？

（4）核实分解的正确性。这一步需要回答下列问题：1）最底层项对项目分解来说是否是必需而且充分的呢？如果不是，则必须修改（添加、删除或重新定义）组成元素。2）每项的定义是否清晰完整？如果不完整，描述就需要修改或扩展。3）每项是否都能够恰当地编制进度和预算？是否能够分配到接受职责并能够圆满完成这项工作的具体组织单元（例如部门、项目队伍或个人）？如果不能，则需要做必要的修改，以便进行合适的管理控制。

（二）项目工作分解的注意事项

对于实际中的项目，特别是较大的项目而言，在进行工作分解的时候，要注意以下几点：

（1）要清楚地认识到，确定项目的分解结构就是将项目的产品或服务、组织和过程这三种不同的结构综合为项目分解结构的过程。项目经理和项目工作人员要善于将按照产品或服务的结构进行划分、按照项目的阶段进行划分以及按照项目组织的责任进行划分等有机地结合起来。

组织分解结构（OBS）是项目组织结构图的一种特殊形式，它描述了负责每个项

目活动的具体组织单元，WBS 是实现组织结构分解的依据。费用分解结构（Cost Breakdown Structure，CBS）是按照与 WBS 和 OBS 相适应的规则对费用进行分解而形成的便于管理的分解结构。账目分解结构（ABS）是组织单元承担分项工作而对其费用进行管理的一种工具，可以作为项目费用测定、衡量和控制的基准。

（2）项目最底层的工作要非常具体，而且要完整无缺地分配给项目内外的不同个人或者组织，以便明确各个工作包之间的界限，并保证各工作包的负责人都能够明确自己的具体任务、努力的目标和所承担的责任。同时，工作如果划分得具体，也便于项目的管理人员对项目工作执行情况进行监督和业绩考核。

（3）实际上，对项目或其主要的可交付成果逐层进行分解的过程，也就是给项目的组织人员分派各自角色和任务的过程。

（4）对于最底层的工作包，一般要有全面、详细和明确的文字说明。如前所述，较大的项目一般都有许多工作包，因此，常常需要把所有工作包的文字说明汇集到一起，编成一个项目工作分解结构词典。工作分解结构词典中一般包含工作包描述以及计划编制信息，如进度计划、成本预算和人员安排等，以便在需要时查阅。

（5）并非工作分解结构中所有的分支都必须分解到同一水平，各分支的组织原则可能有所不同。分支最底层的细目叫作工作包。工作包是完成一项具体工作所要求的一个特定的、确定的、可交付以及独立的工作单元，需为项目控制提供充分而合适的管理信息。任何项目也并不是只有唯一正确的工作分解结构，例如同一项目按照产品的组成部分分解和按照生产过程分解就能制定出不同的工作分解结构。

五、项目责任分配矩阵

（一）责任分配矩阵的概念

责任分配矩阵（Responsibility Matrix，RM），是将所分解的工作任务落实到项目有关部门或个人，并明确表示出部门或个人在组织工作中的关系、责任和地位的一种方法和工具。它是在工作分解结构的基础上建立的，以表格的形式表示完成工作分解结构中每项活动或工作所需的人员。

责任分配矩阵除了可以明确项目组织中各部门或个人的职责，还可用于系统地阐明项目组织内部门与部门之间、个人与个人之间的相互关系。责任分配矩阵可以使各部门或个人认识到自己在项目组织中的基本职责，以及在与他人的配合中应承担的责任，从而能够充分、全面地认识自己的全部责任，也便于测算各成员的工作强度。

（二）责任分配矩阵的使用方法

（1）召集项目小组成员运用头脑风暴法等工具列出需要完成的项目任务，如果已经有了项目的 WBS，则可以直接用 WBS 中的工作包。注意要尽可能把任务分解到可由一个人单独完成，完成这项工作可以有且只能有一个交付成果。任务分解不彻底，工作和责任就难以落实到人头上，或者可能导致人员分工出现混乱的情况。

（2）列出参与项目管理以及负责执行项目任务的个人或职能部门名称，并且弄清楚这些人员的教育背景、工作经验、性格特征以及能够用在项目上的工作时间情况，以便在分工时予以考虑。

（3）以工作任务为行，以执行工作任务的个人或部门为列，画出相互关系矩阵图。

（4）在矩阵图的行与列交叉窗口里，用字母、符号或数字表示任务与执行者的责任关系。任务执行者在项目管理中通常有三种职责——直接责任、参与以及审批，用字母表示为：P（President）——主要负责人，S（Service）——次要负责人或辅助人。

（5）检查各个部门或人员的任务分配是否均衡、适当，是否有过度分配或者分配不当的现象，如有必要则做进一步的调整和优化。

（6）针对责任分配矩阵与项目成员沟通，让每个人都明白自己在项目中的任务和要求，确保他们明确各自的角色和承担的责任，获取他们的承诺，从而确保项目各项任务顺利完成。

（7）针对责任分配矩阵与相关的职能部门经理沟通，让职能部门经理清楚他们部门的人员在项目中承担的工作任务和职责，以及项目对这些工作任务的要求，以便最大限度地得到职能部门的支持。

（8）必要时还要与客户沟通责任分配矩阵的情况，获得客户的认可和确认。

（三）责任分配矩阵的表示形式

1. 字母式

采用字母来代表工作参与角色或责任，便于加强彼此之间的联络。

表 3-1 所示是某第三方物流公司的一个汽车物流项目的责任分配矩阵，该矩阵反映了各种任务的关系以及该第三方物流公司中六名员工的任务分配情况。

表 3-1　字母式责任分配矩阵

任务编号	任务名称	组织责任人					
		张	李	王	赵	吴	杨
1	物流信息管理	P					
1.1	电子商务平台		P		S		
1.2	条形码管理			P			
1.3	内部信息管理系统		P	S			

续表

任务编号	任务名称	组织责任人					
		张	李	王	赵	吴	杨
1.4	无线通信技术		P				
2	配送管理	P					
2.1	电子看板配送				S	P	
2.2	准时化配送				S	P	
2.3	按计划配送				S	P	
3	库存管理					S	P
3.1	库存分类					S	P
3.2	库存量的确定					S	P
4	物流作业系统	P					
4.1	进货作业			P			
4.2	搬运作业		S	P			
4.3	存储作业		S	P			
4.4	配送作业		S	P			

注：P表示主要负责，S表示协助工作。

2. 符号式

与字母式不同，符号式表达更为简洁，易于制作。但从包含的信息量来看，字母式责任分配矩阵更丰富。如表3-2所示。

表3-2　符号式责任分配矩阵

任务名称	组织责任人					
	张	李	王	赵	吴	杨
项目谈判	▲		●			
目标设计		●		★	▲	
作业流程设计			▲		●	
单据流程设计	★	▲				●
准备时间估算				▲		
计划费用估算	▲		●			★
经济效益测算		●	▲		★	
资源安排	●	★		▲		
风险评价				●	▲	★
项目会议		●	★			▲
项目启动		▲		★		●

注：▲表示负责，●表示辅助，★表示通知。

物流项目采购

一、物流项目采购概述

（一）采购的定义

采购是指从系统外部获得货物、工程和服务的完整的采办过程。它主要包括以下三种：

（1）货物采购，是指购买项目建设所需的投入物。

（2）工程采购，是指选择工程承包单位及其相关的服务。

（3）咨询/服务采购，主要指聘请咨询公司或咨询专家。

物流项目缺少不了采购。采购工作是项目执行过程中的重要一环。如要做好物流企业中长期的战略规划，聘请专业公司或专家进行咨询是完全必要的；建设一个现代化的物流配送中心必须慎重地选择工程的承包商；立体自动化物流仓库需要大量地采购可调整货架、专用（带有起重平台）装卸货小车、辊式输送机、条码印表机、信息采集机等；企业物流业务的"外包"更需要挑选理想的战略合作伙伴。这些都属于采购规划要解决的问题。因此，在项目实施过程中，有必要选择适当的采购方式。如果采购的产品不符合项目设计预定的要求，将直接影响项目质量，严重时会导致项目的失败。因此，规范项目采购，可以有效地降低物流项目成本，促进项目的顺利实施和按期完成。

（二）物流项目采购规划的内容

项目采购规划是在考虑了买卖双方之间关系的基础上，从采购者（买者）的角度考虑项目的哪些需要可以通过从项目实施组织外部采购产品和设备来得到满足。采购规划一般要从下列事项中做出决策：

（1）通过一家总承包商采购所有或大部分所需要的货物和服务。例如，某物流企业可以选择一家系统集成公司来构架公司的计算机网络和开发物流管理信息系统软件，在这种情况下，从询价到合同终止的整个过程的采购只需要实施一次。

（2）不采购货物和设备。对于研究型、科技开发项目（如物流企业内部管理体制改革、作业流程优化等），从询价到合同终止的整个过程的采购都不必实施。

（3）向多家承包商采购需要的货物和服务。对于工程类项目（如物流配送中心建设），需要在实施过程中不断向不同供应商采购材料和电器等设备。此时，从询价直至合同终止的整个过程的采购，每一次采购活动都需实施一次。对于采购量大的项目，还需要引入一定的订货策略或咨询采购专家。

二、物流咨询/服务项目采购

（一）物流咨询/服务的内容

1. 物流项目投资前研究

对于投资规模较大的项目（如物流中心的选址与建设），在项目确定之前，必须进行市场调查与项目可行性分析。将项目委托给专业性的咨询公司，有利于减少外界的不良影响，依靠科学的分析方法和手段，从实际出发，对项目进行全面、客观、公正的评价，减少投资失误或项目失败的可能。

2. 项目准备性服务

项目准备性服务是为了充分明确项目内容和准备实施项目所需的技术、经济和其他方面的工作。如项目建议书的拟订、工程项目设计（包括投资概算与运营费估算）、物流中心的配送方案策划、招投标代理等。有时还包括与编制采购文件有关的服务，如确定保险要求、对专利人和承包人的资格进行预审、分析投标书并提出投标建议等。

3. 执行项目采购

执行项目采购主要指工程监理和项目管理，包括检查和督促工作、审核承包商和供货商出具的发票以及与合同文件的解释有关的技术性服务。有时还包括协助采购并且协调同一项目的不同承包商和供货商的投入，以及在开始和营运阶段的各种设施的采购。

4. 技术援助

技术援助指其他支持投资人或业主项目管理方面的咨询服务，例如物流开发计划、企业重组规划、人员技术培训等。

（二）咨询/服务项目采购与工程采购的区别

1. 业主提出的任务范围不同

咨询/服务项目采购的业主在邀请之初提出的任务范围不是已确定的合同条件，只是合同谈判的一项内容，咨询/服务公司和物流供应商可以而且往往会对其提出改进建议；而工程项目采购时提出的采购内容则是正式的合同条件，投标者无权更改，只能在必要时按规定予以"澄清"。

2. 选择的条件不同

咨询/服务项目采购的选择应当以技术方面的评审为主，选择最佳的被委托人，有时不以价格最低为主要标准；而工程项目采购则一般是以技术达到标准为前提，通常选择报价最低的投标者。

3. 对业主的投标书的处理方式不同

咨询/服务项目的被委托人可以对业主的任务大纲提出修改意见；而工程项目采购的投标书，必须以招标书规定的采购内容和技术要求为标准，达不到标准的即为废标。

4. 公布结果的方式不同

对于咨询/服务采购项目承包商的选聘可以不进行公开招标，不宣布应聘者的报价，对于晚于规定期限送到的建议书，也不一定宣布无效而退回；而工程项目采购则要求公开招标，宣布所有投标者的报价，迟到的投标书视为废标。

第五节　物流项目招投标

一、物流项目招投标概述

（一）项目招投标的概念

项目招投标是市场经济条件下进行大宗货物买卖、工程承包建设项目的发包与承包，以及服务项目的采购与提供等经济活动所采用的一种竞争形式和交易方式，是由采购人事先提出货物、工程或服务的条件和要求，邀请必要数量的投标人参加投标并按照法定或约定程序选择交易对象，是引入竞争机制订立合同的一种法律形式。它包括招标和投标两个基本环节，前者是指招标人（或招标单位）按照公布的招标条件，公开或书面邀请投标人（或投标单位）在接受招标文件的前提下前来投标，以便招标人择优选定；后者是指投标人（或投标单位）在同意招标人拟订的招标文件的前提下，对招标项目提出自己的报价和条件，通过竞争期望被招标人（或招标单位）选中的一种交易方式。

（二）项目招投标的基本特征

招投标作为一种有效的选择交易对象的市场行为，具有以下基本特征。

1. 规范性

按照目前各国做法及国际惯例，招投标的程序和条件由招标机构事先设定并公布，对招标、投标双方具有法定约束效力，一般不能随意改变。当事人必须严格按照既定程序和条件并在固定招标机构的组织下开展招投标活动。

2. 开放性

招标的目的是争取在最大范围内让所有符合条件的投标者前来投标，进行自由竞争，一般情况下，邀请参与的供应商或承包商在数量上是无限制的。正规的招投标活动，在信息发布、中标标准披露以及评标方法和过程等方面，都处于公开的社会监督之下，可以有效地防止不正当的交易行为。

3. 平等性

招投标是独立法人之间的经济活动，各方以平等、自愿、互利为出发点，按照事先规定的程序和条件，本着公平竞争的原则进行。招投标双方享有同等的权利和义务，受到法律的保护和监督，在招标公告和招标邀请书发出去后，任何有能力或资格的投标者均可参加投标，招标方不得有任何歧视某一个投标方的行为。同样，评标委员会在组织评标时，也必须公平客观地对待每一个投标者。

4. 竞争性

招投标的核心是竞争，根据规定，每一次招标必须有三家以上的投标人，形成投标人之间的竞争。它们以各自的实力、服务、信誉和报价等优势来战胜其他的投标人。

基于以上特点，招投标对于最大限度地形成竞争，使参与投标的供应商和承包商获得公平、公正的待遇，提高采购的透明度，增强采购的客观性，促进项目资金的节约和项目效益的最大化，杜绝腐败和滥用职权，都具有至关重要的作用。

（三）项目招投标的基本方式

招投标的方式决定了招投标的竞争程度，也是防止不正当交易的重要手段。目前，国内外采用的招投标方式主要有以下四种。

1. 公开招标

公开招标又叫竞争性招标，即招标人通过在报刊、电子网络或其他媒体上刊登招标公告，邀请不特定的法人或者其他组织参加投标竞争，招标人从中择优确定中标单位的招标方式。按竞争程度，公开招标可分为国际竞争性招标和国内竞争性招标。

国际竞争性招标是指在全世界范围内进行招标，国内外合格的投标商均可以投标。它要求制作完整的英文标书，在国际上通过各种宣传媒介刊登招标公告。符合招标文件规定的国内外法人和其他组织，可以单独或联合其他法人或组织参加投标，并按照招标文件规定的币种进行结算。

国内竞争性招标是指符合招标文件规定的国内法人或其他组织，单独或联合其他国内法人或组织参加投标，并用本国货币结算的招标活动。它只用本国语言编写标书，只在国内的媒体上刊登公告。

公开招标有一套严格的程序和方法，以防止招标中出现不正之风，受到广大投标单位的欢迎。公开招标的缺点是工作量大，手续较多，时间稍长。

2. 邀请招标

邀请招标也称有限竞争性招标或选择性招标，是指招标人以投标邀请书的方式邀请特定的法人或者其他组织投标，即根据招标内容确定一批单位为邀请对象，将其招标公告或投标邀请函直接送往这些单位，除此之外的单位则无从知道该招标信息，故又叫不公开招标。邀请招标，要先对招标内容涉及的邀请单位进行了解和咨询，要有把握将最有竞争力的投标人都邀请到，这样才不失其招标的意义。

邀请招标的特点是：邀请招标不使用公开的公告形式；接受邀请的单位才是合格的投标人；投标人的数量有限，不仅可以节约招标费用，而且增加了每个投标者的中标机会。相对于公开招标，邀请招标可缩短时间和减少工作量，但是邀请招标限制了充分的竞争，因此，招标投标法一般规定，招标人应尽量采用公开招标。

3. 两段招标

两段招标是将公开招标与邀请招标结合起来的招标方式，这种招标形式是公开与不公开兼而有之。招标单位先采用公开招标的方式广泛吸引投标人，对投标人进行资格预审，再从中邀请三家以上条件最好的投标人，进行最后的挑选，这使得招标单位有机会从容地制定合理、准确的标底，把技术风险降到最低。

4. 协商招标

协商招标又称为议价招标或限制性招标，即通过谈判来确定中标者。这种招标形式也是不公开的。比如有些军事、保密和技术难度较大的项目，招标人认为只有某投标人有能力承担，便委托其投标，然后平等协商，最终达成协议。它主要有直接邀请议标、比价议标、方案竞赛议标等方式。

由于议标的中标者是通过谈判产生的，不便于公众监督，因此容易导致非法交易。为了使议标尽可能体现招标的公平公正原则，《联合国国际贸易法委员会货物、工程和服务采购示范法》规定，在议标过程中，招标人应与足够数目的供应商或承包商进行谈判，以确保有效竞争，如果是采用邀请报价，至少应有三家；招标人向某供应商和承包商发送的有关谈判的任何规定、准则、文件、澄清或其他资料，都应在平等的基础上发送给正与该招标人进行谈判的所有其他供应商或承包商；招标人与某一供应商或承包商之间的谈判应是保密的，谈判的任何一方在未征得另一方同意的情况下，不得向另外任何人透露与谈判有关的任何技术资格、价格或其他市场信息。

（四）项目招投标的一般程序

一般的招投标活动可分为四个阶段。

1. 招标阶段

由招标企业自行组织招标班子和评标委员会，编制招标文件和标底，发布招标公告，审定投标单位，发放招标文件，组织招标会议，投标企业现场勘察和接收投标文件等。

2. 投标阶段

根据招标公告或招标单位的邀请，选择符合招标要求的可以参加投标的企业，并要求其提供资格文件和资料。投标单位在接到招标单位可以参加投标的许诺后，组织正式的投标班子，跟踪项目投标，研究招标文件，参加招标会和参观现场，编制投标文件，在规定的时间内将投标文件报送招标单位并参加投标答辩。

3. 开标评标阶段

在招标通知规定的时间和地点，招投标双方代表在有公证人在场的情况下，当众开标。招标方对投标方进行资格审查、询标及评标。而投标方则须做好询标解答准备，接受询标质疑，等待评标、决标。

4. 决标签约阶段

决标委员会提出评标意见后，报送决标单位，由决标单位确定中标单位，并根据决标内容向中标单位发出中标通知书，中标单位接到通知书后，在规定时限内与招标单位签订合同。

物流服务项目与建设工程项目等在招标内容上有本质的不同，工程项目招标是"硬招标"，其评价标准有统一的国际或国家标准，而物流服务项目招标属于"软招标"，其评价标准随物流客户的物流服务内容的不同而不同。

二、物流项目招标

工商企业寻找物流服务提供商最常见的做法就是采用招标的方式。招标是物流客户在最短的时间内以最合理的成本找到自己满意的物流合作伙伴的一种最有效的方法。

（一）物流项目招标的原则

招标和投标是由招标人和投标人经过要约、承诺、择优选定，最终形成协议和合同关系的平等主体之间的一种交易方式，是法人之间达成有偿的、具有约束力的契约关系的法律行为。招标和投标具有平等性、竞争性、开放性等基本特征，必须遵循的基本原则是公开、公平、公正和诚实守信。这是联合国关于政府采购的招投标规定，也是物流项目招标的基本原则。

物流招标是物流客户企业自己的行为，在招标的过程中各企业物流服务的需求不同，采用的招标形式也会有所不同。国际著名大企业如世界 500 强企业，它们在物流招标、评标和决标过程中一般都会遵照上述原则，但有的企业在物流招标中，为了某些特殊的利益，也会违背公平、公正的原则，使参加投标的物流企业遭到不公平待遇，因而使优秀的物流企业失去中标机会。招标企业的这种做法最终会受到市场的"惩罚"。

（二）物流项目招标的步骤

物流客户对自己产品的物流服务进行招标，首先要组建招标小组。招标小组的组长由招标企业的物流部总经理或总监担任，其余成员一般为物流部和采购部人员。招标小组是招标的工作组，从事所有与招标有关的工作，如编制招标书、解答投标单位的询标、进行投标单位的资料审查及现场考察、制定评标标准等，并将评标意见报告给招标企业总经理，最后由企业总经理会同物流部、采购部负责人共同决标。

1. 制定招标工作时间表

一般从发出招标意向开始到中标通知书发出，大约需要半年时间。招标小组会制定这段时间内较详细的招标工作时间表，并通知投标单位。

2. 向拟投标的物流企业发出招标意向

物流企业会对招标做出投标或不投标的决定。当接到物流企业的投标响应后，招标小组要对各个投标企业进行资格考察，如了解企业的规模和业务种类、物流服务经验，参观仓库、了解仓库保管水平，了解运输方式、自有车队数量、运输监控能力以及物流信息管理水平。那些没有物流服务经验和资源的企业，如只有一套物流管理信息系统，而无其他物流服务资源，通常会被招标单位拒绝参加投标。

3. 选定参加投标的物流企业

招标方要与选定的投标企业签订保密协议。投标方要对招标方提供的产品数据、客户数量以及销售渠道等资料保密，并只能用于制作投标书。在取得投标单位的保密承诺后，招标方向投标方发出正式的物流服务项目招标书。

4. 投标方研究标书

招标方给投标方大约一个月研究标书的时间，并接受投标方的询标质疑，给予正式解答。投标方通过电话、传真、E-mail 等形式，与招标方反复沟通交流，其交流结果记录整理后经双方确认，可作为正式投标书的一部分，通常以附录的形式附在投标书后面。

5. 投标方投递标书

招标方在确定的时间接受投标方的投标书，要规定准确的投标截止时间，除非是特别有利于招标方的投标书，一般情况下过了投标时间不再接受投标。投标书必须加以密封。

6. 招标方评标

在接到所有的投标书后，招标小组共同开拆投标书，大约用一周时间讨论投标书，修订评标的标准，按照评标的标准从投标方中选定两家作为最后投标方。评标要在保密的情况下进行。物流服务项目的评标，不需要公证人到场，完全由招标小组进行。

7. 第二轮投标

被选中的两家投标物流企业，在接到参加第二轮投标的通知后，对自己的投标书进行修订，精心准备第二轮投标书。尤其是在报价方面，要在格外详细地计算各项成本以及确定盈利空间的基础上，提出物流服务报价。招标小组可向这两家企业做出说明，如两家投标企业的物流服务质量和水平都较接近，最后的投标看的是各家报价和对自己承担的物流服务是否有创新的建议。

8. 第二轮投标的交流和沟通

这期间，招标小组与两家招标企业进行多次交流，详尽了解两家在物流服务流程上的差异、对在物流服务过程中出现的意外情况的处理办法，对两家提出的问题和它们对自己承担的物流服务的疑问给予详细回答，并对两家的有益建议进行评估。

9. 确定第二轮投标时间

一般是再经过一个月，在确定的时间里接受两家企业的最终投标书。

10. 投标答辩

招标小组在仔细研究两家企业的投标书一周后，举行投标答辩会。招标方的几乎所有高层人员都要参加答辩会，听取投标方的各项服务建议和标出的服务价格的根据，同时对物流服务的各种细节和可能发生的问题提出疑问，由投标方给予解答。

11. 决标

招标小组把评标结论报告给总经理，由总经理会同物流部、采购部负责人决标。招标小组会见中标单位，提出最后几个问题，得到对方的确认并获得满意的回答后，通知对方中标。

12. 发出中标通知

一般情况下，招标方会在三天后给中标单位发出中标通知书，同时告诉对方接受物流服务的准确时间，并准备签订物流服务合同。

13. 准备实施

招标小组对中标单位进行物流服务产品有关知识的培训，使中标单位完全熟悉产品的特性，从而明确物流服务要求，制定正常物流运作的监督机制和控制方法，并与中标单位密切合作，准备物流服务的实施。至此，招标过程结束，招标小组解散。

（三）招标文件的基本构成

招标文件（主要包括招标书和招标意向书）一般包括以下几部分内容：（1）招标邀请书、投标人须知；（2）招标方的企业介绍和发展历程；（3）物流服务招标范围和不在招标范围的说明；（4）计划的招标程序和时间表，如从物流公司的第一次预选、签订保密协议、送达招标书等直到第一次服务操作开始的时间顺序表；（5）产品目录表、产品标识说明；（6）产品的年产量和有关重要数据表、库存水平表；（7）物流服务的详细操作要求、操作流程等；（8）物流服务费用的构成；（9）对合同的要求和操作监督的说明；（10）对投标书的要求和招标组织情况。

招标意向书是招标单位在招标最初阶段发出的招标文件，主要表明招标单位开始正式招标，提出物流服务要求范围和招标的重点。

（四）物流项目的决标签约

不同的物流招标方对自己产品的物流服务有不同的要求。事实上，由于物流客户产品、生产方式和销售方式的不同以及服务需求的不同，它们通常会提出自己的物流服务要求，每个物流客户都有自己的个性化需求。因此，在招标时它们都会给出自己的需求说明、评标时的标准和条件、决标的技术要求和签约的合同管理要求。

物流项目评标的共同标准有以下几项。

1. 物流服务质量

这是指满足物流服务要求的各项措施和条件，如标准化业务流程（SOP）、物流服务经验、仓库设施、车辆管理的专业化水平、物流信息系统的实用水平、设置的应急处理程序、符合企业质量管理标准要求等。

2. 服务价格

对物流客户而言这是服务费用。服务价格要合理，要求投标方详细列出各项服务所需要的资源和服务时间，并标明相应成本。成本测算要有根据、有说服力，并留有合理的利润空间。

3. 企业发展潜力

对物流企业进行评估，全面考虑企业的发展历程、现有的物流服务资源、企业的实力以及企业的发展前景。要考察中标的物流企业是否具有不断改进服务质量和降低物流服务成本的能力。对于规模较小，只有所谓的服务理念和靠承包或分包来营运的"第四方"以上的物流服务提供商，应谨慎对待。对于实力强大的外资物流企业，由于它们不熟悉国情，依靠当地的物流营运商来分片营运，因此也应该根据自身情况从长远考虑。

4. 物流服务建议

对投标企业设计的物流服务各个环节的方案，除考察其理论水平和实用性外，还要看其能否进一步提出提高服务水平的建议，比如仓库租金的计算方法、运输方案的各种优化方法（采用联运模式）等。对于服务建议质量高的投标方，在评标时应予以重点考虑。

5. 参加项目和进行管理的人员素质

再好的物流方案，再完善的投标书，也需要管理人员来执行。管理人员的素质决定了以后物流服务运作的成功与否。首先，要对参加投标的团队人员进行评价。其次，要对投标方列出的各类管理人员和专业工人的数量、质量、配备，以及运作团队的素质做一个完整的评价。

三、物流项目投标

物流企业积极响应客户的物流项目招标，是进入物流市场的主要方法之一。参加投标既是提高物流企业自身素质的过程，同时又是培养人才的有效途径，尤其是参加外资企业的招标，对于形成高水平的物流设计团队和物流运作团队有很大的推动作用。如果中标，与物流客户签订的物流服务合同少则三年，多则五年以上。如果服务质量优秀，并不断地给物流客户带来利益，将会与客户形成长期合作、共同发展的关系，这对物流企业的成长和发展具有重要意义。所以，物流企业绝不能放过物流项目投标的机会，应全力以赴调动物流企业各部门的力量，通力合作，争取中标。

（一）物流项目投标计划

1. 组织物流项目投标小组

投标小组成员以物流企业的物流部门人员为主，物流部门的负责人任投标小组组长，抽调公司有物流服务经验、有进行物流方案策划和设计能力的各种人员组成技术完备的投标团队。要给投标小组以充分的人、财、物和时间上的方便，集中公司的智慧做好投标准备工作。

2. 熟悉招标企业情况

投标小组收集招标企业的资料，认真学习和了解招标企业的情况，包括企业成长经历、产品类型和特点、市场状况以及之前与物流企业合作的情况，掌握招标企业的组织结构和未来发展态势。

3. 做好投标准备

投标小组研究招标企业的招标意向书，制作物流服务建议书，并做好迎接招标小组来本企业考察的工作准备，包括举行座谈会、演示和介绍本企业的物流服务优势、请其参观本企业仓库和车队、高层领导亲自接见等。

4. 研究招标文件

认真研究招标文件，分析招标内容，提出对招标文件的疑问，做好询标工作。分解招标内容，组成各内容工作小组，编制投标文件，确定项目实施的资源、人力以及费用，进行投资效益分析、可行性分析等。

5. 投标时间安排

严格按照招标书的时间要求，确定投标活动的时间表，并制订投标工作计划。

（二）物流项目投标过程

1. 制订投标计划

在投标小组的领导和计划下，有步骤、有节奏地按照招标书的要求参与投标活动。投标小组召开各种会议，明确目标，做好内部分工，制订详细的工作时间计划。

2. 分析研究招标书

仔细地分析研究招标书的内容是投标成功的基础。对招标书中不清楚、不明白或有问题的地方，要全部认真记录下来，一一列明，然后有计划地与招标方进行讨论，讨论结果由招标方确认，作为招标过程的支持文件。

3. 精心编制投标文件

投标书是投标活动中最核心、最关键的文件。投标书不但是一个完整的物流服务方案，而且是投标方是否中标的依据。投标书虽然有各种形式，但其基本要求是相同的，后面会详细介绍，此处不赘述。投标书要主题清楚、观点明确、结构清晰、层次分明、语言精练、逻辑性强。

4. 与招标方交流沟通

要有计划地向招标方介绍自身的物流服务水平，在投标过程中不断与招标方进行交流沟通，这样既能够及时修正投标书的内容，又能够使招标方对本企业的服务水平加深了解。比如为招标方进行物流服务而选择仓库，库房布置设计、仓库改造计划等要反复征求对方意见，按对方的意见不断修正仓库改造计划。

5. 递送投标书

要将投标书精心装订成册，并按要求加以密封，在指定时间内，将投标书送到招标人手中。

6. 精心准备投标答辩

要做好准备，回答招标方可能提出的问题。在答辩会上，对招标方提出的各种问题，投标方都要耐心、仔细、认真地回答，要进一步展示投标方各种合理化的建议，说明提高服务质量、降低物流成本的创新措施。

7. 签订物流服务合同

在接到中标通知书后，就要做签订合同的准备，并就合同细节与招标方进行谈判，最终签订物流服务合同。

8. 制定实施方案

这是指提出物流服务的具体实施计划，包括项目实施的时间表、实施的具体内容、人力和资源的调度、资金和费用的预算等，并与物流客户交流。

9. 整合社会物流资源

这是指提出社会物流资源采购计划，对外实行分包，选择分包商，与其签订分包合同。

10. 组织物流项目运作团队

要选择忠于企业、有一定物流运作经验的人组成物流项目运作团队。有时企业还要招聘新职工，进行岗位培训，购置必要的设备。在接手对方的物流服务之前，要制定岗位手册、规章制度、现代企业管理模式等。在与物流项目运作团队工作一段时间后，物流项目投标小组全部工作结束，投标小组解散，物流服务的具体实施交给物流项目运作团队。

（三）物流项目投标策略

为了中标，除了按照上述正常的投标过程工作外，还应针对不同的物流服务内容和竞标对手采取不同的投标策略。

1. 提出多种方案

掌握招标方的物流服务需求特点，提供多种物流服务方案以满足招标方的特殊需要，如在运输配送物流服务中，可提出各种联运方案与之讨论，供招标方选择。

2. 了解竞争对手

分析竞争对手的优势和劣势，掌握竞争对手的投标动向，以自身的优势抗衡竞争对手的优势，或采取"田忌赛马"策略，以自己的优势对应竞争对手的劣势，使本企业在竞标中占据主动。

3. 加强与招标方的联系

与招标方建立密切联系，认真对待招投标中的每一次活动，最大限度地取得招标方的信任，让对方觉得把自己的物流活动交给本企业实施很放心。

4. 树立物流经营理念

树立全心全意为客户服务，一切以客户需求为中心的物流经营理念。在投标活动中，一定要站在招标方的立场上看待每一项方案和建议。尤其是当自己设计的提高物流服务质量、降低物流服务成本的建议可能会对自身不利的时候，提不提出这些建议，是检验投标方是否能真正为客户着想、是否具有新的物流服务理念的标准。

5. 报价方式灵活

在与对方交流价格时，可提出几种价格方案。由于价格不同，服务方案也有所区别，由客户选择既能满足服务质量需求又较为合理的价格。同时，应该承诺每年以一定的百分比降低物流服务成本。因为，在开始的一年，由于服务技术不成熟和对产品不太熟悉，会产生额外的成本。随着时间的推移，对产品特性越来越熟悉，服务技术也越来越成熟，再加上客户的产量在不断增加，降低成本是理所当然的。由投标方主动提出，表示自己的诚意，会提高中标的概率。

6. 双方高层领导进行交流和沟通

在投标期间，应安排投标方高层领导与招标方高层领导会谈，介绍本公司的实力和发展前景，从而给招标方高层领导留下深刻的印象。

（四）投标书的基本要求

投标书是招投标过程中的关键性文件，编写高水平的投标书对物流企业中标具有重要作用。物流服务的内容不同，投标书的内容也会有所不同，但基本的原则和结构都是相同的。一般的物流项目投标书由三大部分内容构成：第一部分是投标书的总纲，第二部分是物流服务方案设计，第三部分是补充建议和附件。

1. 投标书的总纲

在投标书的总纲中，要表明与招标方需要的物流服务一致的服务理念、达到招标书要求的服务承诺、为达到承诺而配备的资源和采取的措施等。明确提出投标总报价，以及报价的原则，使招标方对投标书内容有一个较完整和清晰的认识。本部分要求结构清楚、语言准确、概念明晰。

2. 物流服务方案设计

本部分是投标书的核心内容，也最能体现投标书的水平。要根据招标方不同的物流服务需求，把整个物流服务方案科学合理地拆分成几个部分，每个部分可再分成若干环节，然后对每个环节进行细致的描述和说明。

每个物流环节的描述要细致而准确，逻辑性要强，且具有可操作性。首先说明本环节的目的，即清楚地说明所要达到的目标和水平；其次说明本环节的范围，即本环节运作的起点和终点，以及与其他环节的接口部分；再次给出本环节的操作步骤及有关说明和解释；最后画出本环节的业务流程图并给出流程图的说明。

物流服务方案一般包括以下几个部分：

（1）仓库管理。

首先根据物流服务要求选择租赁仓库或改造自有仓库，做出仓库说明，进行仓库库区的划分、库位的确定，制定仓库管理的编码规则，改造自有仓库的要制订出仓库的改造计划并画出改造完成后的仓库图。然后把仓库管理部分分成若干环节（视招标要求而定），如入库、出库、盘点、先进先出原则以及加工等，分别给出各环节标准业务流程、操作中的要点。

（2）运输和配送。

详细地提出运输方案，包括优化线路、选择运输模式、选配适货车辆以及对配送中的装载方法进行说明。这部分包括国内运输、进出口通关、海上运输（空运）、国外运输、多式联运、配送到用户、车辆的调度和优化、运输中的控制和紧急事故处理等环节。

要设计各个环节的标准化业务流程、紧急事故处理流程、进出口货代业务流程等，做出清楚的操作说明并画出业务流程图。

运输和配送的报价较难掌握。运输成本中的可变因素太多，在准确测算各项成本的基础上，对于行驶频繁的路线，可适当考虑报低价，而对不常行驶的跨线或偏远地区，可适当报高价。对标准车辆如集装箱拖车、标准厢式货车可适当报高价，这是考虑了车辆本身的运输风险因素。无论报什么价，都要向招标方做出详细说明，以求招标方理解。

（3）物流信息管理。

物流信息管理水平是现代化物流运作能力的基础。物流服务方案中设计的物流信息管理系统一定要既满足物流项目的需求，又成本低廉，在设计时要反复征求客户意见。如果客户需要物流企业的物流信息管理系统与它的系统对接，则在开发工具上一定要与客户一致。如果客户不要求对接，则没有必要预留接口。物流信息管理方案的设计原则是实用、耐用、低费用。

（4）项目的执行方案。

在投标书中，要制订出项目执行的详细计划以及项目执行的保障措施，以甘特图的形式给出清晰的描述和说明。这部分内容包括 KPI 考核指标设计；项目管理体制、组织模式、岗位说明书；各种管理手册，如服务手册、员工手册、安全手册、质量管理手册和企业文化手册等；管理规章制度；人员培训计划和费用。这部分内容是一个物流企业的缩影，如果物流项目规模较大，可以为运作此项目而专门组建一个物流分公司。

3. 补充建议和附件

这部分内容是对投标书正文的补充和说明。

（1）补充建议。

对招标方的物流项目提出有益的建议和细节的补充，是一个物流企业先进的物流服务理念和高水平的物流服务技术的体现。这些建议也是之后项目执行过程中提出建议的原则，对招标方来说可以降低物流费用、提高物流效率。好的建议有时会给投标方造成不利影响，如减少某个环节的物流服务收入、运作中给自己带来麻烦等。是否提出这些建议，正是检验一个物流企业是否诚心与客户成为物流合作伙伴的试金石。

（2）附件。

投标书的附件指说明书正文的补充材料、图表数据和各个环节的细节内容，其中有各种业务单据的式样与说明、对分包商的要求和考核指标，以及质量管理体系文件等。

四、物流项目合同

经过招投标谈判，双方决定开始物流合作后，就需要签订物流项目合同了。在物流的发展过程中，物流服务的提供者与使用者在投资、承诺、退出合同的自由、保险等方面形成了一些合同范本。物流公司可以结合当地的法律与竞争环境、提供物流服务的种类、顾客的要求等因素，在实际签订合同时参考应用有关条款。同时，范本中的有关条款，也可以相应地融入物流公司的商务原则中，形成物流公司的标准做法。

物流项目合同有以下特点：

（1）是双务合同：现代物流项目合同双方均负有义务，享有权利。物流服务商有完成规定服务的义务和收取相应费用的权利；用户有支付费用的义务，并理应接受完善的服务，一旦出现服务瑕疵（如在运输过程中出现货物损坏），有向服务商索赔的权利。

（2）是有偿合同：物流服务商有以完全服务为代价取得报酬的权利，而用户有享受完善服务的权利并以支付费用为代价。

（3）有约束第三者的性质：物流项目合同双方是服务商与用户，而收货方有时并不参与合同的签订，但服务商应向作为第三者的收货方交付货物，收货方可以直接获得合同规定的利益，并自动受合同约束。

复习思考题

1. 物流项目计划制订的原则有哪些？
2. 物流项目范围管理的内容主要包括哪些？
3. 什么是 WBS？表示形式有哪些？
4. 物流项目招投标的一般程序是怎样的？
5. 简述项目责任分配矩阵的表示形式。
6. 简述项目工作分解结构的表示形式及其优缺点。
7. 简述物流项目合同的特点。

第四章

物流项目进度管理

第一节　物流项目进度管理概述

一、物流项目进度管理的含义

项目进度通常是指项目实施的进展情况。项目进度管理，又称为项目时间管理或项目工期管理，是指采用科学的方法确定项目进度目标，编制项目进度计划和资源供应计划，控制项目进程，并在与质量、费用目标协调的基础上，实现预定的工期目标。项目进度管理包括确保项目准时完工所必需的一系列管理的过程和活动，其主要内容有以下几方面：

（1）界定和确认项目活动的具体内容，明确每项活动的职责。

（2）确定项目活动的排序。

（3）估算每项活动所需的时间和资源。

（4）制订项目计划和预算。

（5）对项目进度进行跟踪与控制。

二、物流项目进度管理的影响因素

（一）影响物流项目进度管理的因素

现代物流要求物流服务提供者能在恰当的时间、恰当的地点，以恰当的质量为用户提供所需的服务，物流服务也向着用户需求拉动型方向发展。以项目组织方式提供的物流服务新产品（如专户配送）对于时间有更高的要求，其中任何一项活动进度的延误都会对整个物流项目产生较大的影响。对于不同的物流项目来说，影响项目进度的因素是不同的。一般来讲，物流项目进度管理的影响因素主要有以下几种。

1. 人的因素

项目实施的各个阶段对人力资源的需求强度是不同的。及时地调度、招募补充项目需要的专业技术人员和作业人员，是项目进度管理的重要内容，它不仅会影响项目工期，还直接影响着项目人力资源的成本。

2. 材料、设备的因素

项目所需要的工程材料和设备的数量与供给，需要根据项目推进阶段，分批分次到位。一旦所订购的工程材料交付延期，开发的物流管理软件出现意外的困难等，都会造成停工的不利后果。

3. 方法、工艺的因素

项目选定的技术方案与工艺有时也会给项目工期带来影响。特别是一些基于信息技术的自动化物流仓库，其技术含量和集成程度高，各种技术设备的安装与调试之间关联度高，需要控制所有子项目工作按期完成。

4. 资金因素

项目的资金是决定项目能否顺利推进的最重要因素。项目的人、材、物的消耗都需要资金的支持。由于资金不到位而影响项目工期的事件经常会发生。

5. 环境因素

任何一个物流项目都具有开放性的特征。项目的实施也免不了会受到来自上层领导、市场变化等方方面面因素的影响。

（二）常见的物流项目进度拖延情况分析

在实际物流项目的执行过程中，由于项目规模、性质等不同，项目进度影响因素的具体表现形式非常多，比较常见的情况如下。

1. 错误估计了项目的特点及实施的条件

（1）对于一些科技开发类、技术含量高的物流项目（如开发区域物流信息管理系统），低估了它们的设计和实施难度。

（2）有些项目还需要进行局部的科研攻关和试验，而这些工作既需要资金又需要时间，还需要项目实施的各参与者之间良好的配合与协调（如系统分析设计人员需要与软件编程开发人员之间保持良好的沟通）。

（3）对环境因素、物资供应条件、市场价格的变化趋势等了解不全面、不深入，导致项目不能如期进行下去。

2. 盲目确定工期目标

在项目所需时间的估算上没有充分考虑项目的特点，盲目确定工期目标，使得项目实际进度与预期进度相差甚远，造成项目工期估计过长或过短，不能合理有效地完成。

3. 进度计划方面的不足

（1）项目设计、材料、设备等资源条件未能落实，进度计划缺乏资源保障，以致进度计划难以实现。

（2）进度计划编制质量粗糙，指导性差。

（3）进度计划不够明确具体，操作者不能切实掌握计划的目的和要求，以致贯彻不力。

（4）项目经理未考虑项目计划的可变性或项目计划的编制缺乏科学性，致使计划缺乏贯彻的基础而流于形式。

（5）项目的实施者不按计划执行，凭经验办事，致使编制的项目计划不能发挥应有的控制与协调作用。

4. 项目参与者的工作失误

项目设计进度拖延或实施中突发事件处理不当或项目各参与者之间协调不力等都会造成项目进度延误。

5. 不可预见事件的发生

项目实施过程中遭遇了恶劣天气或遇到意外复杂的地质条件等都会使项目进度变缓。

第二节 物流项目进度计划编制

一、项目进度计划编制的步骤

项目进度计划的制订是项目管理的重要内容之一。一个项目能否在规定的时间内按规定的要求（或质量标准）完成，是衡量项目管理成功与否的重要标准，而项目进度计划一般是在工作分解结构的基础上，对项目活动做出的一系列时间计划，以达到控制项目时间和节约时间的目的。

具体来说，制订项目进度计划的目的体现在：（1）保证按时获利以补偿已经发生的费用支出；（2）协调资源，使资源在需要时可以利用；（3）预测在不同时间所需的资金和资源的级别，以便赋予项目活动不同的优先级；（4）满足严格的工期要求。

项目进度计划的编制因项目性质、类型的不同而有所不同，但有几项二作是必不可少的。具体的编制步骤如图4-1所示。

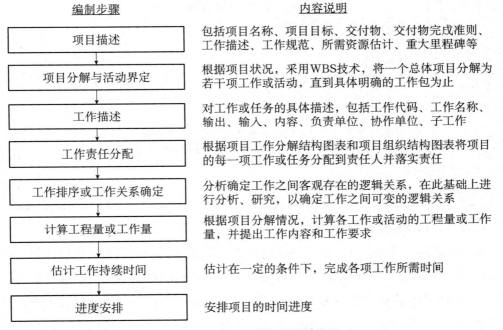

编制步骤	内容说明
项目描述	包括项目名称、项目目标、交付物、交付物完成准则、工作描述、工作规范、所需资源估计、重大里程碑等
项目分解与活动界定	根据项目状况，采用WBS技术，将一个总体项目分解为若干项工作或活动，直到具体明确的工作包为止
工作描述	对工作或任务的具体描述，包括工作代码、工作名称、输出、输入、内容、负责单位、协作单位、子工作
工作责任分配	根据项目工作分解结构图表和项目组织结构图表将项目的每一项工作或任务分配到责任人并落实责任
工作排序或工作关系确定	分析确定工作之间客观存在的逻辑关系，在此基础上进行分析、研究，以确定工作之间可变的逻辑关系
计算工程量或工作量	根据项目分解情况，计算各工作或活动的工程量或工作量，并提出工作内容和工作要求
估计工作持续时间	估计在一定的条件下，完成各项工作所需时间
进度安排	安排项目的时间进度

图4-1　项目进度计划编制步骤

（一）项目描述

项目描述的目的是对项目总体做一个概要性的说明，是编制项目计划和绘制工作分解结构图的基础。

（1）依据：项目建议书或项目合同、已经通过的项目初步设计报告或批准后的可行性研究报告。

（2）结果：以表格或文字描述的形式列出项目目标、项目的范围、项目如何执行、项目完成计划等。某配送中心建设项目描述如表4-1所示。

表 4-1　某配送中心建设项目描述

项目名称	某配送中心建设项目
项目目标	在 A 市的物流园区建设现代化的物流配送仓库
主要交付物	配送仓库 500m² 库区管理 2 层办公综合楼 1 座，建筑面积 1 000m² 停车及区内道路辅助设施 库区内环境绿化 ……
交付物完成准则 （或质量标准）	仓库结构和基础设施要满足物流荷载和作业的要求（加柱宽度不小于 9m，……） 仓库的消防系统要符合我国建筑设计防火规范 库区主通道宽度不小于 15m 库区绿化面积不小于 30%
工作描述	见另表
工作规范	见另表
所需资源估计	见另表
重大里程碑	2024 年 2 月 5 日，完成仓库和办公楼的基础工作 2024 年 5 月 11 日，完成仓库和办公楼的结构工作
项目经理审核意见：	

（二）项目分解与活动界定

将一个总体项目分解为若干项具体而明确的工作或活动，是编制进度计划、进行进度控制的基础工作。在此基础上还需要界定各项活动的范围与内容。活动就是项目工作分解结构中确定的工作任务或工作元素。要完成一个项目，不论项目大小，都必须完成特定的工作活动。对于较小的项目，活动可能会落实到具体的人。但对于较大的、复杂的项目，项目经理可以将具体的活动分配给不同的项目小组，这样可节省时间，减少考虑不周造成的细节任务的遗漏和失误。同时，让项目小组的负责人来界定和分配其组内成员的具体任务，这样有利于发挥项目团队的凝聚力。

（三）工作描述

在项目分解的基础上，为了更明确地描述项目所包含的各项工作的具体内容和要求，需要对各项工作进行描述。工作描述是编制项目计划的依据，同时便于各参与者在项目实施过程中更清晰地领会各项工作的内容。

（1）依据：项目描述和项目工作分解结构。

（2）结果：工作描述表及项目工作列表。

在完成项目各子项工作的描述后，应将其汇总成"项目工作列表"，并进行标准化处理，以便用计算机工具进行项目信息的管理，方便项目经理通盘掌握项目各项工作。

（四）工作责任分配

根据项目工作分解结构图表和项目组织结构图表，将工作列表中的各项工作按工作性质与项目组织的职能部门或人员建立起关联关系，即将项目的每一项工作或任务分配落实到责任人。工作责任分配的结果是形成工作责任分配表。

（五）工作排序或工作关系确定

1. 工作排序的原理

一个项目有若干项工作和活动，这些工作和活动在时间上的先后顺序称为逻辑关系。逻辑关系可分为两类：其一为客观存在的、不变的逻辑关系，也称为强制性逻辑关系。例如，建一个物流配送中心，首先应进行建筑基础的施工，然后才能进行建筑主体的施工。其二为可变的逻辑关系，也称为组织关系。这类逻辑关系随着人为约束条件如实施方案、人员调配、资源供应条件等的变化而变化。优化工作之间的关系主要就是改变它们之间可变的逻辑关系。一般来说，在工作排序的过程中，首先应分析确定工作之间客观存在的逻辑关系，在此基础上进行分析、研究，以确定工作之间可变的逻辑关系（组织关系）。

2. 工作排序考虑的主要因素

（1）以提高经济效益为目标，选择所需费用最少的排序方案。

（2）以缩短工期为目标，选择能有效节省工期的排序方案。

（3）优先安排重点工作，持续时间长、技术复杂、难度大的工作为先期完成的关键工作。

（4）考虑资源利用和供应之间的平衡、均衡，合理利用资源。

（5）考虑环境、气候（如雨季、严寒）对工作排序的影响。

3. 工作关系列表

工作排序的最终结果是获得描述项目各工作之间相互关系的详细关系列表。工作关系列表是项目工作关系的基本描述，包含了项目各工作的详细信息，它通过定义每项工作的紧前工作和紧后工作来描述工作之间的关系。某物流配送服务项目工作关系列表如表4-2所示。

表4-2　某物流配送服务项目工作关系列表

工作编码	工作名称	紧前工作编码	紧后工作编码	持续时间/天	负责人
110	市场调查	—	120	5	营销部

续表

工作编码	工作名称	紧前工作编码	紧后工作编码	持续时间/天	负责人
120	配送方案设计	110	130	10	运营部
130	合同谈判与签约	120	140，150	10	发展部、财务部
140	物流资源调整	130	150	20	设备部
150	上岗人员培训	130	160	10	人力资源部
160	市场试运转	150	—	5	运营部

（六）计算工程量或工作量

根据项目分解情况，计算各工作或活动的工程量或工作量，并提出工作内容和工作要求。

（七）估计工作持续时间

工作持续时间是指在一定的条件下，直接完成某项工作所需时间与必要停歇时间之和，单位可为日、周、旬、月等。如表4-2中是以"天"为单位的。

（八）进度安排

在完成了项目分解、确定了各项工作和活动的先后顺序、计算了工程量或工作量并估计出各项工作持续时间的基础上，即可安排项目的时间进度。

1. 进度安排的依据

（1）工作持续时间的估计。

（2）根据项目所包含的各项工作的先后顺序绘制的工作关系列表。

（3）资源需求。

（4）资源配置描述，包括各项工作所需资源的种类、数量以及随着时间的变化资源配置的变化情况等。

（5）项目日历。项目日历是指约定的项目使用资源的有效周期。标准项目日历是周工作5天，每天工作8小时，周有效工作时间为40小时。不同的项目日历（如一周仅休息1天）将直接影响项目的进度和资源安排。

（6）限制和约束。由于用户的要求或其他的条件限制（如合同约定），某些工作（如里程碑事件表规定的交付物）可能必须在指定的时刻完成，这就存在所谓的强制日期或时限。这是项目执行过程中必须考虑的限制因素。

2. 进度安排的方法和工具

在物流项目进度安排中，可使用的方法有数学分析法、仿真分析法、资源分配启发式法等。比较实用的方法是数学分析法中的关键路径法和计划评审技术。

（1）关键路径法（CPM）。该方法假定项目的资源需求不受限制，纯粹按工作衔接关系计算出项目各工作的最早、最迟开始和结束时间。用最早时间和最迟时间的差额（时差）指标来反映每项工作的时间紧迫程度及重要程度，时差为零的工作通常称为关键工作。关键路径法的主要目的就是确定项目中的关键工作和关键路径，以保证项目实施过程中能抓住主要矛盾，确保项目按期完成。

（2）计划评审技术（PERT）。这是一种在工作或活动时间不确定的情况下使用的网络计划图编制技术。虽然 PERT 法的基本形式与 CPM 法基本相同，但两者存在着很大的差异。CPM 法要求每一项工作都必须有一个确定的工作时间，而 PERT 法则不需要，它允许事先估计三个工作时间，即乐观时间、最可能时间和悲观时间，然后按加权平均的方法计算工作的期望时间。

3. 项目进度计划的主要内容和形式

项目进度计划主要包括项目进度、细节说明、进度管理计划等内容。

（1）项目进度。项目进度应反映出每项工作的计划开始日期和期望完成日期。由于不考虑资源的限制因素，因此所制定的项目进度仅是一种初步计划。项目进度通常用表格和图形（主要有甘特图、网络图、里程碑计划图）等形式表示。

（2）细节说明。这是对项目进度计划所依据的假设和约束条件等方面的补充说明。例如，对于某物流配送中心建设项目，完整的进度计划应包括各种资源需求图、费用预测以及设备、材料、构配件的购置计划等。

（3）进度管理计划。进度管理计划主要说明进度计划的执行、检查、调整、控制等有关问题。根据项目的特点，进度管理计划可以是正式计划，也可以当作非正式计划参考。有些不复杂的物流服务项目，只需编制一个框架性的进度管理计划，作为该项目进度计划的辅助说明即可。

二、项目工作持续时间的估算

（一）估算工作持续时间的意义

对一个项目所需要的时间进行估算时，需要分别估计项目包含的每一种活动所需的时间。然后，根据活动的先后顺序来估计整个项目所需要的时间。工作持续时间的估计是编制项目进度计划的一项重要的基础工作，要求客观正确。如果工作时间估计太短，会造成被动紧张的局面；相反，则会延长工期。在估计工作时间时，不应受到工作的重要性及项目完成期限的限制。要在考虑各种资源供应、技术、工艺、现场条件、工作量、工作效率、劳动定额等因素的情况下，将工作置于独立的正常状态下进行估计。

（二）估算工作持续时间的依据

估算工作持续时间的依据主要有：（1）项目工作关系列表。（2）项目的约束条件和限制时间。（3）资源需求。工作持续时间受到分配给该工作的资源情况以及该工作实际所需要的资源条件的制约。例如，当人力资源减少一半时，工作的持续时间将可能增加一倍。（4）历史信息。类似的历史项目工作资料可作为确定当前项目工作时间的参考。

（三）工作持续时间的影响因素

在计划阶段，项目实施时的环境仅是一种假定，无法事前确切知晓工作的实际需要时间，工作持续时间可以说是一个随机变量，只能进行近似的估算，以方便项目的正常实施与控制，避免项目失控造成延期和迟滞。但在实施阶段中，随着时间的推移，需要不断地根据真实的环境条件对工作持续时间进行估算更新。

在项目实施过程中，影响工作完成时间的主要因素有：

1. 突发事件

在项目实施过程中，总是会遇到一些意料不到的突发事件，如火灾、地震、洪水等。这些突发事件会对工作实际花费时间产生影响。项目周期长的大型项目更容易受此类事件的影响。在计划和估算阶段就考虑所有可能发生的突发事件是不可能的，也是没有必要的。但是，在项目实施过程中，需要对此有所准备，做好预案应对的调整准备。

2. 工作能力和效率

一般来说，项目时间的估算总是建立在项目团队成员的平均工作能力之上。但实际上，有些成员的工作能力会高于平均水平，有些成员的工作能力会低于平均水平。在实际工作中，项目团队成员的工作能力或效率，由于主观或客观上的原因很难保持稳定。

3. 项目计划的调整

在计划执行过程中，总会发生一些变故，经常需要随着项目环境的变化做一些必要的、局部的调整。计划的调整也是需要时间的。

由于以上因素的存在，任何工作持续时间的估算与实际完全吻合都是不可能的。也正是由于这些因素不容忽视，在进行工作持续时间的估算时，应适当予以考虑。

（四）有效工作时间

有效工作时间是指人能以饱满的精力和体力从事工作的时间，即有效率状态下的工作时间。鉴于上述因素的影响，在进行工作时间的估算时，需要考虑有效工作时间和自然流逝时间之间的差异。

（五）工作持续时间估算方法

由于影响工作持续时间的因素较多，因此在计划阶段，进行精确的估算是很困难的。实际工作中有以下几种方法可供选择。

1. 经验类比

对于有经验的项目人员来说，若当前的工作与以往参与过的项目类似，则可借助已有的经验得到一种较为现实的工作持续时间估计。当然完全相同的工作在现实中几乎不存在，因此，在估算时往往还需要附加一些推测。

2. 历史数据

利用相关行业的一些文献和统计资料中的信息，作为项目工作持续时间的估算依据，也是实际工作中可使用的一种方法。一些规范的企业和大型项目都有较为齐全的历史项目总结报告、资料或统计数据，可以从中得到一些启发与提示。

3. 专家意见

当项目涉及新技术的采用或者某种不熟悉的业务时，项目组织者往往不具备做出恰当估算所需要的专业技能和知识。这时，就需要借助相应专家的意见与判断来估算项目的工作持续时间。应用较为普遍而有效的方法是德尔菲法。

4. 三点法

由于工作所需时间是一个随机变量，因此在某种活动重复进行时，实际完成时间一般会表现为一种随机分布的形式。这种随机分布可能集中在一个特定值的周围，也可能比较分散。三点法的基本思路是，确定活动完成的三种可能时间。

（1）乐观时间 t_0（Optimistic Time），是指在任何事情都进行得很顺利、没有遇到任何困难的情况下，完成某项活动所需的时间。经验规律是，在少于估计的乐观时间内完成活动的机会仅有 1/10。

（2）最可能时间 t_m（Most Likely Time），是指在正常情况下完成某项活动最经常花费的时间。如果某项活动已经进行过很多遍，最经常发生的实际工期可以作为最可能时间。

（3）悲观时间 t_p（Pessimistic Time），是指在最不利的情况下（如遇到不常见的或未预见到的困难）完成某项活动的时间。经验规律是，超出估计的悲观时间完成活动的机会仅有 1/10。

当对每项活动都用三个时间估计时，往往假定三个估计的时间均服从 β 概率分布。

在这个假定的基础上，根据三个估计时间可以为每项活动计算一个期望（平均或折中）工期。期望工期用以下公式计算：

$$t_e = \frac{t_0 + 4(t_m) + t_p}{6} \qquad (4-1)$$

假定一项活动的乐观时间为 1 周，最可能时间为 5 周，悲观时间为 15 周，这项活动时间的概率分布如图 4-2 所示，则该项活动的期望工期为：

$$t_e = \frac{1 + 4 \times 5 + 15}{6} = 6（周）$$

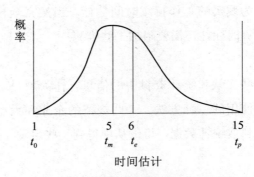

图 4-2　活动时间 β 概率分布（1）

假定另一项活动的乐观时间为 10 周，最可能时间为 15 周，悲观时间为 20 周，这项活动时间的 β 概率分布如图 4-3 所示，则该项活动的期望工期为：

$$t_e = \frac{10 + 4 \times 15 + 20}{6} = 15（周）$$

巧合的是，这正好与最可能时间相同。

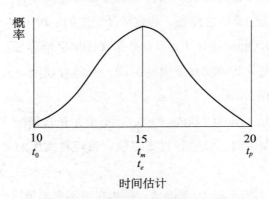

图 4-3　活动时间 β 概率分布（2）

在估计一项工作将要花费多长时间时，建立三个时间估计也就把不确定性因素考虑进来了。要注意，最可能时间必须大于或等于乐观时间，悲观时间必须大于或等于最可能时间。

对每项活动都给出三个工期估计是没必要的。在实施项目时，如果估算人有丰富的经验和完成类似活动的时间数据，可以只对活动工期做一个估计。然而，当某项活动的工期估计存在高度不确定性因素时，最好用三个时间估计。

三、项目进度计划的编制方法

（一）甘特图法

甘特图（Gantt Chart）又称横道图，可用于确定项目中各项活动的工期。甘特图依据日历画出每项活动的时间线，能根据计划形象地描绘各项活动的进度和监督项目的进程，是一种很实用的进度计划表示工具。

1. 甘特图的表示方法

甘特图是一个二维平面图，横轴表示时间刻度，纵轴表示活动。横道线表示该活动的起始和结束时间，横道线的长度表示该项工作的持续时间。某配送网络设计项目进度计划甘特图如图4-4所示。

项目名称：配送网络设计　　　　　　　　顾客：××公司

任务	开始时间	完成时间	1月	2月	3月	4月	5月	6月	7月	8月	9月	10月	11月	12月
调查、收集资料	2022.01.01	2022.02.28	■	■										
现有配送网络分析	2022.03.01	2022.04.30			■	■								
配送方案设计	2022.05.01	2022.07.31					■	■	■					
配送方案实施	2022.08.01	2022.10.31								■	■	■		
配送方案评价	2022.11.01	2022.12.31											■	■

编制人：　　　　　　　　　审核人（小组）：　　　　　　　　　批准人/日期：

图4-4　某配送网络设计项目进度计划甘特图

由于甘特图具有直观、简单、容易制作、便于理解、计划性强等特点，因此成为小型项目管理中编制项目进度计划的主要工具。但是，甘特图也存在缺点，例如，甘特图不能系统地表达一个项目所包含的各项工作之间的复杂关系，特别是不能清楚地表示工作之间的依赖性，而且难以进行计算和定量分析，也不便于计划的优化。这些缺点也使得该方法不太适用于大型、复杂的项目。

在甘特图中，时间单位决定着项目计划的详细程度，根据项目计划的需要，可以以小时、天、周、月、季等作为度量项目进度的时间单位。如果一个项目工期超过1年，可选择月或季甘特图。

2. 甘特图的改进

甘特图可以表示出一个项目中各项工作（任务）的大致顺序，但却不能表明任务间的关系，也不能反映出任务拖延或者资源调配问题的影响。因此，在项目管理实践中，常将网络图与甘特图相结合，使甘特图得到了改进和完善。如具有时差的甘特图和具有逻辑关系的甘特图，不仅继承了甘特图的直观性，而且增添了网络图的工作关联性。

（1）具有时差的甘特图。网络计划中，在不影响工期的前提下，某些工作的开始和完成时间并不是唯一的，往往有一定的调整余地，即时差。具有时差的甘特图能反映出项目进度计划这一特征。如图4-5所示。

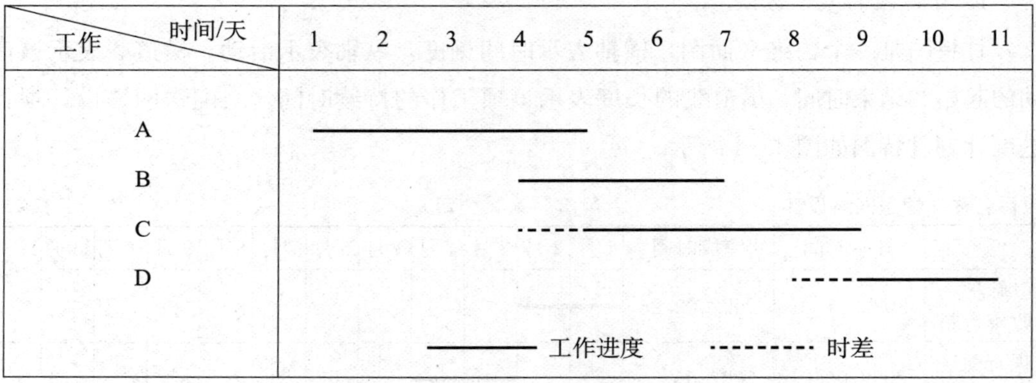

图4-5 具有时差的甘特图

（2）具有逻辑关系的甘特图。具有逻辑关系的甘特图将项目计划和项目进度安排两种职能组合起来，并且能反映各项工作之间的关系。如图4-6所示。如果有一项工作不能如期完成，从图中可立即知道将有哪些工作会受到影响。

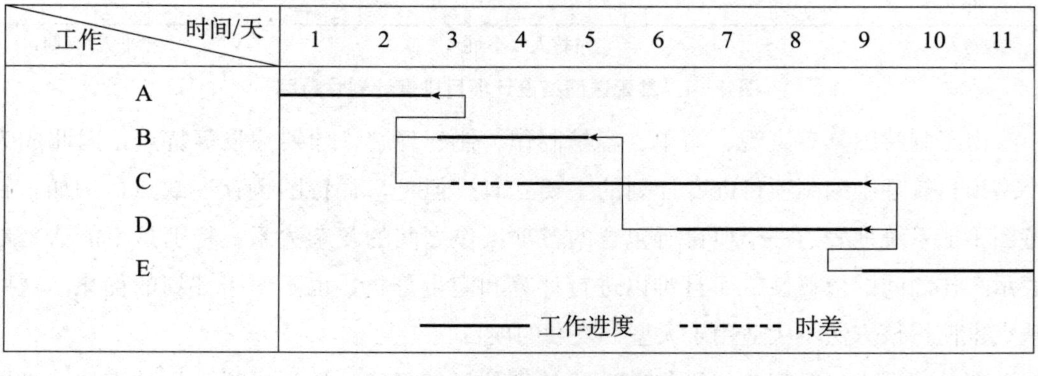

图4-6 具有逻辑关系的甘特图

（二）里程碑法

里程碑法是项目进度计划的又一种表达形式。它是以项目中某些重要事件的完成或开始时间点为基准所形成的计划，代表着一个战略计划或项目框架。里程碑计划以中间产品或可实现的结果（或交付物）为编制依据，它表明了项目为实现最终目标而必须经过的条件或状态序列。该方法侧重于表现结果，即项目在每一阶段应达到的状态（或结果），不关心该状态（或结果）是如何实现的。

编制里程碑计划的主要步骤如下：

（1）确定项目的里程碑。项目一般都可划分为多个阶段，有各种各样的事件，需要运用一定的方法和原则来鉴别哪些事件可作为里程碑事件。其中最常用的方法是头脑风暴法。可列为里程碑的事件往往是项目的中间产品或成果（交付物）的实现或交付。

（2）编制里程碑计划。从项目的最后一个里程碑往前，排列各里程碑事件，即从项目的最终成果开始逆向进行。

（3）选择里程碑计划的表示方式。根据项目的总工期、每个里程碑事件的工作内容及实施方案等因素选择里程碑计划的表示方式，既可以用里程碑计划图表示（如图 4-7 所示），也可以用里程碑计划表表示。

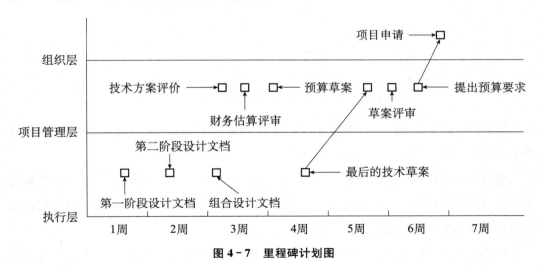

图 4-7 里程碑计划图

（三）网络图法

在项目进度计划工作中，网络计划是一种很实用的技术。它由许多相互关联的工作（活动）组成，用来表明工作顺序和流程以及各种工作间的相互关系。通过网络图可以直观地了解每一项任务的编号、责任、什么时候进行、接下去要做什么工作，以及某一项工作的延误可能给整个项目工作造成的影响。关于网络计划图的构建方法详见本章第三节。

第三节 物流项目网络计划技术

一、网络图原理

在绘制网络图时，必须了解和遵守一些基本原理。绘制网络图可以采用不同的形式，一种形式是用节点表示活动（Activity in the Box，AIB），又叫作节点表示法，即单代号法；另一种形式是用箭线表示活动（Activity on the Arrow，AOA），即双代号法。

（一）单代号法

采用单代号法绘制网络图，在用节点表示活动时，每项活动在网络图中都由一个框表示，对该项活动的描述都写在框内。如图4-8所示。

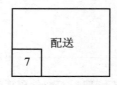

配送

7

图4-8 单代号法表示活动

每项活动由且仅由一个框表示。此外，给每个框指定唯一的活动编号。如在图4-8中，活动"配送"给定的活动编号是"7"。

各项活动有次序关系，即它们以一种先后顺序联系起来，表明哪些活动在其他活动开始以前必须做完。连接活动框的箭线表示先后次序的方向。一项活动只有在通过箭线与它联系的所有前面的活动完成后才能开始。

某些活动必须依次完成。如图4-9所示，只有在"装车"完成后，"配送"才能开始。

有些活动可以同时进行。如图4-10所示，活动A和B可以同时进行，当它们都完成之后，C才能开始。同样，当C结束后，D才能开始，D结束后，E、F才能开始并可同时进行。

图 4 - 9　单代号法表示活动次序关系（1）

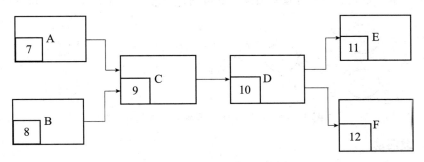

图 4 - 10　单代号法表示活动次序关系（2）

（二）双代号法

双代号法用箭线表示活动，在网络图中一项活动由一条箭线表示，并且活动描述在箭线上。如图 4 - 11 所示。

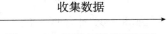

图 4 - 11　双代号法表示活动

每项活动由且仅由一条箭线表示。箭尾代表活动的开始，箭头代表活动的结束。箭线的长度和斜度与活动的持续时间或重要性没有任何关系（而甘特图中的线段或横条的长度表示活动工期的长短）。

采用双代号法绘制网络图时，活动由表示事件（Events）的圆圈连接起来。一个圆圈代表指向它的活动结束，离开它的活动开始。在用箭线表示活动的形式中，给每个事件而不是每项活动指定唯一的序号。如图 4 - 12 所示，"装车"和"配送"之间存在一种次序关系，并由事件 2 联系起来。事件 2 代表"装车"的结束和"配送"的开始。

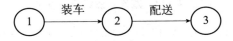

图 4 - 12　双代号法表示活动次序关系（1）

活动的开始（箭尾）事件叫作该活动的紧前事件（Predecessor Event），活动的结束（箭头）事件叫作该活动的紧后事件（Successor Event）。如在图 4 - 12 中，对于活动"装车"，紧前事件是1，紧后事件是2；对于活动"配送"，紧前事件是2，紧后事件是3。

在任何由某一事件（圆圈）出发的活动开始之前，所有指向该事件的活动必须结束。如图4-13所示，活动A和B可以同时进行，但是仅当它们都完成后，C才能开始。同样，当C完成后，D才能开始，D结束后，E、F才能开始并可同时进行。

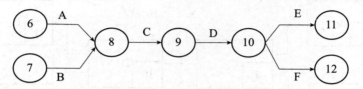

图4-13 双代号法表示活动次序关系（2）

（三）虚活动

在双代号法中，有一种特殊的活动，叫作虚活动（Dummy Activity），它不消耗时间，在网络图中由一个虚箭线表示。虚活动仅在用箭线表示活动的形式中使用，它有两个作用：一是有助于很好地识别活动；二是可以用来表明某种如果不用虚活动就无法表明的先后关系。

在双代号法中，有两个基本规则可以很好地识别活动：

（1）网络图中的每一事件（圆圈）必须有唯一的事件序号，即网络图中不会出现相同的序号。

（2）每项活动都必须由唯一的紧前事件和紧后事件序号组成。

如图4-14所示，活动A和B由相同的紧前事件1和紧后事件2组成。这在用箭线表示活动的网络图中是不允许的，因为在完成活动1—2时，不知道是在指活动A还是在指活动B。

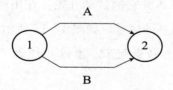

图4-14 双代号法错误的表示

插入虚活动，可以使活动A和B由唯一的紧前、紧后事件序号组成。如在图4-15中，活动A由1—3表示，活动B由1—2表示；在图4-16中，活动A由1—2表示，活动B由1—3表示。两种方法都是处理这种情况的可行方法。

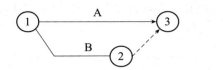 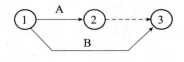

图 4 - 15 插入虚活动的双代号法（1） 图 4 - 16 插入虚活动的双代号法（2）

在下列情况中，必须用虚活动来表明次序关系，否则就不能表明这种关系：

（1）活动 A 和 B 可以同时进行。

（2）只有活动 A 完成后，活动 C 才能开始。

（3）只有活动 A 和活动 B 都完成后，活动 D 才能开始。

为了描述这种逻辑性，必须插入一项虚活动。如图 4 - 17 所示，虚活动 3—4 在某种意义上是活动 A 的延续，以表明它的完成除了是活动 C 开始所必需的条件之外，同时也是活动 D 开始所必需的条件（活动 D 开始同时需要活动 B 的完成）。

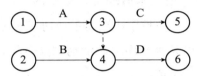

图 4 - 17 正确的双代号法

图 4 - 18 所示的形式是不正确的，因为它表明为了让活动 C 和活动 D 开始，活动 A 和 B 都必须完成，实际上，活动 C 开始仅需要活动 A（而不是 A 和 B）完成。

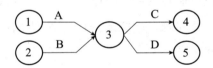

图 4 - 18 错误的双代号法

而单代号法表示上例的一个优点是其逻辑性不用虚活动就能表示出来。如图 4 - 19 所示，用节点表示活动形式所示的关系，它不需要任何虚活动。

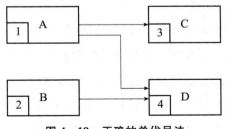

图 4 - 19 正确的单代号法

（四）闭路

用节点表示活动和用箭线表示活动的形式所示的活动间关系若不符合逻辑，叫作闭路（Loop）。在绘制网络图时，把活动画在一个闭路中是不允许的，因为它描述的是不断自我重复的活动路径。如图 4-20 所示。

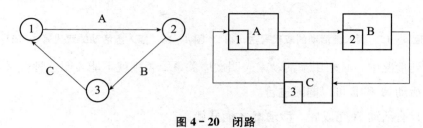

图 4-20　闭路

二、绘制网络图

（一）绘制网络图的原则

根据活动一览表和网络计划技术原理可以绘制网络图。首先，选择要用的格式，是用节点表示活动（单代号法）还是用箭线表示活动（双代号法）。然后，按逻辑优先次序开始绘制活动。在决定以某种顺序绘制活动，以表明它们之间的逻辑关系时，对于每项活动应该考虑以下三个问题：

（1）在该活动开始之前，哪些活动必须完成？

（2）哪些活动可以与该活动同时进行？

（3）哪些活动只有在该活动完成后才能开始？

通过对每项活动回答这些问题，就能绘制出一张网络图来描述完成项目工作范围所需活动之间的相互关系和次序。

一般情况下，绘制网络图应该从左至右进行。网络图也不需要按时间长短绘制。如果网络图能够绘制在一个页面上，整个项目就能够一目了然了。但是，如果网络很大，整个网络图就需要很大的空间。在这种情况下，就有必要建立一个参考体系和一组符号来表明各项活动之间的联系。

在开始绘制项目网络图时，不要太在意整洁性。最好先绘制一张草图以确保活动之间的逻辑关系正确，然后再绘制一份较整洁的图。

在确定一个项目网络图应有的详细程度时，应考虑以下准则：

（1）如果已经有了项目的工作分解结构，那么必须明确每个工作包的活动。例如，图 4-21 表明了某消费者市场调研项目的工作分解结构和每个工作包的活动。

（2）先绘制一个概括性网络，再把它扩展成更为详细的网络图。概括性网络是一个包括较少、较高层次活动的网络图，在某些情况下，一个概括性网络可以一直满足整个项目的应用。

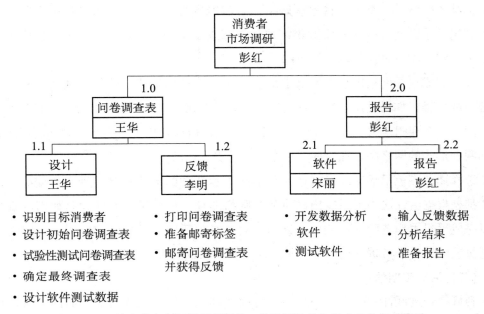

图4-21　某消费者市场调研项目的工作分解结构和每个工作包的活动

（3）网络图详细程度可以由某些明显的分界面或转折点确定。如果责任发生了变化，即由不同的人或组织接替某项活动，就应确定这项活动的结束和其他活动的开始。例如，如果一个人负责建设一个项目，另一个人负责包装它，那它们就应该是两个独立的活动。

如果一项活动的结果是一种有形的、可交付的产出或产品，那就必须界定这项活动的结束和其他活动的开始。产出可以是一份报告、一张图纸、一组设备的装运和一套计算机软件的设计等。例如，就一本手册而言，草稿手册的提供必须界定为一项活动的结束；还有一项活动可能是"批准草稿手册"，将随后进行。

（4）活动的估计工期不能比检查实际项目进度和把它与计划进度做北较的时间间隔长。例如，如果一个项目是3年期的，项目团队计划按月检查项目进度，那么网络图中就不能包含估计工期长于30天的活动。如果存在估计工期较长的活动，必须把它们分解成更为详细的、期限在30天内的活动。

不管初始网络图的详细程度如何，一些活动都可以随着项目进度进一步分解，以认清近期（在以后几周或几个月）需要开展的活动。随着项目的开展，还可以在网络图中再加入一些细节。

在某些情况下，一个组织可能为不同的客户做类似的项目，这些项目的某些部分可能包括逻辑关系相同的活动。如果是这样，就有必要为这些部分绘制标准子网络。有了标准子网络，为整个项目绘制网络图时就能省力、省时。因为项目中有些活动之间的逻辑关系已通过以往的实践很好地建立起来了。当然，如果有必要，这些子网络对某个特定的项目来讲是可以修改的。

（5）完成整个网络图后，如果是用节点表示活动的形式，给每一项活动（框）指定唯一的序号；如果是用箭线表示活动的形式，给每一事件（圈）指定唯一的序号。

图 4-22 和图 4-23 分别表示某消费者市场调研项目用节点表示活动和用箭线表示活动两种形式的网络图，在这些图中添加了负责人。

选择用节点表示活动的形式还是用箭线表示活动的形式只是一种个人偏好。两种形式都是根据活动次序关系应用网络的。网络图是一份展示所有活动是如何联系在一起以完成项目工作范围的路线图。同时，它也是项目团队的一种交流工具，因为它表明了每项活动由谁负责和他的工作是怎样与整个项目结为一体的。

（二）活动工期估计

制订项目进度计划的第一步是估计每项活动从开始到完成所需的时间。所估计的工期必须是该活动经历的所有时间，即工作时间加上所有相关的等待时间。如图 4-24 所示，活动 1 "装车"的估计工期是 1 天，活动 2 "配送"的估计工期是 5 天。

在用节点表示活动的网络图中，工期估计一般在图框的右下角表示出来（见图 4-24）。在用箭线表示活动的网络图中，工期估计在箭线下表示出来（见图 4-25）。

在项目执行过程中，一些活动花费的时间可能比估计工期要长，一些则可能比估计工期要短，还有一些可能正好与估计工期吻合。然而，对于生命周期包括许多活动的项目来说，这些延误和提前可以相互抵消。例如，一项活动可能在比最初的估计时间长 2 周的时间内完成，而这个延误可能被两项都比原估计工期提前 1 周完成的活动抵消了。图 4-26 和图 4-27 分别给出了某消费者市场调研项目用节点表示活动和用箭线表示活动两种形式的网络图，图中标明了活动的估计工期，每项活动的估计工期用天数表示。在网络图中，每项活动的估计工期都应使用同一时间单位，如小时、天、周等。在用箭线表示活动的网络图中，由于定义虚活动的工期为零，所以没有必要给它们一个时间估计。

（三）项目的开始和结束时间

为了建立一个用所有活动的工期来计算进度的基准，有必要为整个项目选择一个预计开始时间（Estimated Start Time）和一个要求完工时间（Required Completion Time）。这两个时间（或日期）规定了项目必须完成所需的时间，或者说规定了项目必须完成的时间限制。

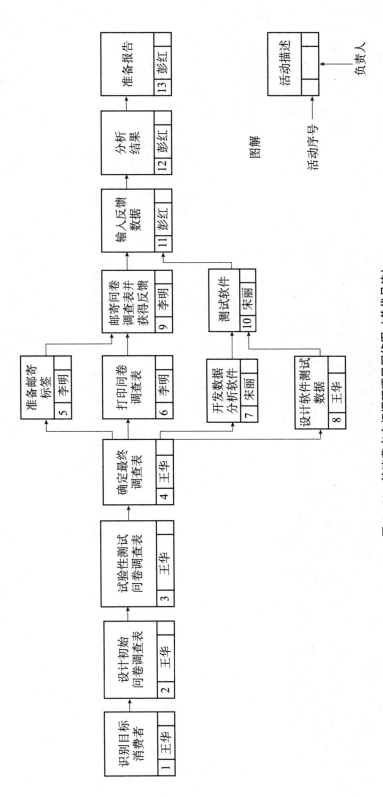

图4-22 某消费者市场调研项目网络图（单代号法）

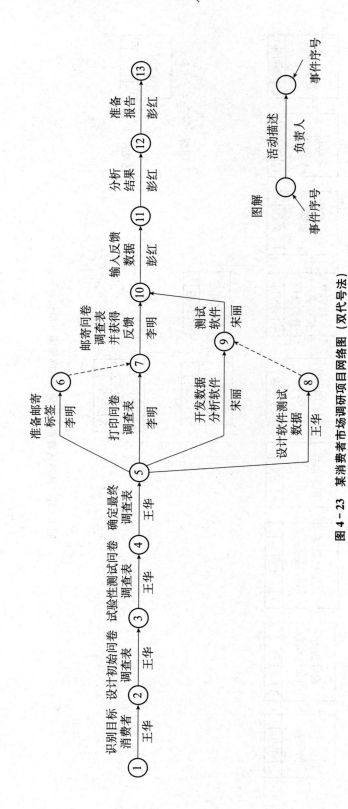

图 4-23 某消费者市场调研项目网络图（双代号法）

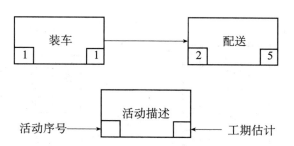

图 4 – 24　活动的工期估计（用节点表示活动的形式）

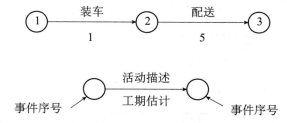

图 4 – 25　活动的工期估计（用箭线表示活动的形式）

项目的要求完工时间通常是项目目标的一部分，需要在合同中载明。一般情况下，预计开始时间和要求完工时间都要在合同中载明，例如，"项目将在 3 月 1 日之后开始并且必须于 9 月 30 日前完成"。在特殊情况下，客户只明确提出项目必须完成的日期。

然而，承包商一般只会在客户已经同意签订合同后才会承诺在特定的日期内完成项目。在一些情况下，客户可能会声明"项目要在合同签订后××天内完成"。此时，总体项目时间是用时间段的形式表示的，而不是特定的日期。

假设图 4 – 26 和图 4 – 27 所示的消费者市场调研项目必须在 130 天内完成，如果定义项目预计开始时间为零，那么它的要求完工时间应是第 130 天。

如果要估计出网络图中每项活动的工期和项目必须完成的时间段，就要根据活动的工期和先后顺序来确定这些活动是否能在要求时间内完成。为解决这个问题，可以计算出一个项目进度，为每项活动提供一个时间表，明确以下内容：

（1）在项目预计开始时间（或日期）的基础上，每项活动能够开始和完成的最早时间（或日期）。

（2）为了在要求完工时间（或日期）内完成项目，每项活动必须开始和完成的最迟时间（或日期）。

1. 最早开始时间和最早结束时间

给定网络图中每项活动的估计工期，并以项目预计开始时间为参照点，就可以为每

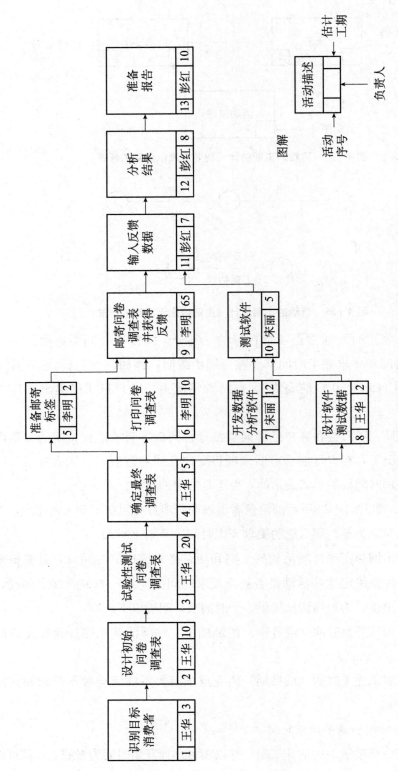

图 4－26 附有估计工期的某消费者市场调研项目网络图（单代号法）

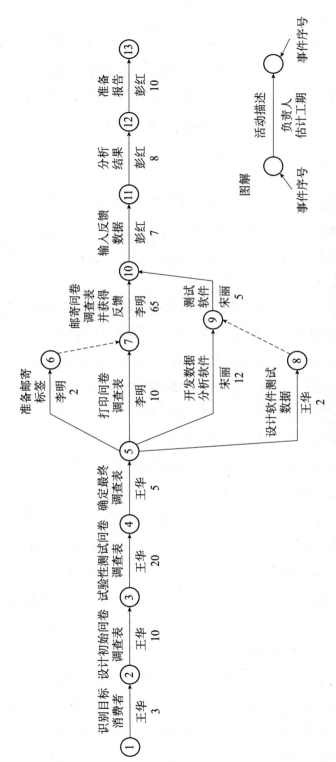

图 4-27　附有估计工期的某消费者市场调研项目网络图（双代号法）

项活动计算出以下两个时间：

（1）最早开始时间（Earliest Start Time，ES），是指某项活动能够开始的最早时间，它可以在项目的预计开始时间和所有紧前活动的工期估计基础上计算得出。

（2）最早结束时间（Earliest Finish Time，EF），是指某项活动能够完成的最早时间，它可以在这项活动最早开始时间的基础上加上这项活动的估计工期计算得出，即：

$$EF=ES+估计工期$$

ES 和 EF 是通过正向计算得到的，即从项目开始沿网络图到项目完成进行计算，在进行这些正向推算时必须遵守一条规则：

规则 1：某项活动的最早开始时间必须同于或晚于直接指向这项活动的所有其他活动的最早结束时间中的最晚时间。

如图 4-28 所示，有三项活动指向"系统试运转"活动，活动"方案设计"的 EF 为第 5 天，"物流资源调整"的 EF 为第 10 天，"上岗人员培训"的 EF 为第 4 天。"系统试运转"在这三项活动结束之后才能开始。因此，这三项活动中最迟结束的那项活动的 EF 决定着"系统试运转"的 ES。三项活动中 EF 最迟的是"物流资源调整"，为第 10 天。所以，"系统试运转"不可能在第 10 天之前开始，即它的最早开始时间是第 10 天或者更晚。即使"方案设计"和"上岗人员培训"的完成时间都早于"物流资源调整"，"系统试运转"也不能开始，因为网络图已经在逻辑上决定了只有三项活动全部完成时"系统试运转"才能够开始。

图 4-29 和图 4-30 所示是某消费者市场调研项目正向推算的例子。项目预计开始时间记为 0，这样，最早的活动"识别目标消费者"可以开始的时间就为 0。由于它的估计工期为 3 天，所以它最早能在第 3 天完成。当"识别目标消费者"在第 3 天完成时，"设计初始问卷调查表"就可以开始了。"设计初始问卷调查表"的预计工期为 10 天，所以它的 ES 为第 3 天，EF 为第 13 天。以后各项活动 ES 和 EF 的计算是类似的，只要沿着网络图正向计算就可以了。

请注意活动"测试软件"，它的 ES 是第 50 天。按照规则 1，"测试软件"只有在直接指向这一活动的两个活动完成之后才能开始。"开发数据分析软件"这一活动在第 50 天之前不会完成，"设计软件测试数据"在第 40 天之前不会完成，既然"测试软件"只有在这两项活动完成之后才能开始，那么"测试软件"在第 50 天之前不会开始。

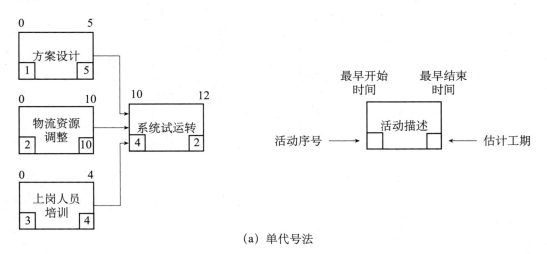

（a）单代号法

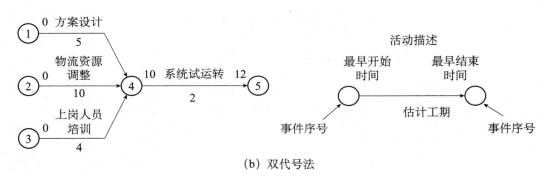

（b）双代号法

图 4 - 28 最早开始时间和最早结束时间

为了更深入地解释规则 1，进一步以图 4 - 29 和图 4 - 30 来说明。"邮寄问卷调查表并获得反馈"，这项活动的两项紧前活动分别是"准备邮寄标签"和"打印问卷调查表"。"准备邮寄标签"的 EF 是第 40 天，"打印问卷调查表"的 EF 是第 48 天。根据规则 1，两个 EF 中较晚的一个，即第 48 天，决定了"邮寄问卷调查表并获得反馈"的 ES。

继续计算图 4 - 29 和图 4 - 30 中余下各项活动的 ES 和 EF，会发现"准备报告"的 EF 为第 138 天，超出了项目的要求完工时间 8 天。

需要说明的是，虽然图 4 - 29 和图 4 - 30 所示的网络图中给出了每项活动的 ES 和 EF，但这不是普遍情况。表 4 - 3 把 ES 和 EF 一起列在一个单独的时间进度表中更加清晰，将进度从网络图中分离出来，使得修订和更新进度计划更容易（也可以使用项目管理软件），而不必在网络图上连续修改 ES 和 EF。

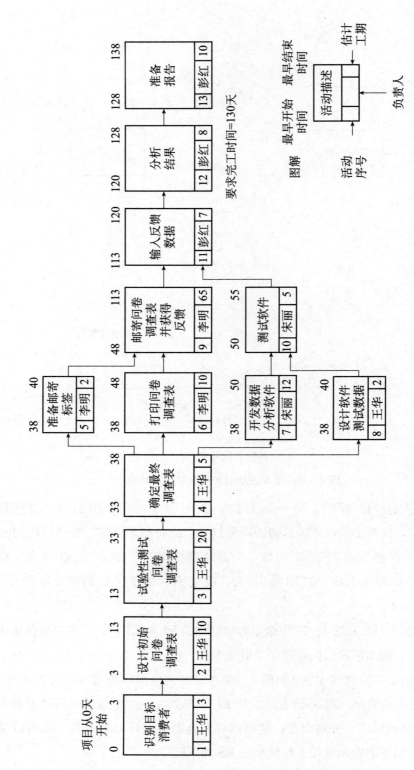

图 4 - 29　附有最早开始时间和最早结束时间的某消费者市场调研项目网络图（单代号法）

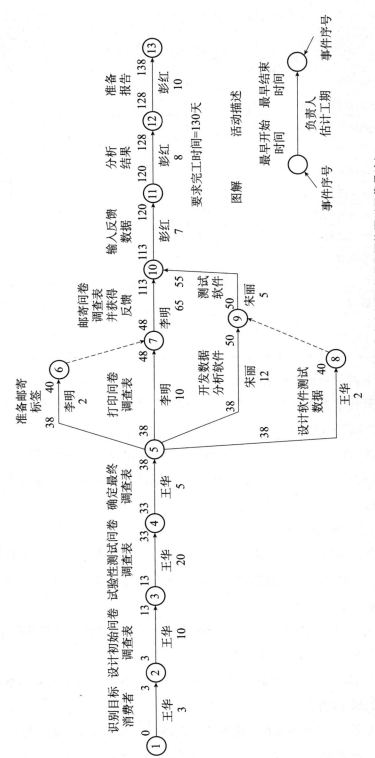

图 4-30　附有最早开始时间和最早结束时间的某消费者市场调研项目网络图（双代号法）

表4-3　附有最早开始时间和最早结束时间的某消费者市场调研项目进度表

	活动	负责人	估计工期	最早	
				开始时间	结束时间
1	识别目标消费者	王华	3	0	3
2	设计初始问卷调查表	王华	10	3	13
3	试验性测试问卷调查表	王华	20	13	33
4	确定最终调查表	王华	5	33	38
5	准备邮寄标签	李明	2	38	40
6	打印问卷调查表	李明	10	38	48
7	开发数据分析软件	宋丽	12	38	50
8	设计软件测试数据	王华	2	38	40
9	邮寄问卷调查表并获得反馈	李明	65	48	113
10	测试软件	宋丽	5	50	55
11	输入反馈数据	彭红	7	113	120
12	分析结果	彭红	8	120	128
13	准备报告	彭红	10	128	138

2. 最迟开始时间和最迟结束时间

给定网络图上每项活动的估计工期，并以项目的要求完工时间做参照，就可以为每项活动计算出以下两个时间：

（1）最迟开始时间（Latest Start Time，LS），是指为了使项目在要求完工时间内完成，某项活动必须开始的最迟时间，它可以用活动的最迟结束时间减去它的估计工期计算得出，即：

$$LS = LF - 估计工期$$

（2）最迟结束时间（Latest Finish Time，LF），是指为了使项目在要求完工时间内完成，某项活动必须完成的最迟时间，它可以在项目的要求完工时间和各项紧后活动估计工期的基础上计算得出。

LS和LF是通过反向推算得出的，即从项目完成沿网络图到项目的开始进行推算。在进行这类计算时，必须遵守一条规则：

规则2： 某项活动的最迟结束时间必须同于或早于该活动直接指向的所有活动的最迟开始时间中的最早时间。

如图4-31所示，"市场调查"这项活动直接指向两项活动。由于这个项目需要在第30天完成，"方案设计"就必须在第20天开始，因为它的工期是10天。而"合同谈

判"必须在第 25 天开始,因为它的工期是 5 天。这两个 LS 中较早的是第 20 天,所以
"市场调查"最迟要在第 20 天完成,以保证"方案设计"能够在第 20 天开始。即使
"合同谈判"在第 25 天之前不必开始,"市场调查"也必须在第 20 天完成,否则整个
项目将延迟。如果"市场调查"直到第 25 天才完成,那么"方案设计"要到第 25 天
才能开始,由于"方案设计"的预计工期为 10 天,所以只有到第 35 天它才能完成,
这样就比项目的要求完工时间超出了 5 天。

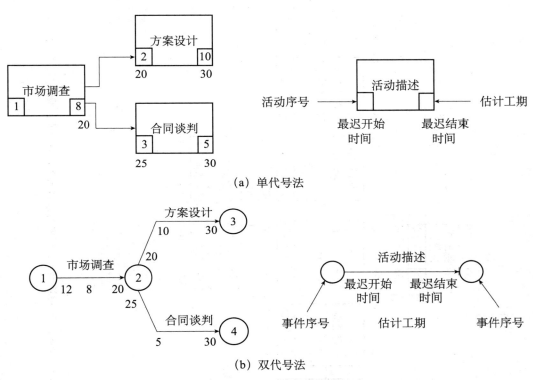

图 4-31 最迟开始时间和最迟结束时间

图 4-32 和图 4-33 所示是某消费者市场调研项目反向计算的例子。由于整个项目
要求完工时间为 130 天,因此,最后一项活动"准备报告"的最迟结束时间是第 130
天。由于"准备报告"的预计工期是 10 天,所以这项活动的最迟开始时间应为第 120
天。为了使"准备报告"在第 120 天开始,"分析结果"的最迟结束时间应是第 120
天。如果"分析结果"的 LF 是第 120 天,那么它的 LS 是第 112 天,因为它的预计工
期是 8 天。前面各项活动的 LF 和 LS 可以用同样的方法算出,即沿网络图继续反向
推算。

注意活动"确定最终调查表",为保证整个项目在其要求完工时间(130 天)内完
成,必须使"确定最终调查表"直接指向的四项活动在它们各自的 LS 开始。根据规则 2,

物流项目管理（第二版）

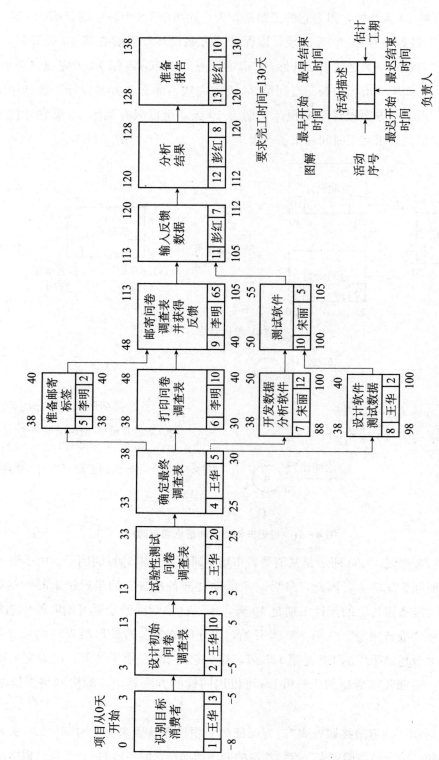

图 4-32 附有最迟开始时间和最迟结束时间的某消费者市场调研项目网络图（单代号法）

· 148 ·

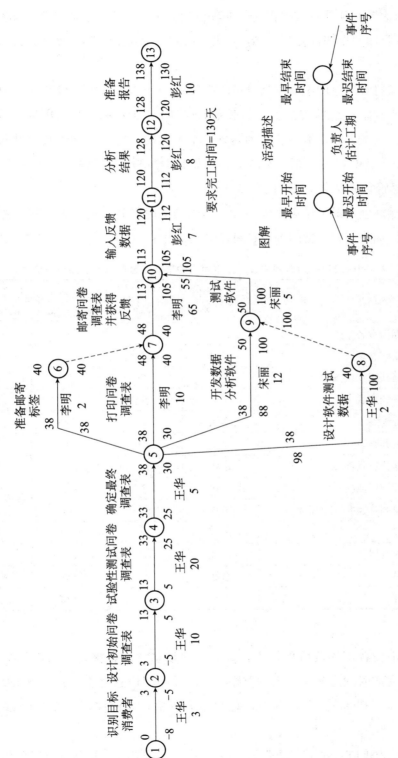

图 4－33　附有最迟开始时间和最迟结束时间的某消费者市场调研项目网络图（双代号法）

"确定最终调查表"必须在其直接指向的四项活动中最早的 LS 之前完成。四项活动中 LS 最早的是"打印问卷调查表"，为第 30 天，所以"确定最终调查表"的最迟结束时间是第 30 天。

如果要继续推算网络图中每项活动的 LF 和 LS，可以发现第一项活动"识别目标费者"的 LS 是－8，这意味着为了在要求完工时间 130 天内完成整个项目，项目必须比预计时间提前 8 天开始。值得注意的是，这个 8 天的差距恰好等于我们沿网络图正向推算 ES 和 EF 时得到的差距。实质上，就如我们所看到的那样，这个项目将耗时 138 天完成，尽管它的要求完工时间是 130 天。

与最早开始时间和最早结束时间一样，最迟结束时间和最迟开始时间一般也不在网络图上表示，而是列在单独的进度时间表中（见表 4－4）。

表 4－4　附有最迟开始时间和最迟结束时间的某消费者市场调研项目进度表

	活动	负责人	估计工期	最迟	
				开始时间	结束时间
1	识别目标消费者	王华	3	－8	－5
2	设计初始问卷调查表	王华	10	－5	5
3	试验性测试问卷调查表	王华	20	5	25
4	确定最终调查表	王华	5	25	30
5	准备邮寄标签	李明	2	38	40
6	打印问卷调查表	李明	10	30	40
7	开发数据分析软件	宋丽	12	88	100
8	设计软件测试数据	王华	2	98	100
9	邮寄问卷调查表并获得反馈	王华	65	40	105
10	测试软件	宋丽	5	100	105
11	输入反馈数据	彭红	7	105	112
12	分析结果	彭红	8	112	120
13	准备报告	彭红	10	120	130

3. 总时差

在前面的消费者市场调研项目中，最后一项活动"准备报告"的最早结束时间和项目的要求完成时间之间有 8 天的差距，这个差距叫作总时差（Total Slack，TS），有时也叫浮动量（Float）。在本例中，总时差为负值，表明完成这个项目缺少时间余量。

如果总时差为正值，表明这条路径上各项活动所花费的时间总量可以延长，而不必担心会出现在项目的要求完工时间内项目无法完成的窘况。反之，如果总时差为负值，则表明在这条路径上各项活动要加速完成，以减少整个路径上花费的时间总量，保证项目按期完成。如果总时差为零，表明在这条路径上各项活动不必加速完成但也不能拖延时间。

　　某一路径上的总时差是由该路径上的所有活动共有和共享的。如图4-34所示，项目最早能在第15天完成（三项活动的工期总和，即7+5+3），而项目的要求完工时间是第20天，所以这条路径上的三项活动可以延迟5天而不会影响项目的按期完成。这并不是说每项活动都可以延迟5天（因为这将产生15天的总延迟量），而是这条路径上所有活动的总延迟量是5天。例如，如果"入库"实际用了10天（比估计时间7天延迟了3天），它就用去了总时差5天中的3天，只给后面的所有活动留下2天的总时差。

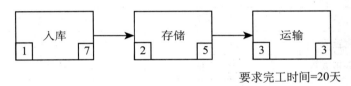

要求完工时间=20天

图4-34　总时差示例

　　总时差可以用活动的最迟结束（开始）时间减去它的最早结束（开始）时间得出，即时差等于最迟结束时间与最早结束时间的差值，或最迟开始时间与最早开始时间之间的差值，两种计算方法得出的结果是相等的。具体如下：

$$总时差 = LF - EF \qquad 或 \qquad 总时差 = LS - ES$$

4. 关键路径

　　在网络图中，从项目开始到项目完成有许多条路径，就像从北京到上海有许多条路可以走一样。如果20个人同时从纽约出发，每个人走不同的路，只有在最后一个人到达后他们才能完成聚会，这最后一个人就是走最长路径（或花费时间最多）的人。类似地，只有最长（花费时间最多）的活动路径完成之后，项目才算结束。这条在整个网络图中最长的路径就叫关键路径（Critical Path）。

　　确定构成关键路径活动的一种方法是找出那些具有最小时差的活动。用每项活动的最迟结束时间减去最早结束时间（或最迟开始时间减去最早开始时间，两种算法结果相同），然后找出所有具有最小值（要么正时差最小，要么负时差最大）的活动，所有这些活动都是关键路径上的活动。

　　表4-5给出了某消费者市场调研项目的总时差，最小值是-8天。具有这个总时

差的活动构成了路径 1—2—3—4—6—9—11—12—13，这 9 项活动组成的路径为关键路径（或花费时间最长的路径），这条路径上各项活动的预计工期之和是 138 天（3＋10＋20＋5＋10＋65＋7＋8＋10）。为了在要求完工时间 130 天内完成项目，必须将这些活动的预计工期缩短 8 天。图 4-35 和图 4-36 指出了组成关键路径的各项活动。

表 4-5　附有总时差的某消费者市场调研项目进度表

活动		负责人	估计工期	最早		最迟		总时差
				开始时间	结束时间	开始时间	结束时间	
1	识别目标消费者	王华	3	0	3	−8	−5	−8
2	设计初始问卷调查表	王华	10	3	13	−5	5	−8
3	试验性测试问卷调查表	王华	20	13	33	5	25	−8
4	确定最终调查表	王华	5	33	38	25	30	−8
5	准备邮寄标签	李明	2	38	40	38	40	0
6	打印问卷调查表	李明	10	38	48	30	40	−8
7	开发数据分析软件	宋丽	12	38	50	88	100	50
8	设计软件测试数据	王华	2	38	40	98	100	60
9	邮寄问卷调查表并获得反馈	李明	65	48	113	40	105	−8
10	测试软件	宋丽	5	50	55	100	105	50
11	输入反馈数据	彭红	7	113	120	105	112	−8
12	分析结果	彭红	8	120	128	112	120	−8
13	准备报告	彭红	10	128	138	120	130	−8

为了消除−8 天的时差，需缩短这条关键路径上一项或多项活动的估计工期。假定我们通过减少被调查者反馈信息的时间，把"邮寄问卷调查表并获得反馈"的时间从 65 天缩减为 55 天，由于关键路径上一项活动的估计工期减少了 10 天，总时差便由−8 天改为 2 天。把该项活动的估计工期改为 55 天后，就可以准备一个如表 4-6 所示的修订后的项目进度了。这个进度计划表明，这条关键路径现在有一个 2 天的总时差，项目估计在 128 天内完成，比要求完工时间 130 天早 2 天。

如前所述，一个大型的网络图从开始到结束可以有很多条路径。有些路径可能有正的总时差，有些可能有负的总时差。那些具有正的总时差的路径有时被称为非关键路径（Noncritical Path），而那些总时差为 0 或负值的路径被称为关键路径，在这种情况下耗时最长的路径被称为最关键路径（Most Critical Path）。

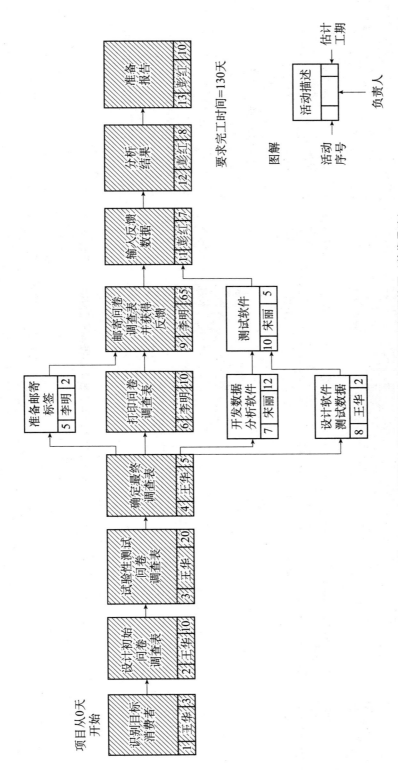

图4-35 标明关键路径的某消费者市场调研项目网络图（单代号法）

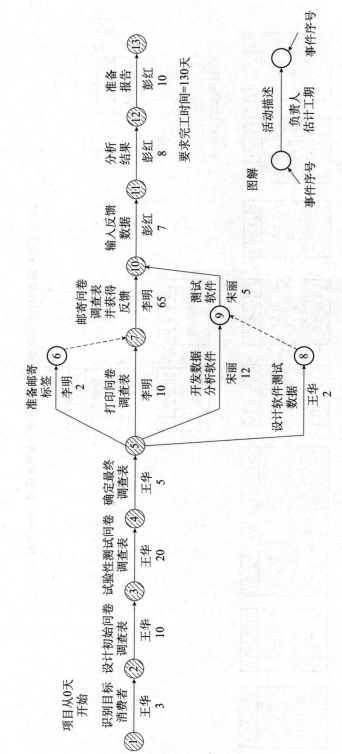

图 4-36 标明关键路径的某消费者市场调研项目网络图（双代号法）

表4-6 修订后的消费者市场调研项目进度表

活动		负责人	估计工期	最早		最迟		总时差
				开始时间	结束时间	开始时间	结束时间	
1	识别目标消费者	王华	3	0	3	2	5	2
2	设计初始问卷调查表	王华	10	3	13	5	15	2
3	试验性测试问卷调查表	王华	20	13	33	15	35	2
4	确定最终调查表	王华	5	33	38	35	40	2
5	准备邮寄标签	李明	2	38	40	48	50	10
6	打印问卷调查表	李明	10	38	48	40	50	2
7	开发数据分析软件	宋丽	12	38	50	88	100	50
8	设计软件测试数据	王华	2	38	40	98	100	60
9	邮寄问卷调查表并获得反馈	李明	55	48	103	50	105	2
10	测试软件	宋丽	5	50	55	100	105	50
11	输入反馈数据	彭红	7	103	110	105	112	2
12	分析结果	彭红	8	110	118	112	120	2
13	准备报告	彭红	10	118	128	120	130	2

5. 自由时差

有时需要计算另一种时差——自由时差（Free Slack）。它是指某项活动在不影响其紧后活动最早开始时间的情况下可以延迟的时间量，是指向同一活动的各项活动总时差之间的相对差值。先找到指向同一活动的各项活动总时差和最小值，然后用这几项活动的总时差分别减去这个最小值，就可算出自由时差。既然自由时差是指向同一活动的各项活动的总时差间的相对差值，那么，只有两项或更多项活动指向同一活动时才存在自由时差。而且，由于自由时差是指向同一活动的各项活动的总时差间的相对差值，因此自由时差总为正值。

为了更深入地解释自由时差，进一步以表4-5和图4-35来说明。在图4-35所示的网络图中有三个多项活动指向同一活动的例子：

（1）活动5和活动6都指向活动9"邮寄问卷调查表并获得反馈"。

（2）活动7和活动8都指向活动10"测试软件"。

（3）活动9和活动10都指向活动11"输入反馈数据"。

在表4-5所示的进度计划中，活动5和活动6的总时差的值分别为0和−8天。这两个值中较小的是活动6的总时差−8天，活动5的自由时差是它们的总时差0和−8之间的差值。这个差值是：0−（−8）＝8（天）。这意味着活动5"准备邮寄标签"有 8 天的自由时差，而不会延迟活动 9"邮寄问卷调查表并获得反馈"的最早开始时间。

与此类似，活动 7 和活动 8 的总时差分别为 50 天和 60 天，这两个值中较小的是 50 天，所以活动 8"设计软件测试数据"有一个 10 天的自由时差，而不会延迟活动 10"软件测试"的最早开始时间。

三、网络计划的优化

在现代化的项目计划管理中，仅仅满足于编制出项目进度计划，并以此来进行资源调配和工期控制是远远不够的，还必须依据各种主客观条件，在满足工期要求的同时，合理安排时间与资源，力求达到资源消耗合理和经济效益最佳的目的，这就是进度计划的优化。在用横道图表示的水平进度计划中，由于工作间的逻辑关系表示不清，而有关时间参数和关键路径的信息也得不到反映，所以进行优化十分困难，只能凭经验进行局部优化调整。而当采用网络计划时，它可以利用工作所具有的时差进行相关调整，从而使项目进度计划的优化得以实现，但其优化是建立在多次反复计算的基础上的，工作量很大，过程十分烦琐，稍复杂一点的网络计划（如超过 50 项工作），用手算就已近乎不可能，所以，网络进度计划的优化主要是通过计算机来完成的。按优化目标，可将其分为工期优化、费用优化和资源优化。

（一）工期优化

1. 工期优化的概念

工期优化就是调整进度计划的计算工期，使其在满足要求工期的前提下，达到工期最为合理的目的。项目工期并不是越短越好，项目工期过短，可能会造成项目费用的大量增加。所以工期优化并不是单纯缩短工期，而是在满足要求工期的前提下，使项目计划工期尽量保持在合理工期范围之内。当要求工期比较合理或是不容改动时，工期优化就包含两方面内容：一是网络计划的计算工期超过要求工期，就必须对网络计划进行优化，使其计算工期满足要求工期，且保证因此而增加的费用要最少；二是网络计划的计算工期远小于规定工期，这时也应对网络计划进行优化，使其计算工期接近于要求工期，以达到节约费用的目的。在项目进度计划的工期优化中，前者最为常见，后者则较为少见。

2. 工期优化的步骤

对网络计划工期有影响的只有关键工作，网络计划工期优化就是通过改变关键工作持续时间的方式来实现的。下面介绍压缩网络计划工期的方法，其步骤如下：

（1）找出网络计划中的关键路径，并计算出网络计划总工期。

（2）计算应压缩的时间 ΔT：

$$\Delta T = T_c - T_r$$

式中，T_c：项目网络计划的计算工期；T_r：项目要求工期。

（3）选定最先压缩持续时间的关键工作。主要选择以下几种工作：缩短持续时间后，对项目质量和安全影响不大的工作；有充足备用资源的工作；缩短持续时间所需增加的费用相对较少的工作。

（4）确定压缩时间。将选定的关键工作的持续时间压缩至"允许"的最短时间。这里所谓的"允许"，是指要尽量保持关键工作的地位，因其一旦被压缩成非关键工作后，再继续压缩其持续时间，对缩短工期就失去作用了。如根据需要，必须将某一关键工作压缩成非关键工作，则应对新出现的关键工作再次进行压缩。

（5）压缩其他关键工作。若压缩后的计算工期仍不能满足要求工期，则按上述原则选定其他关键工作并压缩其持续时间，直至满足要求工期为止。当将所有的关键工作的持续时间都压缩至"允许"的最短持续时间，仍不能满足要求工期时，说明原网络计划的技术、组织方案不合理，应重新进行修正、调整。当然，也有可能是要求的工期不现实，这时可对要求工期重新进行审定。

在优化过程中如出现多条关键路径，必须将各条关键路径的持续时间同时压缩至同一数值，否则起不到压缩工期的作用。

3. 工期优化示例

某项目初始网络计划如图 4－37 所示。

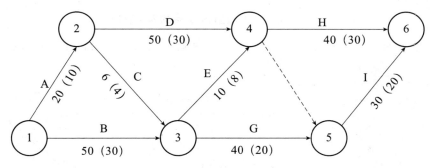

图 4－37　某项目初始网络计划

箭线下方括号外为正常持续时间，括号内为允许最短持续时间，假定要求工期为 100 天，根据实际情况并考虑有关因素后，确定缩短工作为 B、C、D、G、H、I、A。对该网络计划进行优化的过程如下：

（1）经网络时间参数计算，确定出关键路径 B—G—I，正常工期 $T_c = 120$ 天，如图 4-38 所示。

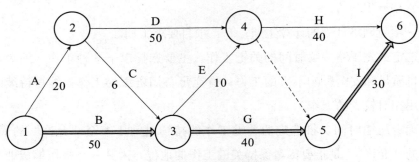

图 4-38　关键路径

（2）应缩短时间为：$\Delta T = T_c - T_r = 120 - 100 = 20$（天）。

（3）根据已知条件，先将 B 缩至极限工期，再次进行时间参数计算，找出关键路径为 A—D—H（见图 4-39）。此时 B 由关键工作变成非关键工作，这表明 B 缩至极限工期"不允许"。

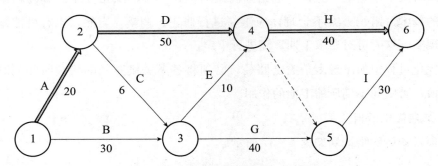

图 4-39　将 B 缩至 30 天后的网络计划

（4）增加 B 的持续时间至 40 天，求出关键路径为 A—D—H 和 B—G—I，而 B 仍为关键工作（见图 4-40）。

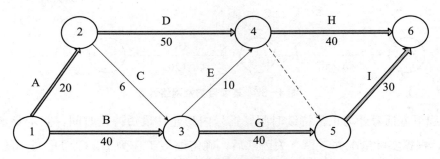

图 4-40　将 B 缩至 40 天后的网络计划

（5）根据已知缩短程序，决定将 D、G 各压缩 10 天，使工期达到 100 天的要求（见图 4-41）。

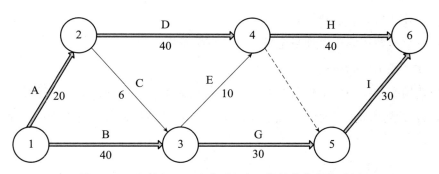

图 4-41 压缩 D、G 而达到要求工期的优化网络计划

（二）费用优化

1. 直接费用和间接费用

实施一个项目的费用，通常可分为直接费用和间接费用两部分。直接费用包括材料费、人工费、设备购置与使用费等直接用于项目实施的费用；间接费用包括项目实施组织管理等工作所需要的费用。一般情况下，项目总费用与工期的关系如图 4-42 所示，间接费用与项目工期大致成正比关系，间接费用会随工期的延长而递增；直接费用与工期呈曲线关系，通常情况下，直接费用会随工期的缩短而增加，但工期不正常延长时，直接费用也会增加。项目的总费用是直接费用和间接费用之和。所以，其与工期的关系也是一条曲线，此曲线上有一总费用最低点，它所对应的工期就是最优工期。

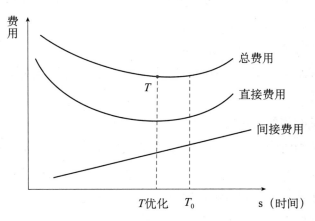

图 4-42 项目总费用与工期的关系

费用优化又叫时间成本优化，就是通过进度计划的调整，使项目工期接近最优工期，以达到项目实施总费用最少的目的。

2. 费用优化的步骤

（1）计算项目总直接费用。

项目总直接费用等于该项目全部工作的直接费用之和。

（2）计算各工作的费用率。

直接费用率是指一项工作每缩短一个单位持续时间所需增加的直接费用。它等于最短时间直接费用和正常时间直接费用之差除以正常持续时间与最短持续时间之差的商值，即：

$$\Delta C_{ij} = \frac{CC_{ij} - CN_{ij}}{DN_{ij} - DC_{ij}}$$

式中，ΔC_{ij}：工作 $i-j$ 的费用率；

CC_{ij}：工作 $i-j$ 持续时间为最短时间所需的直接费用；

CN_{ij}：工作 $i-j$ 持续时间为正常时间所需的直接费用；

DN_{ij}：工作 $i-j$ 的正常持续时间，即在合理组织条件下完成一项工作所需要的时间；

DC_{ij}：工作 $i-j$ 的最短持续时间，即在最理想的条件下完成工作所需的持续时间。

（3）确定间接费用率。

间接费用率是指一项工作每缩短一个单位持续时间所减少的间接费用。工作 $i-j$ 的间接费用率表示为 ΔCI_{ij}，它一般都是由各单位根据工作的实际情况加以确定的。

（4）确定关键路径并计算总工期。

（5）确定缩短持续时间的关键工作。

取费用率（或组合费用率）最低的一项关键工作（或一组关键工作）作为缩短持续时间的对象。

（6）确定持续时间的缩短值。

原则是：在缩短时间后该工作不得变为非关键工作，其持续时间也不得小于最短持续时间。

（7）计算缩短持续时间的费用增加值。

（8）计算总费用。

工作持续时间缩短后，工期会相应缩短，项目的直接费用会增加，而间接费用会减少，所以其总费用应为：

$$C_t = C_{t+\Delta t} + \Delta T(\Delta C_{ij} - \Delta CI_{ij})$$

式中，C_t：将工期缩至 t 时的总费用；

　　　$C_{t+\Delta t}$：工期为 $t+\Delta t$ 的总费用；

　　　ΔT：工期缩短值；

　　　ΔC_{ij}：缩短持续时间工作的直接费用率；

　　　ΔCI_{ij}：缩短持续时间工作的间接费用率。

（9）缩短新的关键工作时间并计算其费用。

确定新的应缩短持续时间的关键工作（或一组关键工作），并按上述第（6）、（7）、（8）的步骤计算新的总费用。如此重复，直至总费用不可再降低为止。

3. 费用优化示例

某项目初始网络计划如图4-43所示。箭线上方括号外为正常时间直接费用，括号内为最短时间直接费用；箭线下方括号外为正常持续时间，括号内为最短持续时间。现对其进行费用优化。间接费用率为0.226万元/天。

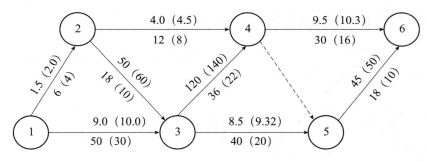

图4-43　某项目初始网络计划

经计算，该项目未优化前的计算工期为96天，直接费用54万元，间接费用11.52万元，总费用65.52万元。关键工作：1—3、3—4、4—6；关键路径：1—3—4—6。第一次压缩选择费用率最低的关键工作4—6，工期缩短12天，直接费用虽然每天增加0.057万元，而间接费用却每天减少0.12万元，结果总费用不但没有增加反而减少2.028万元。第二次压缩选择的是关键工作1—3，工期又缩短6天，总费用又减少0.756万元。经过7次压缩后，该项目工期从96天减至60天时，其总费用减少3.66万元，从65.52万元下降到61.86万元。此时，如再压缩工期，增加的直接费用会超过减少的间接费用，总费用也开始上升，这表明，当工期为60天时，总费用最低，因此，最优工期是60天。表4-7所示是该项目费用优化过程表，图4-44所示是费用优化后的网络计划。

表 4-7 费用优化过程表　　　费用单位：万元；时间单位：天

缩短次数	被缩工作		费用率或组合费用率	费率差	缩短时间	缩短费用	总费用	工期
	代号	名称						
0	—	—	—	—	—	—	65.52	96
1	4—6	—	0.057	−0.169	12	−2.208	53.49	84
2	1—3	—	0.100	−0.125	6	−0.756	62.73	78
3	4—6 5—6	—	0.119	−0.107	2	−0.214	62.52	76
4	3—4	—	0.143	−0.083	6	−0.498	62.02	70
5	3—4 5—6	—	0.205	−0.021	6	−0.126	61.98	64
6	3—4 3—5	—	0.211	−0.015	2	−0.028	61.87	62
7	2—3 1—3	—	0.225	−0.001	2	−0.002	61.86	60
8	1—2 1—3	—	0.350	+0.124	—	—	—	—

注：费率差等于费用率（或组合费用率）减去间接费用率 0.226 万元/天。

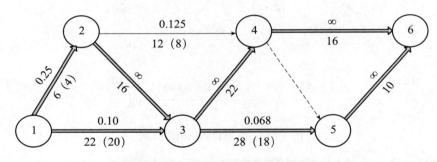

图 4-44 费用优化后的网络计划

注：2—3、3—4、4—6、5—6 已不能再压缩，故其费用率为无穷大。

（三）资源优化

1. 资源优化的概念

所谓资源，就是完成项目所需的人力、材料、设备和资金的统称。我们这里所讲的资源优化，不是指通过优化，将完成项目所需的资源减至最少，那是项目实施组织设计所应解决的问题，在进度管理范畴内，资源优化要解决的是下述两方面的问题：一是在提供的资源有所限制时，怎样使每个时段的资源需用量都满足资源限量的要求，并使项目实施所需的时间最短；二是当工期固定时，怎样使资源安排得更为均衡合理。前者称为资源有限-工期最短的优化；后者则称为工期固定-资源均衡的优化。

2. 资源有限-工期最短的优化

资源有限-工期最短的优化，也叫"资源计划安排法"，其优化过程就是不断调整进度计划安排，使得在工期延长最短的条件下，逐步达到满足资源限量要求的目的。

资源有限-工期最短的优化可按以下步骤进行：

（1）计算网络计划每天资源需用量 Q。

（2）检查资源需用量是否超过资源限量。

检查应从网络计划的开始之日起，逐日进行。如在整个工期内每天的资源需用量均能满足资源限量要求，现有的网络计划即已为优化方案，无须再行优化；如有不满足资源限量要求的情况，则必须对该网络计划进行优化。

（3）调整超出资源限量时段的工作安排。

每天资源需用量相同的时间区段即称为一个时段。对于超过资源限量的时段，必须逐段进行调整以满足资源限量要求。调整方法是在该时段内同时进行的几项工作中，拿出一项或几项安排在另外的工作完成后进行，即使这几项工作从平行作业关系变为依次作业关系，从而减少该时段的资源需用量。此时，项目进度计划的工期将相应延长，其延长的工期为：

$$\Delta D_{mn,ij} = EF_{mn} - LS_{ij}$$

式中，$\Delta D_{mn,ij}$：将工作 ij 安排在工作 mn 之后进行时，项目进度计划工期延长的时间；

　　　　EF_{mn}：工作 mn 的最早完成时间；

　　　　LS_{ij}：工作 ij 的最迟开始时间。

（4）确定有效调整方案。

当一个时段内有好几项同时进行的工作时，其中任何一项工作都可安排到其他任何一项工作后进行，所以其调整方案是很多的。但这些调整方案中，有的可使该时段资源需用量减少到满足资源限量的要求，这样的方案即为有效调整方案。而有的并不能满足这一要求，这样的调整方案便是无效调整方案。一个时段内的工作可有一个或多个有效调整方案。进行优化时，应将所有有效调整方案都找到并确定下来。

（5）调整其他超出资源限量的时段。

以上一时段每一个有效调整方案为基础，对下一个超过资源限量的时段进行调整。如此不断调整，直至全部时段的资源需用量等于或小于资源限量为止。

（6）确定最优方案。

在所有有效调整方案中，工期最短的方案即为最优方案。

3. 工期固定-资源均衡的优化

工期固定是指要求项目在国家颁布的工期定额、甲乙双方在合同中约定的工期或上级机关下达的工期指标范围内完成。一般情况下，网络计划的工期不能超过这些规定。资源均衡是指在可用资源数量充足并保持工期不变的前提下，通过调整部分非关键工作进度的方法，使资源的需求量随着时间的变化趋于平稳的过程。项目情况不同，资源本身的性质不同，资源平衡的目标亦有区别。但就一般情况而言，理想的资源计划安排应是平行于时间坐标轴的一条直线，即日资源需求量保持不变，如图 4－45 所示。

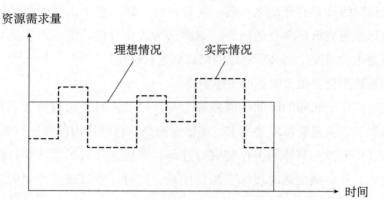

图 4－45　资源计划安排

实际上，资源计划安排难以达到理想状态，但可以通过调整工作的时间参数使资源需求量在理想情况的上下范围内波动。常用的资源均衡方法是一种启发式算法，即削峰填谷法，也称为削高峰法。

削峰填谷法的基本步骤如下：

（1）计算网络计划每时间单位资源需求量。

（2）确定削峰目标，其数值等于每时间单位资源需求量的最大值减去一个单位量。

（3）确定高峰时段的最后时间点及相关工作的最早开始时间和总时差。

（4）计算有关工作的时间差值：

对于双代号法网络计划：

$$\Delta T_{ij} = TF_{ij} - (T_h - ES_{ij})$$

对于单代号法网络计划：

$$\Delta T_i = TF_i - (T_h - ES_i)$$

式中，ΔT_{ij}、ΔT_i：分别为双代号法网络计划和单代号法网络计划工作的时间差值；

T_h：高峰时段的最后时间点。

优先以时间差值最大的工作 $I' - J'$ 或 I' 作为调整对象，令

$$ES_{i'-j'} = T_h \text{ 或 } ES_i{}' = T_h$$

（5）若峰值不能再减少，即求得均衡优化方案；否则，重复以上过程。

复习思考题

1. 物流项目进度管理的影响因素有哪些？

2. 项目工作持续时间如何估算？

3. 单代号法和双代号法有什么区别？

4. 绘制网络图时需要注意哪些问题？

5. 甘特图法和里程碑法各有什么用途？

6. 根据表4-8所示各工作之间的逻辑关系，分别绘制双代号法网络图和单代号法网络图。

表4-8 各工作之间的逻辑关系

工作	A	B	C	D	E	G	H	I	J	K	L	M
紧前工作	—	—	B	A	A、C	B	D	D、E、G	G	G	H、I	I、J、K

7. 某网络计划的有关资料如表4-9所示，试绘制双代号法网络计划图，要求在图中计算出各项工作的时间参数，并在图上用双箭线标明关键路径。

表4-9 网络计划工作代号和持续时间　　　　　　　　　　　单位：天

工作代号	持续时间	工作代号	持续时间
1—2	2	4—5	0
2—3	5	4—7	4
2—4	3	5—8	2
2—5	8	6—8	4
3—5	2	7—8	3
3—6	11	8—9	4

8. 某网络计划的有关资料如表4-10所示，试绘制单代号法网络计划图，要求在图中计算出各项工作的时间参数，并在图上用双箭线标明关键路径。

表4-10 网络计划工作代号和持续时间

工作	A	B	C	D	E	G	H	I	J
紧前工作	—	—	A	A、B	B	C、D	D	D、E	G、H、I
持续时间	2	4	6	5	3	3	6	4	3

第五章

物流项目成本管理

第一节 物流项目成本管理概述

一、物流项目成本管理的概念

任何一个项目,无论大小,从设计到完成都要耗费成本。成本是指为达到一定的目标而牺牲或放弃资源的货币体现。因此,项目成本就是指项目从开始设计到完成期间所需要的全部费用的总和。它包括基础投资、前期费用、贷款利息、管理费及其他各种费用等。

物流项目成本管理是指为保证项目实际发生的成本不超过项目预算成本所进行的项目资源计划编制、项目成本估算、项目成本预算和项目成本控制等方面的管理过程和活动。它是为了保证实现项目目标,在批准的预算范围内对项目实施所进行的按时、保质、高效的管理过程和活动,其最终目的是有效地节约成本。

二、物流项目成本管理的原则

(一)生命周期成本最低

项目成本管理是对整个项目生命周期的全过程进行管理,因此,在管理过程中不能片面地追求项目各阶段成本之和最低,而是要使项目全生命周期成本最低,包括项目从启动到结束,再到项目产品的寿命期结束的整个过程。

(二)全面成本管理

全面成本管理原则要求对项目全过程以及影响项目成本的全部要素进行成本管理,

并由项目全体团队成员参与成本管理。可以说全面成本管理就是全员、全过程和全要素的成本管理。

（三）成本责任制

要实施全面成本管理，就必须将项目成本进行分解，使成本目标落实到项目的各项活动和各个成员。同时，各个参与人员都要承担不同的成本责任，并按成本责任对项目人员的业绩进行评价。

（四）成本管理有效化

成本管理有效化原则也可以说是效率原则。具体来讲就是以最小的投入获得最大的产出，以最少的人力、物力和财力，完成最多的成本管理工作。

（五）成本管理科学化

成本管理科学化原则是指把自然科学和社会科学中的有关理论、技术和方法运用于成本管理，包括定性分析和定量分析方法、不确定分析方法、预测与决策方法等。

三、物流项目成本的构成、分类及影响因素

（一）物流项目成本的构成

物流项目成本指发生在项目各个阶段的支出成本子项的总和。物流项目总成本主要由以下四部分组成。

1. 物流项目决策成本

每个物流项目都必须经历决策过程。项目决策的好坏，对项目建设和建成后的经济效益与社会效益会产生重要影响。在这一阶段要进行详细的调查研究，收集和掌握第一手信息资料，对项目的可行性进行研究，最终做出科学的决策。完成这些工作需要耗用的人力、物力资源和花费的资金就构成了项目决策成本。

2. 物流项目设计成本

在可行性研究之后，经过分析、研究和试验等环节，物流项目进入设计阶段。物流项目的种类不同，设计的内容、范围和要求也不同。但无论是工程复杂的物流中心设计工作，还是内容相对简单的企业产品配送方案设计工作，都需要耗用一定的人力和费用。物流项目设计成本就是完成这些设计工作所发生的费用。

3. 物流项目获得成本

物流项目获得成本是指项目组为获取项目或寻求被委托人所需的各种资源的支持。项目立项后，项目组（指招标方或项目委托人）必须组织一定的人员和运用一定的资

源，开展询价、项目公告、招投标、选择物流服务商等一系列的工作。投资者（招标方）不管是自行招标还是委托招标，从发标、广告、开标、评标、定标、谈判到签约和履约，也需要一笔费用开支。所有这些都是项目为获得各种外部资源所需花费的成本，都属于项目获得成本。

4. 物流项目实施成本

物流项目实施成本是指在项目实施过程中，为完成"项目产出物"所耗用的各项费用的总和。它包括项目实施过程中所耗费的物质资料成本和活劳动成本。即使是功能简单的物流服务型项目，实施对仓库、车辆使用性质和标识的管理以及作业人员的调整等的开销，也属于项目实施成本。

（二）物流项目成本的分类

为了正确地进行物流成本核算，可以按以下标准对物流项目成本进行分类。

1. 按流通环节分类

按流通环节划分，可将物流项目成本分为仓储成本、运输成本、装卸搬运成本、流通加工成本、包装成本、配送成本、物流信息管理成本七类。

2. 按物流成本是否具有可控性分类

按物流成本是否具有可控性划分，可将物流项目成本分为可控成本与不可控成本。可控成本是指考核对象对成本的发生能够进行控制的成本；不可控成本是指考核对象对成本的发生不能予以控制的成本，因而也称为不予负责的成本。

3. 按物流成本的特征分类

按物流成本的特征划分，可将物流项目成本分为变动成本和固定成本。变动成本是指随着业务量的变动而成正比例增减的成本，例如直接材料费、直接人工费、直接能源消耗等；固定成本是指在一定时期和一定业务范围内，不受业务量的增减变动影响而保持固定不变的成本，例如固定资产折旧费、管理部门的办公费等。

4. 按成本计算方法分类

按成本计算方法划分，可将物流项目成本分为实际成本与标准成本两类。实际成本是指企业在物流活动中实际耗用的各种费用的总和；标准成本是指通过精确的调查、分析与技术测定制定的，用来评价实际成本、衡量工作效率的一种预计成本。

5. 按物流成本在决策中的作用分类

按物流成本在决策中的作用划分，可将物流项目成本划分为机会成本、可避免成本、重置成本和差量成本。

6. 按物流费用的支付形态分类

按物流费用的支付形态划分，可将物流项目成本分为直接物流成本和间接物流成本等。

（三）物流项目成本的影响因素

要实现对物流项目成本的科学控制，必须对项目资源的耗用量、价格、工期、质量和范围等要素实行统一控制。如果只对项目资源的耗用量和价格这两个要素进行控制，则很难实现项目成本控制的目标。物流项目成本的影响因素主要有以下四种。

1. 资源耗用量和价格

通过降低项目消耗、占用的资源数量和价格都可以直接地降低项目的成本。资源消耗与占用数量是内部要素，是由内部条件决定的相对可控因素，应放在控制的第一位；而所消耗与占用资源的价格是外部要素，是相对不可控因素，可放在第二位。

2. 项目工期

项目工期，就是整个项目中或在项目的某个阶段，项目具体活动实际花费的工作时间。项目的成本与工期直接相关，而且随着工期的变化而变化，因为在项目的实施过程中，各项活动消耗或占用资源都是在一定的地点或一定的时期中发生的。这种成本变化的根本原因是项目消耗的资金、设备、人力等各种资源都具有自己的时间价值。资源消耗或占用的时间价值，是时间作为一种特殊的资源所具有的价值造成的。

3. 项目范围

任何一个项目的成本从根本上讲都取决于项目的范围，即项目究竟需要做什么事情和做到什么程度。从广度上说，项目范围越大，项目的成本就会越高；项目范围越小，项目的成本就会越低。从深度上说，项目需要完成的任务越复杂，项目的成本就会越高；而项目需要完成的任务越简单，项目的成本就会越低。

4. 项目质量

项目质量，是项目能够满足招标方需求的特性与指标。一个项目的实施过程就是项目质量的形成过程。无论是项目质量的检验还是项目质量的补救工作都要消耗资源，从而产生质量成本。质量成本由质量故障成本和质量保证成本组成。质量越低，引起的质量不合格损失越大，故障成本也就越高；反之，质量越高，故障越少，引起的损失也越少，则故障成本就越低。质量保证成本是指为提高项目质量而采取的保证措施所耗用的开支，如购置检测设备、改善检测工作、购置计算机设备、改善项目工期和成本控制等。这类开支越大，质量保证程度越高。

第二节 物流项目成本估算

一、物流项目成本估算

（一）物流项目成本估算的概念

物流项目成本估算是指预估完成物流项目各项工作所需资源（人、材料、设备等）总费用的近似值。对于一个大型的物流工程项目或物流服务项目来说，项目的基础投资、前期所发生的各项费用，以及项目实施中的贷款利息、管理费及其他费用等都是项目成本的组成部分。当项目在一定的约束条件下实施时，成本的估算应该与市场价格、工作质量和工作结果相联系。

（二）物流项目成本估算的步骤

项目成本估算可以为项目成本预算和项目成本控制提供依据。一般进行项目成本估算要经过以下三个步骤：

（1）识别和分析项目成本的构成要素，即项目成本由哪些资源组成。

（2）对每个项目成本构成要素的单价和数量进行估算。

（3）分析成本估算的结果，识别各种可以替代的成本，协调各种成本的比例关系。

（三）物流项目成本估算的依据

1. 工作分解结构

工作分解结构可用于成本估算的组织安排，并确保所有识别的工作已被估算。

2. 资源需求

资源需求确定了项目所需资源的种类、数量和质量，是项目成本估算的主要依据。

3. 资源单价

为了计算项目成本，准备估算的个人或团体必须知道每种资源的单价，如每小时人工费、每立方米大宗材料费等。如果不知道每种资源的单价，就需要对单价本身进行估算。资源单价包括人工单价、材料单价和机械台班单价等。

人工单价是指一个劳动力在一个工作日的全部人工费用。它主要反映劳动力的工资水平及一个劳动力在一个工作日应得到的报酬，包括工资及福利费。

材料单价包括材料原价、供销部门手续费、运杂费、包装费和采购保管费等。

机械台班单价包括折旧费、大修费、机上人工费、经常修理费、燃料动力费等。机械台班单价需要考虑机械的成本价格或租赁价格，并根据专业定额的特点组合并取定。

4. 活动历时估算

项目成本与项目的持续时间是直接相关的。因为项目的全部成本可以看作项目实现过程中占用的货币资金，而货币资金本身也有时间价值，其表现形式就是资金占用应付的利息，它是影响项目成本变动的主要因素之一，对于任何预算中包含了资金的附加成本（利息）的项目，活动历时估算将影响其成本估算。

5. 历史信息

许多有关历史资料的信息可以通过以下途径获取：

（1）项目文档。项目文档是指参与项目的一个或多个组织保存的对以前项目结果的详细记录，这些记录可以帮助进行成本估算。在一些应用领域，项目团队成员个人可能保留了这样的记录。

（2）成本估算数据库。通过成本估算数据库等商业渠道可以获取一些关于项目成本估算的历史信息。

（3）项目团队的知识。项目团队成员可能对以前项目的实际或估算历史保留有记忆。此类记忆的信息可能非常有用，但其可靠程度通常比文档记录要低。

6. 账目表

账目表说明了执行组织用于报告一般日记账中财务资料的编码结构。项目成本估算必须计入正确的账目中，不同的成本要对应不同的科目。

二、物流项目成本估算的方法和工具

（一）估算的方法

1. 类比估算法

类比估算法也叫自上而下估算法，是指利用以前类似项目的实际成本作为估算当前项目成本的基本依据。当项目信息的详细程度有限时（如在早期阶段），常采用这种方法估算项目的总成本。类比估算法也是一种专家评定法，该方法的主要步骤如下：

（1）由项目的中上层管理人员负责收集项目成本的有关历史数据。

（2）由项目的中上层管理人员对项目总成本进行估算。

（3）按照工作分解结构图把项目总成本的估算结果传递给下一层管理人员，同时，下一层管理人员对本部门的项目工作再进行成本估算。

（4）继续向下层传递估算，直到工作分解结构的最底层为止。

类比估算法的优点主要有：（1）花费较少。类比估算法通常比其他方法花费少一些。（2）在总成本的估算上准确性较高。中上层管理人员的丰富经验可以使他们比较准确地把握项目整体的资源需要，从而使项目费用能够控制在有效的水平上。（3）突出了项目活动的重点。这种方法在项目实施过程中总是将一定的费用在一系列任务之间进行分配，这就避免了有些任务被过分重视而获得过多费用的情况，同时由于涉及任务的比较，因此也不会出现重要任务被忽视的情况。

其缺点主要表现在：在估算的总成本按照工作分解结构逐级向下分配时，会出现下层人员认为成本不足而拖延甚至难以完成相应任务的情况，这时，下层人员往往不向上层人员反映问题，只能等待上层人员自行发现其中的问题而进行纠正，这会使项目的进行出现困难，甚至失败。

因此，类比估算法在以下两个条件下是非常可靠的：（1）所要实施的项目与以前的项目在事实上而不仅是看起来相似；（2）进行估算的个人或团体具有所需要的专门知识。

2. 参数模型法

参数模型法是指利用项目特征（参数）建立数学模型来分析预测项目成本的方法，它是一种比较科学和传统的方法。模型可以是简单的，如居住房屋施工，每平方米居住面积花费多少金额；也可以是复杂的，如一个进行成本估算的软件模型使用13个单独的调整因子，其中每个因子又包含5～7个要素。

使用参数模型法估算成本时，只考虑对成本影响较大的因素，而忽略了对成本影响较小的因素，因此其精确度不高，不过在满足以下条件时，这种方法相当可靠：（1）开发模型所用的历史信息是精确的；（2）模型中所用的参数已被量化；（3）模型可按比例调整，既可用于大型项目，也可用于小型项目。

无论是费用模型还是模型参数，其形式都是多种多样的，如果模型是依赖于历史信息的，模型参数就容易数量化，那么模型通常就是可靠的。

3. 自下而上估算法

自下而上估算法是指先估算出各项工作的独立成本，然后将各项工作的估算成本自下而上汇总，从而估算出项目总成本的方法。在采用这种方法估算项目成本时由于参加估算的部门较多，而且须将不同度量单位的资源转化为可以理解的单位形式，如经费形式，因此用于成本估算的成本就会增加。在估算过程中，意见上的差异可以通过上、下层管理人员之间的协商解决，如果必要，项目经理可以参与到成本估算的讨论中来，以保证估算的精确度。最后，各个单位的估算被综合起来形成项目整体成本的直接估计；项目经理在此基础上加上适当的间接成本，如一般的管理费用、应急准备以及最终项目预算中需要考虑的其他费用，由此形成项目的最终成本估算。

自下而上估算法的优点在于它是一种参与管理型的估算方法，能够让那些对资源的使用情况更加了解的下层管理人员参与到估算工作中，提高了估算的准确性，也提高了估算的效率。

同时，这种估算方法也有其不可避免的缺陷，主要表现为在其实施过程中会出现一种估算博弈现象。因为上层管理人员习惯于认为相对下层的员工出于本能会过高地进行成本估算，以在未来获得更多的费用支持，所以上层人员会在一定程度上削减下层制定的成本估算，而下层也会考虑到上层削减成本估算的这种想法，所以他们在进行成本估算时，会更高地估算成本以获得其所需要的资源，从而使所有参与者陷入一个博弈怪圈。

另外，自下而上估算法的成本估算结果及其精度受单位工作大小的制约。一般较小的单位工作项在提高精度的同时将增加成本，因此，项目管理者必须为提高精度而增加估算工作的成本。

（二）估算的工具

这主要是指利用项目管理软件和电子表格的计算工具进行项目成本估算。这种方法能够考虑多种备选方案，可以简化上述方法的使用，提高了考虑多种成本估算的替代方案的速度，从而提高了成本估算的效率和精确性。

三、物流项目成本估算的内容

物流项目成本估算就是对完成项目的各项活动所需资源的成本的近似估算，进行估算的前提是要明确需要估算的各项成本。

（一）投资建设成本

投资建设成本是指建设单位在项目建设期与筹建期间所花费的各项费用，包括固定资产投资、无形资产投资、开办费、预备费等。

1. 固定资产投资

固定资产投资是指为形成固定资产所花费的全部费用，包括建筑工程投资、安装工程投资和工程建设的其他费用。常用的固定资产投资估算方法主要有两种：一种是扩大指标估算法，另一种是详细估算法。前者是套用原有的同类项目的固定资产投资额来对拟建项目的固定资产投资额进行估算的一种方法。该方法的优点是计算简单，但是其准确性较差，而且需要累积大量有关的基础数据。后者是先对构成固定资产投资的各个组成部分分别加以估算，然后汇总得出固定资产投资总额的一种估算方法。这种方法避免了扩大指标估算法误差较大的缺点。

2. 无形资产投资

无形资产是指可供企业在生产经营中长期使用，但没有具体实物形态的特殊资产，如专利权、商标权等。无形资产投资可直接形成项目投产后无形资产的价值，并在项目投产后的前几年内逐年摊销。我国对无形资产投资进行估算时，通常按照取得无形资产时的实际成本计价。根据取得方式的不同，具体计价方式有以下几种：

（1）投资者作为资本金或合作条件投入的无形资产，按照评估确认或合同、协议约定的金额计价。

（2）从企业外部购入的无形资产，按照实际支付的金额计价。

（3）自行开发的无形资产，按照实际支出金额计价。

（4）接受捐赠的，按照所附单据或参照同类无形资产的市价计价。

3. 开办费

开办费是指企业在筹建期间所发生的各种费用，主要包括职工的培训费，在注册登记和筹建期间起草文件、谈判、考察等发生的各项支出，销售网的建立和广告费用，筹建期间人员工资、办公费、差旅费、印刷费、注册登记费，以及不计入固定资产和无形资产成本的汇兑损益与利息等项支出。开办费形成项目投产后的递延资产，并在项目投产后的前几年内逐年摊销。开办费一般参照所评估项目筹建期间的支出、项目特点及同类项目的经验进行估算。

4. 预备费

预备费是指为处理实际与计划不符的情况而在投资估算中追加的那部分费用，包括基本预备费和涨价预备费两部分。基本预备费主要用于进行初步设计、技术设计、施工图设计和施工过程中。它主要包括：在批准的建设投资范围内所增加的建设费用；一般自然灾害带来的损失及为预防自然灾害采取措施所支付的费用；验收小组为鉴定工程质量而必须修建工程所支付的费用。涨价预备费主要是指项目建设期内物价上涨而需要增加的费用。

预备费的计算一般采用两种方法：一是分别计算基本预备费和涨价预备费。前者可以根据投资估算的粗略程度、不可预见因素的多少来确定计算比率；后者应根据当时的物价上涨指数计算。二是将两项预备费合在一起，并取一个比率计算，这个比率一般为固定资产投资、无形资产投资与开办费总和的 10%～20%。

（二）流动资金成本

流动资金是指企业在生产过程中处于生产和流通领域、供周转使用的资金。流动资金包括储备资金、生产资金、成品资金、应收应付账款和现金等。其中，储备资金是指为保证正常生产需要而储备原材料、燃料、备品、备件等所用的资金。生产资金是指在正常生产条件下处于生产过程中的生产品占用的资金。成品资金是指产成品入库后至销售前这段时间占用的资金。

不同类型的项目其流动资金的需要量差异很大，一般按照项目的具体情况可采用扩大指标估算法或分项详细估算法来估算。

1. 扩大指标估算法

扩大指标估算法是指参照同类生产企业流动资金占销售收入、经营成本、固定资产价值的比率及单位产量占用流动资金的比率来确定流动资金。具体包括以下几种方法：

（1）销售收入资金率法。

流动资金需要量＝项目年销售收入×销售收入资金率

一般加工工业项目多采用该法进行流动资金估算。

（2）总成本资金率法。

流动资金需要量＝项目年总成本×总成本资金率

（3）固定资产价值资金率法。

流动资金需要量＝固定资产价值×固定资产价值资金率

某些特定的项目，如港口项目等常采用该法进行流动资金估算。

（4）单位产量资金率法。

流动资金需要量＝年产量×单位产量资金率

2. 分项详细估算法

分项详细估算法是指分别依据项目占用的储备资金、生产资金、成品资金，按照年需求和使用量及周转天数估算定额流动资金，按照项目占用的应收应付账款、现金等估算非定额流动资金，并最终形成资金估算表。

（三）生产制造成本

生产制造成本由生产成本和期间费用组成。生产成本是指企业在生产经营过程中实际消耗的直接材料费用和工资、福利、设备折旧等制造费用。

1. 直接材料费用

直接材料包括生产过程中实际消耗的原材料、辅助材料、设备配件、燃料、外购半成品等。

2. 制造费用

制造费用是指企业为组织和管理生产所发生的各项费用，包括生产部门管理人员工资、职工福利费、设备折旧费、修理费、水电费、差旅费、运输费、保险费、低值易耗品摊销、设计制图费、环境保护费等。

对于固定资产的折旧，一般采用平均年限法、工作量法和加速折旧法。

（1）平均年限法。平均年限法也称直线法，是根据固定资产的原值、预计净残值率和折旧年限计算折旧的方法。计算公式为：

年折旧额＝固定资产原值×（1－预计净残值率）÷折旧年限

（2）工作量法。对于交通运输企业和其他企业专用车队的客货运汽车，按照行驶里程计算折旧费。计算公式如下：

单位里程折旧额＝原值×（1－预计净残值率）÷总行驶里程

年折旧额＝单位里程折旧额×年行驶里程

对于大型专用设备，根据工作小时数计算折旧费。计算公式为：

每工作小时折旧额＝原值×（1－预计净残值率）÷总工作小时

年折旧额＝每工作小时折旧额×年工作小时

（3）加速折旧法。加速折旧法又称递减折旧费用法，是指在固定资产使用前期提取折旧较多，在后期提取较少，使固定资产价值在使用年限内尽早得到补偿的折旧方法。它包括双倍余额递减法和年数总和法等。

1）双倍余额递减法。这是指在不考虑固定资产净残值的情况下，用以平均年限法确定的折旧率的双倍乘以固定资产在每个会计期间的期初账面净值，从而确定本期应提折旧的方法。其计算公式为：

年折旧率＝2÷折旧年限×100％

年折旧额＝年初固定资产账面净值×年折旧率

实行双倍余额递减法计提折旧的固定资产，应当在其固定资产折旧年限到期前的两年内，将固定资产净值扣除预计净残值后的净额平均摊销，即最后两年改为直线法计提折旧。

2）年数总和法。这是以固定资产原值扣除预计净残值后的余额作为计提折旧的基础，按照逐年递减的折旧率计提折旧的方法。采用年数总和法的关键是每年都要确定一个不同的折旧率。其计算公式为：

年折旧率＝（折旧年限－已使用年数）÷［折旧年限×（折旧年限＋1）÷2］×100％

年折旧额＝（固定资产原值－预计净残值）×年折旧率

3．期间费用

期间费用是指在一定期间发生的与生产经营没有直接关系或关系不密切的管理费

用、财务费用和销售费用。

（1）管理费用。管理费用是指企业行政管理部门为管理和组织经营活动发生的各项费用，包括：公司经费、职工教育经费、工会经费、董事会费、咨询费、劳动保险费、税金、土地使用费、无形资产摊销费等。

（2）财务费用。财务费用是指企业为筹集资金而发生的各项费用，包括：生产经营期间的汇兑净损失、利息净支出、金融机构手续费、调剂外汇手续费等。

（3）销售费用。销售费用是指企业在销售产品、自制半成品和提供劳务等过程中发生的各项费用以及专设销售机构的各项经费，包括：运输费、装卸费、包装费、委托代销费、广告费、租赁费（不包括融资租赁费）和销售服务费。此外，还包括销售部门人员的工资、职工福利费、差旅费、办公费、折旧费、修理费、低值易耗品摊销等。

（四）人力成本

1. 工资估算

工资估算一般是按项目定员数和人均月工资额计算月工资总额。计算公式为：

月工资成本＝项目定员数×人均月工资额

在进行工资估算时，通常按照不同的工资级别对职工进行划分，分别估算同一级别职工工资，再加以汇总。一般将职工划分为以下级别：高级管理人员、中级管理人员、一般管理人员、技术工人和一般工人。

2. 其他

项目中所涉及的其他人力成本也一并计入。

第三节　物流项目成本预算

一、物流项目成本预算的概念

物流项目成本预算是进行项目成本控制的基础，是项目成功的关键因素。物流项目成本预算的中心任务是估计项目各活动的资源需要量，将成本估算分配到项目的各活动上。具体来说，物流项目成本预算是一项将项目成本估算分配在各具体的活动上，确定项目各活动的成本定额，同时也确定项目意外开支准备金的标准和使用规则，从而为测量项目实际绩效提供标准和依据的项目管理工作。

物流项目成本预算的内容主要包括：直接人工费用预算、咨询服务费用预算、资源采购费用预算和意外开支准备金预算。

在项目成本预算的构成中，需要格外注意意外开支准备金预算。意外开支准备金是指为项目在实施过程中发生意外情况而准备的保证金，提高意外开支准备金估计的准确性可以降低项目实施过程中意外事件的影响程度。在项目实施过程中，意外开支准备金的储备是非常必要的，特别是中、大型项目必须准备充足的意外开支准备金。意外开支准备金有两种类型：

（1）显在的意外开支准备金，通常在项目成本文件中标明。

（2）潜在的意外开支准备金，通常不在项目成本文件中标明。

由于我们把因成本预算中的不确定性而产生的风险作为确定意外开支准备金水平的基础，因此意外开支准备金也经常充当成本预算的底线。如果在每个项目条款中都能清楚地确定意外开支准备金的水平，那么确定项目实际的意外开支准备金的水平将会变得更容易，其最终的结果是将所有条款中意外开支准备金的数量加以汇总，从而确定其占整个项目成本预算的比重。

二、物流项目成本预算的依据

（一）项目范围说明书

可在项目章程或合同中正式规定项目资金开支的阶段性限制。这些资金的约束反映在项目范围说明书中，可能是买方组织和其他组织（如政府部门）需要对年度资金进行授权所致。

（二）工作分解结构

项目工作分解结构确定了项目的所有组成部分和项目可交付成果之间的关系，是项目成本预算的一项重要依据。

（三）工作分解结构词典

工作分解结构词典和相关的详细的工作说明书，提供了可交付成果及完成每个可交付成果所需工作分解结构组件内各项工作的说明。

（四）活动费用估算

汇总一个工作包内每项计划活动的费用估算，即可获得每个工作包的费用估算。

（五）活动费用估算支持性细节

对于估算活动费用需列出细节的数量和类型等，它可以提供清晰、专业、完整的资料。

(六) 项目进度计划

项目进度计划包括项目计划活动的计划开始和结束日期、进度里程碑、工作包、计划包和控制账目。根据这些信息，将费用按照其拟定发生的日历期限汇总。

(七) 资源日历

资源日历是显示项目经理在特定时间内可用资源的工具。

(八) 合同

可依据采购的产品、服务或成果及其费用等合同信息编制成本预算。

(九) 费用管理计划

在编制费用预算时考虑项目管理计划的费用管理从属计划和其他从属计划。

三、物流项目成本预算的方法与技术

(一) 费用汇总

各项计划活动费用估算根据 WBS 汇总到工作包，然后工作包的费用估算汇总到 WBS 中的更高一级 (如控制账目)，最终形成整个项目的成本预算。

(二) 准备金分析

通过准备金分析确定意外开支准备金。如管理应急准备金，它是为应对未计划但有可能需要的项目范围和费用变更而预留的预算。风险登记册中确定的风险可能会导致这种变更。管理应急准备金是"未知的未知"，并且项目经理在动用或花费这笔准备金之前必须获得批准。管理应急准备金不是项目费用基准的一部分，但包含在项目的预算之内。因为它们不作为预算分配，所以也不是净值计算的一部分。

(三) 参数模型法

关于参数模型法，在本章第二节中已有详细论述，此处不再赘述。

(四) 资金限制平衡

对组织运行而言，管理者一般都不希望资金的阶段性花销经常出现大的起伏。因此，资金的花费要在由用户或执行组织设定的项目资金支出的界限内进行平衡。这就需要对工作进度安排进行调整，以实现支出平衡，这可通过在项目进度计划内为特定工作包、进度里程碑或工作分解结构组件规定时间限制条件来实现。进度计划的调整将影响资源的分配。如果在进度计划的制订过程中以资金作为限制性资源，则可根据新规定的时间限制条件重新进行该过程。经过这种交叠的规划过程形成的最终结果就是费用基准。

四、物流项目成本预算的成果

（一）费用基准

费用基准是按时间分段的预算，用作度量和监控项目整体费用的基准。它由按时段汇总估算的费用编制而成，通常以S曲线的形式表示，如图5-1所示。费用基准是项目管理计划的一个组成部分。

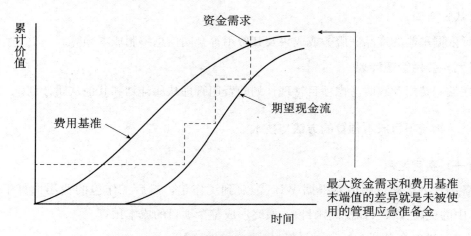

图5-1　期望现金流和费用基准

许多项目，特别是大项目，可能有多个费用基准、资源基准和消耗品生产基准来度量项目绩效的不同方面。

（二）项目资金需求

资金需求无论是总体需求还是阶段性需求（如每年或每季度），都是根据费用基准确定的，可设定包含一定容差，以应对提前完工或费用超支问题。出资一般不是连续性的出资，而是渐增性出资，因此在图5-1中项目资金需求呈现阶梯结构。所需的总体资金等于费用基准加管理应急准备金。管理应急准备金可在每个阶段的出资中加入，或在需要时才动用，这取决于组织的政策。

在图5-1中，管理应急准备金是在项目结束点反映的。而事实上，在获得管理应急准备金开支授权并实际支出之后，费用基准和现金流曲线都将升高。项目结束时，已分配资金和费用基准、现金流金额之间的差值代表未被使用的管理应急准备金。

（三）费用管理计划（更新）

如果批准的变更请求是费用预算过程所致，并且将影响费用的管理，则应更新项目管理计划中的费用管理计划。

（四）请求的变更

费用预算过程可以影响费用管理计划或项目管理计划的其他组成部分的变更请求。请求的变更通过整体变更控制过程进行处理和审查。

第四节　物流项目成本控制

一、物流项目成本控制概述

（一）物流项目成本控制的定义

物流项目成本控制就是在整个项目的实施过程中，定期地、经常性地收集项目的实际成本数据，进行成本的计划值（目标值）和实际值的动态比较分析，包括总目标和分目标等多层次的比较分析，并进行成本预测，如果发现偏差，则及时采取纠偏措施，包括经济、技术、合同、组织管理等综合措施，以使项目的成本目标更好地实现。

物流项目成本管理的主要目的就是进行项目成本的控制，将项目的运行成本控制在预算范围内，或可接受的范围内，是项目成功完成的一个重要指标。项目成本控制的关键是能够找到可以及时分析成本绩效的方法，以便在项目失控之前能及时采取纠正措施。一般而言，一旦费用使用失控，想要在预算内完成项目是非常困难的。

（二）物流项目成本控制的内容

具体包括：

（1）对造成成本基准计划变化的因素施加影响，以保证这种变化朝着有利的方向发展。

（2）确定项目成本基准计划是否已经发生变化。

（3）对实际发生的变化和正在发生的变化实施管理。

物流项目成本控制还包括找出正负偏差的原因。该过程必须结合其他控制过程（项目范围变更控制、项目进度控制、项目质量控制、项目风险控制等）进行综合考虑。例如，对成本偏差应对不当会引起质量或进度方面的问题。

二、物流项目成本控制的方法与技术

物流项目成本控制的方法与技术主要包括成本变更控制系统、绩效度量——挣得值和偏差分析等。

（一）成本变更控制系统

成本变更控制系统是一套变更项目计划时应遵循的程序，其中包括书面文件、跟踪系统和变更审批制度。

在多数情况下，执行组织都会采用变更控制系统。然而当现有系统无法再满足系统的需求时，管理小组则应开发出一个新的系统，以适应新的情况。根据系统论的观点，无论是哪种系统，都应该包括措施、信息和反馈三大要素，并且三大要素之间应形成一个循环的闭环关系，从而确保对项目变更的有效控制。

循环从措施开始，产生关于措施的实施效果的信息，这些信息经过处理后作为反馈信息呈送给决策者，这就完成了一次循环。如果反馈的信息表明一切正常，项目经理就可以指导项目团队按原定的项目计划继续进行；如果反馈的信息预示着要出现问题，项目经理就要采取补救措施，或调整资源，或调整计划，使项目得以顺利进行。在补救过程中又会产生新的信息。

因此，要实施有效的变更控制，项目团队必须建立一套完善的变更控制系统。许多变更控制系统都会成立一个变更控制委员会，负责批准或拒绝变更需求。变更控制委员会的主要职能就是为准备提交的变更申请提供指导，对变更申请做出评价，并管理经批准的变更的实施过程。变更控制系统应该明确变更控制委员会的责任和权限，并得到所有项目干系人的认可。对于大型、复杂的项目而言，可能要设多个变更控制委员会，以承担不同的责任。变更控制系统还应该有处理自动变更的机制。

（二）绩效度量——挣得值和偏差分析

绩效度量技术主要用于评估项目成本变化的大小、程度及原因等。挣得值和偏差分析法是最常用的方法，该方法用三值指标来控制和衡量费用的使用。1967 年，美国国防部制定费用/进度控制系统的准则时，正式采用了挣得值（Earned Value）的概念。

1. 挣得值

（1）计划工作预算费用（BCWS）。

计划值（Planned Value，PV），即在规定时间内计划在某个活动和工作单元（或项目）上花费的费用，以前在项目管理界普遍称为 BCWS（Budgeted Cost of Work Scheduled）。这个值对衡量项目进度和项目费用都是一个标尺或基准。一般来说，PV 在工作实施过程中应保持不变，除非合同有变更。如果合同变更影响了工作的进展和费用，经过批准认可，相应的 PV 基线也应做相应的更改。按我国的习惯可以把它称作

"计划投资额"。其计算公式为:

$$PV = 计划工作量 \times 预算定额$$

(2) 已完成工作预算费用(BCWP)。

挣得值(Earned Value, EV),即在规定时间内在已经完成活动和工作单元(或项目)上预算发生的直接与间接费用的总和,以前称为 BCWP(Budgeted Cost of Work Performed)。这个值往往用正在完成工作的预算费用的一个实际完成百分比来计算,例如可以是 30%、60%、80% 或 100% 等,以简化数据的收集。有的挣得值分析仅用 0 或 100%(未完成或已完成)来计算,也有的用 0、50% 或 100%(未开始、已开始或已完成)来计算。由于业主正是根据这个值对承包商完成的工作量进行支付的,它直接决定了承包商获得(挣得)的金额,故称挣得值(也称获得值、净赚值、赚取值、盈余量、挣值、实践值等)。当然,已完成工作必须经过验收,符合质量要求。挣得值反映了符合质量标准的项目实际进度,真正实现了投资额到项目成果的转化。按我国的习惯可将其称作"实现投资额"。其计算公式为:

$$EV = 已完成工作量 \times 预算定额$$

(3) 已完成工作实际费用(ACWP)。

实际成本 AC(Actual Cost),即原来的 ACWP(Actual Cost of Work Performed),是指在规定时间内在已经完成的活动和工作单元(或项目)上实际发生的直接与间接费用的总和。按我国的习惯可将其称作"消耗投资额"。

项目投资的三个基本值实际上是三个关于时间的函数,即:(1) PV (t) $(0 \leqslant t \leqslant T)$;(2) EV (t) $(0 \leqslant t \leqslant T)$;(3) AC (t) $(0 \leqslant t \leqslant T)$。如图 5-2 所示。其中 t 表示项目完成时点。T 表示项目进展中的监控时点。理想状态下,上述三条函数曲线应该重合于 PV (t) $(0 \leqslant t \leqslant T)$。如果管理不善,$AC$ (t) 曲线在 EV (t) 曲线之上,说明费用已经超支;EV (t) 在 PV (t) 曲线之下,说明进度已经滞后。由此可以导出以下几个重要指标:

(1) 费用偏差 CV(Cost Variance)以及偏差率。

费用偏差以及偏差率是项目成本控制的重要指标,它是通过比较挣得值与实际费用得出的。

费用偏差=挣得值-实际费用

费用偏差率=费用偏差/实际费用

判断准则:如果偏差为正值,表明项目在预算之内;如果为负值,表示项目超支,需要采取适当的措施。

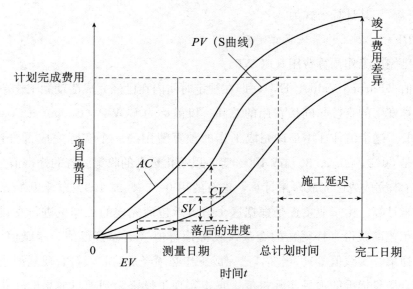

图 5 - 2　挣得值评价曲线图

（2）进度偏差 SV（Schedule Variance）以及偏差率。

　　　进度偏差＝挣得值－预算费用

　　　进度偏差率＝进度偏差/预算费用

判断准则：如果进度偏差为正值，表明项目提前；如果进度偏差为负值，则表明项目滞后。

（3）成本绩效指标和进度绩效指标。

1）成本绩效指标 CPI（Cost-Performance Index）。

　　　$CPI=EV（t）/AC（t）$

或

　　　$CPI=$ 累计挣得值（CEV）/累计实际成本（CAC）

2）进度绩效指标 SPI（Scheme-Performance Index）。

　　　$SPI=EV（t）/PV（t）$

判断准则：$CPI>1.0$ 表示费用结余，$CPI<1.0$ 表示费用超支；$SPI>1.0$ 表示进度超前，$SPI<1.0$ 表示进度滞后。

值得注意的是，在实际执行过程中，最理想的状态是 AC、PV、EV 三条线靠得很近，平稳上升，表示项目按预定计划目标进行。如果三条线离散度不断增加，则预示着可能发生关系到项目成败的重大问题。如图 5 - 2 所示，$CV<0$，$SV<0$，这表示项目执行效果不佳，即费用超支，进度延误，应采取相应的补救措施。

通过计划工作预算费用、已完成工作预算费用、已完成工作实际费用这三个基本值的对比可以对项目的实际进展情况做出明确的测定和衡量，有利于对项目进行监控，也可以清楚地反映出项目管理和项目技术水平的高低。挣得值法参数分析与对应措施见表 5-1。

表 5-1　挣得值法参数分析与对应措施

序号	图形	参数关系	分析	措施
1	ACWP　BCWS　BCWP	$ACWP>BCWS>BCWP$ $SV<0$　$CV<0$	效率低 进度较慢 投入超前	用工作效率高的人员替换一批工作效率低的人员
2	BCWP　BCWS　ACWP	$BCWP>BCWS>ACWP$ $SV>0$　$CV>0$	效率高 进度较快 投入延后	若偏离不大，维持现状
3	BCWP　ACWP　BCWS	$BCWP>ACWP>BCWS$ $SV>0$　$CV>0$	效率较高 进度快 投入超前	抽出部分人员，放慢进度
4	ACWP　BCWP　BCWS	$ACWP>BCWP>BCWS$ $SV>0$　$CV<0$	效率较低 进度较快 投入超前	抽出部分人员，增加少量骨干人员
5	BCWS　ACWP　BCWP	$BCWS>ACWP>BCWP$ $SV<0$　$CV<0$	效率较低 进度慢 投入延后	增加高效人员
6	BCWS　BCWP　ACWP	$BCWS>BCWP>ACWP$ $SV<0$　$CV>0$	效率较高 进度较慢 投入延后	迅速增加人员投入

2. 偏差分析

偏差是指项目进度、绩效或者成本等与具体计划的偏离。所有级别的管理部都用偏差来检验预算系统和日程安排系统。预算系统和日程安排系统的偏差必须一起比较，主要是因为：成本偏差只比较来自预算的偏离，不提供工作安排与工作完成的方法的比较；日程安排偏差提供了计划和实际执行的比较，但不包括成本。

偏差有两种基本计量方法：

（1）可测评的工作量。有着明确完成目标的工作增量，其完成会产生切实的结果。

（2）工作量的级别。不参与日程安排的工作增量的细分工作，例如项目支持和项目控制。

并非所有的公司都有统一的偏差计算方法。偏差是否被允许取决于以下因素：

（1）生命周期阶段。

（2）生命周期阶段的长度。

（3）项目的长度。

（4）估算的类型。

（5）估算的精确度。

项目之间的偏差控制会有差别。对于许多大型项目来说，项目期间偏差可以变动。利用成本偏差和进度偏差，能够建立一个完整的成本或进度系统，通过衡量与完成的工作有关的成本来提供偏差分析的基础。这个系统保证了成本预算和执行计划是建立在同一个数据基础上的。

（1）偏差定量分析技术。

做变量分析时有一个困难，就是计算已经完成工作的预算成本，因为要估计已经完成工作的比例。为了解决这个问题，许多公司在项目中使用美元作为计算标准，而不管完成百分比。偏差定量分析通常采用以下技术：

1）50/50原则：该原则消除了持续确定完工百分比的必要性。然而，如果完工百分比能被确定，那么完工百分比就可以随着时间的推移被画在图上。如图5-3所示。

2）0/100技术：通常仅限于短工期（例如少于1个月）的工作组合（活动），直到活动结束才能挣到钱。

3）里程碑：通常用于与过渡期相联系的长工期工作包，或者一组已经定义了控制点的里程碑的活动职能中。当里程碑完成时其价值也得到了实现。在这种情况下，预算分配给了里程碑而不是工作包。

4）完工百分比：通常用于长工期（例如3个月或者更多）的工作包。它们的里程

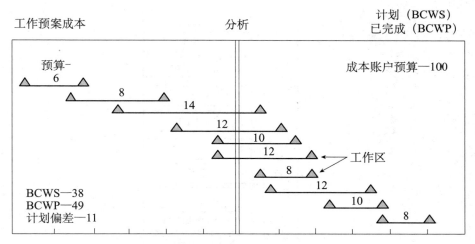

图 5 - 3 使用 50/50 原则进行分析的图示

碑是不能确定的，所得价值将是百分比预算。

5）等效单元：用于无相似单元的工作包。它们的收益是基于完整的单元，而不是劳动力。

6）成本公式（80/20）：用于度量长工期工作包完工百分比的偏差。

7）工作量水平：这种方法是基于时间区间的，通常用于监督和管理工作包。所获得的价值是基于全部计划期间的时间花费，它是以既定时间内消耗掉的资源来衡量的。

8）配给工作量：一项很少使用的技术，针对的是特殊的相关工作包。

（2）偏差原因分析与纠偏措施。

1）偏差原因分析。

偏差分析的一个重要目的就是要找出引起偏差的原因，从而采取有针对性的措施，避免相同原因的偏差再次发生。在进行偏差原因分析时，首先应当将已经导致和可能导致偏差的各种原因逐一列举出来。不同工程项目产生费用偏差的原因具有一定共性，因而可以通过对过去项目的偏差原因进行归纳、总结，为当前项目采取预防措施提供依据。

一般来说，产生费用偏差的原因如图 5-4 所示。

2）纠偏措施。

要压缩已经超支的费用，而不影响其他目标的达成是十分困难的，一般只有当给出的措施比原计划已选定的措施更为有利，或使工程范围减小，或生产效率提高时，成本才能降低。常用的纠偏措施有以下几种：

• 寻找新的、更好更省的、效率更高的设计方案。

• 购买部分产品，而不是使用完全由自己生产的产品。

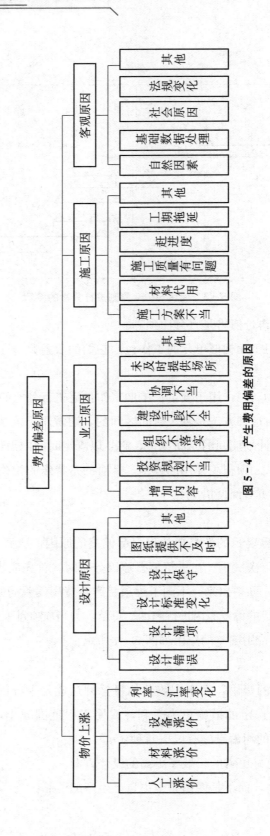

图 5 - 4　产生费用偏差的原因

- 重新选择供应商，但会产生供应风险，选择需要时间。
- 改变实施过程。
- 变更工程范围。
- 索赔，例如向业主、承（分）包商、供应商索赔以弥补超支的费用。

复习思考题

1. 物流项目成本管理的意义是什么？

2. 物流项目成本是由哪几部分构成的？

3. 物流项目成本的影响因素有哪些？

4. 物流项目成本估算的方法和工具有哪些？假设某物流配送中心工程总投资 4 500 万元，请采用自上而下估算法对其进行成本分析和估算。

5. 物流项目成本控制的方法和技术有哪些？

6. 甲公司要从位于 S 市的工厂直接装运 500 台电视机送往位于 T 市的一个批发中心。这票货物价值为 150 万元。T 市的批发中心确定这批货物的标准运输时间为 2.5 天，如果超出标准时间，每台电视机每天的机会成本是 30 元。甲公司的物流经理设计了以下三个物流方案，请从成本角度评价这些运输方案的优劣。

（1）A 公司是一家长途货物运输企业，可以按照优惠费率每千米每台 0.05 元来运送这批电视机，装卸费为每台 0.10 元。已知 S 市到 T 市的公路运输里程为 1 100 千米，估计需要 3 天的时间才可以运到（因为货物装卸也需要时间）。

（2）B 公司是一家水运企业，可以提供水陆联运服务，即先用汽车从甲公司的仓库将货物运至 S 市的码头（20 千米），再用船运至 T 市的码头（1 200 千米），然后再用汽车从码头运至 T 市的批发中心（17 千米）。由于中转的过程中需要多次装卸，因此整个运输时间大约为 5 天。询价后得知，陆运运费为每千米每台 0.06 元，装卸费为每台 0.10 元，水运运费为每百台 0.6 元。

（3）C 公司是一家物流企业，可以提供全方位的物流服务，报价为 22 800 元。它承诺在标准时间内运到，但是准点的百分率为 80%。

第六章
物流项目人力资源管理

第一节 物流项目经理人

一、项目经理的职责

项目经理应确保全部工作都能够在预算范围内按时、优质地完成，从而使客户满意。项目经理的基本职责是做好项目的计划、组织和控制工作，以实现项目目标。换句话说，项目经理的职责就是领导项目团队实现项目目标。如果项目团队是一个运动队，项目经理就是教练；如果项目团队是一个交响乐团，项目经理就是指挥家。项目经理要协调各个团队成员的活动，使他们形成一个和谐的整体，适时履行各自的职责。

（一）计划

首先，项目经理要高度明确项目目标，并就该目标与客户取得一致意见。接下来，项目经理与项目团队就这一目标进行沟通交流，对成功地完成项目目标所应做的工作达成共识。项目经理作为带头人，领导团队成员一起制订实现项目目标的计划。项目团队参与制订这一计划，可以比项目经理单独制订更切合实际。而且，这样的参与将使团队成员为实现项目目标做出更大的投入。然后，项目经理与客户对该计划进行评价。计划获得认可后，还要建立起一个项目管理信息系统，以便将项目的实际进度与计划进度进行比较。同时，要使项目团队理解、掌握这一系统。

（二）组织

组织工作主要涉及在开展工作的过程中应如何合理地配置资源的问题。首先，项目经理应决定哪些工作由组织内部完成，哪些工作由承包商完成。对于那些由组织内部负责的工作，负责这些工作的具体人员应对项目经理做出承诺；对于由承包商完成的工作，项目经理应对工作范围和交付物做出清楚的划分，与每一个承包商协商，达成一致。项目经理也可根据各种任务为具体的人员或承包商分配职责，授予权力，前提条件是这些人在给定的预算和时间进度计划内能够完成任务。对于参与人员众多的大型项目，项目经理还可以为具体任务团队选派领导。最后，也是最重要的，项目经理应努力营造一种积极、和谐的工作环境，使所有成员作为一个项目团队士气高昂地投入工作。

（三）控制

为了实施对项目的监控，项目经理需要一套项目管理信息系统，用以跟踪实际工作进度并将其与计划进度进行比较。这一系统将有助于项目经理了解哪些工作对实现目标是有意义的，哪些是徒劳无功的。项目团队成员要掌握其所承担任务的工作进度并定期提供有关工作进展、时间进度及成本的相关数据。这些资料会在定期召开的项目工作评审会议上公布。如果实际工作进度落后于预计进度，或者发生意外事件，项目经理应立即采取措施。相关项目的成员要向项目经理就相应的补救措施及新的项目计划提供建议和信息。项目经理应当及早发现项目实施过程中问题，甚至是潜在的问题，并及时采取行动；绝不能采取等待和观望的工作方法，一定要积极主动，要在问题恶化之前予以解决。

项目经理通过计划、组织、控制来领导项目工作，但绝不可大权独揽，应让团队成员参与进来，让他们为圆满地完成项目工作付出更大的努力。

二、项目经理的技能

对于一个成功的项目来说，优秀的项目经理是不可或缺的因素。除了在对项目的计划、组织、控制方面发挥领导作用外，项目经理还应具备一系列技能来激励员工取得成功，赢得客户的信任。领导能力、培养员工的能力、沟通技巧、人际交往能力、处理压力的能力、解决问题的能力及管理时间的能力，都是一个优秀的项目经理所必备的技能。

（一）领导能力

领导工作就是通过别人来完成工作，项目经理就是通过项目团队来取得工作成果的。项目领导工作的任务是激励项目成员齐心协力地工作，以成功地完成计划，实现项目目标。项目经理要为团队形象地勾画出项目的愿景。例如，某个项目的目标是对工厂进行重新设计，那么，项目经理就应将这一目标生动地描绘出来，把这一项目的益处向成员解释明白、表达清楚，如消除生产上的瓶颈问题、增加产量、减少库存。这样，当项目成员设想出项目的美好结果时，就会更加热情地投入工作，圆满完成项目任务。

有效的项目管理需要采取参与和顾问式的领导方式。项目经理以这种方式在项目团队中发挥导向和教练作用。这种方法较之等级制那种独断的和指挥性的管理方式更为有效。领导作用要求项目经理提供指导而不是指挥工作。项目经理所需做的工作是制定准则和纲要，由项目成员自己决定怎样完成任务。领导有方的项目经理从不教导项目成员怎样做工作。

项目领导工作要求团队成员的参与和对团队成员的授权。每个人对自己的工作都想拥有掌握和控制权，以表明他们有能力完成任务。项目经理要使成员参与到与其自身工作有关的决策中去，让其在自己的职责范围内拥有决定权。创造这样一种授权的项目文化不仅要根据项目任务给成员分配职责，还要授予成员为完成这些任务而做决策的权力。成员将承担制订工作计划、决定如何完成任务、控制工作进度，以及解决妨碍工作进展问题的职责，争取按时在预算范围内完成工作。

在给成员授权让他们可以做出与其工作相关的决策时，项目经理应制定一个明确的纲领，而且，如果合适的话，还应做出一些限制。例如，团队成员有权在预算和进度计划范围之内补偿自己因解决问题而蒙受的损失，而如果超出范围，就应与团队领导或项目经理进行协商。同样，如果某个团队成员所做的决定会对其他成员的工作、预算或进度计划产生不利影响，那么也要与项目经理进行协调。例如，某位成员要求项目团队在他对某一具体测试结果做出确认之前停止对某种原料的订货，这样做就会使团队其他成员的工作跟不上进度。在这种情况下，项目经理可能会要求所有相关团队成员一起开会来解决这一问题。

有能力的项目经理懂得激励成员，并能创造出一种相互支持和鼓励的工作环境，使大家在这一环境下组成一个表现杰出的团队，出色地完成工作。项目经理可以通过鼓励全体成员积极参与，创造出这样的环境。具体方法包括：组织项目会议，使全体成员参加讨论；与成员单独会谈，倾听他们的意见；让成员出席各种面向客户或公司管理层的演示会，表达见解。当项目经理向团队成员征求意见和建议时，应对他们的付出表示肯定和认同。另外，项目经理也应鼓励团队成员相互交流学习。这样不仅能让每位成员学到其他成员的知识和技能，还能在团队内营造出一种互惠合作的气氛，从而充分发挥每位成员的特长。

　　项目经理应竭力避免使大家感到沮丧的局面出现。当项目前景还不明朗时，就有可能出现这种情况。还有一种令成员沮丧的情况是让成员受制于一些没必要的程序，例如，每周项目例会上做了口头报告之后，再要求成员准备类似的书面形式报告。没有什么意义的团队会议也会降低成员的士气。

　　对成员的大材小用会导致另一种不利局面。给成员分配毫无挑战性的、大大低于其能力的工作，会令成员士气低落，更有甚者会"过度管理"，即教导成员怎样工作。这种做法会使成员觉得项目经理对他们不信任。

　　不论是作为一个整体的项目团队，还是每个团队成员，都需要认同和奖赏。项目经理可以通过这种方法培养团队的士气。应该在项目进程中，而不是在项目竣工之时实施这种方法。成员会觉得他们对项目做出了贡献，应该得到认可和奖励。奖励有多种方式，不一定是金钱。口头鼓励、表扬、赞赏或是奖品，都可以达到这种效果。这类积极的强化对期望的行为具有激励作用，被认同或得到奖赏的行为会重复发生。一个项目团队可能会因在预算范围内提前完成一项重大任务或发明一种可以加快项目进度的工作方法而受到奖励，这样会鼓励团队在未来的工作中保持和发扬其良好作风。

　　可供项目经理采纳的一种奖励方法是，对项目团队中每位成员的工作表现出兴趣。具体做法是，当成员汇报他们的工作时，要全神贯注地听，然后向他们提一些有关工作的问题。一句简短的总结评语，如"谢谢""干得不错""很好"就可表明他的付出已得到认同和赏识。其他奖励方法还有：为项目成员写贺信或感谢信、在公司新闻简报上刊登其文章或图片、颁发证书或奖章、分配给他职责更大的任务。

　　奖赏应在工作获得认同后尽快付诸实施。如果一次良好的行为隔了很长时间以后才予以奖励，那么，奖励对于这种行为的保持和发扬就起不到多大的作用了。同时，成员也会觉得项目经理对于他的工作付出不是很感兴趣。除了受到奖赏的人之外，如果可能的话，还可以让其他人也参与到奖赏活动中来。成员喜欢在他的同事面前获得项目经理的赏识。例如，项目经理可以在客户或公司管理层面前对团队或具体成员做出肯定性的评价。项目经理应尽可能使这种奖赏有趣一些，例如给他们发一些新奇有趣的小奖品或一起共进午餐。优秀的项目经理从不使自己独占风头或将别人的工作成绩和功劳据为己有。

　　项目经理要建立一种相互信任、充满乐趣而又有发展空间的工作环境，为项目团队的工作奠定基调。为建立起相互信任的氛围，项目经理要言行一致，身体力行。这样就能树立起一种典范，表明希望项目团队的所有成员都坚持不懈。如果项目经理对成员所提出的建议、问题或话题兴趣索然，成员就会对项目经理失去信任。万一工作不能像计划或设想的那样圆满完成，项目经理应对此做出解释，以维护其信誉。

有才干的项目经理对自己和项目团队的每个成员都有较高的期望，相信大家会尽力达到期望的水准。如果项目经理对团队成员信心十足，并对他们的工作有较高的期望，那么，团队成员通常会竭尽全力发挥自己的能力。项目经理要乐观，有时即使遇到一些难以克服的困难，也要勇敢面对。如果项目经理不能处理好现实与高期望和乐观心态之间的关系，团队就可能会遭受挫折。一个令人觉得鲁莽、不可靠的项目经理，不会赢得项目团队和客户的信任。

项目工作应该充满乐趣，项目经理应从工作中获得乐趣，并鼓励项目团队成员获得同样的乐趣。绝大多数从事项目工作的人都要寻求归属感和社会认同，他们不愿意单独工作。项目团队在成为一支表现良好的队伍之前，先要社会化。项目经理要在成员之间建立起一种同志式的友谊。促进团队社会化的一种方法是为项目团队举办不定期的社会活动；另一种方法是使所有项目团队成员在一个办公环境下工作，这样做比起让每个成员关起门来办公更容易促进成员的相互交往，从而促进团队的社会化；还有一种方法是寻找机会庆贺胜利，尤其是在项目工作的早期；如取得工作的早期业绩后，项目经理可以在团队会议时带一些小食品，或者在员工会议结束时，为每位成员订一份午餐；这类活动可以使工作趣味盎然。

项目经理应动力十足，为项目团队树立一个良好的榜样。项目经理必须保持一种积极的态度，没有消极的论调，没有哀叹，没有满嘴脏话和埋怨，也没有诋毁。项目经理需要有一种"没问题"的态度，一种达到目的和克服困难的渴望，要努力寻求完成工作的方法，而不是寻找无法完成任务的理由，优秀的项目经理不会因障碍或困难而退缩不前，他们自信并会在项目团队前展示自信。

（二）培养员工的能力

项目经理有责任对项目工作人员进行训练和培养。他们应将项目视为每个成员提升自身价值的良好机会，这样，每个成员在项目结束时就拥有了比项目开始时更丰富的知识和更强的竞争力。项目经理应创造一种学习环境，使员工能从他们所从事的工作中、从他们所经历或观察的情况中获得知识。项目经理应经常就自我发展的重要性与团队交流意见。为促进这样的活动开展，项目经理要在项目团队会议上论述自我发展的重要意义。另外，可以在分配项目任务时约见团队成员，鼓励他们在工作中拓展其知识和技能。优秀的项目经理相信所有成员对组织都是有价值的，认为他们通过不断学习，积极进取，提升自我，可以做出更大的贡献。例如，要求成员承担新的、具有挑战性的任务，或加入一个学习研讨班。成员在一个项目中，可以在许多方面，如沟通交流、解决问题、领导谈判及管理时间等，获得更多拓展知识技能、培养能力的机会。

有能力的项目经理会鼓励成员进行创新，承担风险，做出决策，这是学习和发展的良机。要承认在学习和发展过程中，犯错误是难免的，不要去制造对失败的恐惧。项目经理在给成员分配任务时，要因人而异，使他们能在充实自我的同时更好地完成任务。

另外，项目经理还要确定在什么情况下阅历不足的成员能从经验丰富的成员那里学到些东西，例如一个总是收集测试数据的员工，将他和一个数据分析员分配在一起工作，这样他就能学会怎样分析和解释数据。这时，项目经理应告诉经验丰富的员工，给阅历不足的员工当师傅是他们项目工作的一部分。

还有一种方法是让他们参加正式的培训课程。例如，某个成员没有在公众面前做正式陈述的经验或缺乏陈述技巧，项目经理就可以让他参加一个研讨班，学习怎样做精彩的陈述。然后，在团队会议上就让这个人运用他所学到的知识和技能做陈述。项目经理也可对他加以点拨，提高他的技巧。

在与每位团队成员进行讨论时，项目经理可以询问他们在从事项目工作时学到了些什么，通过每位成员的回答，项目经理就可以知道进一步的培养活动和所需提供的机会是什么。这样的问题也能使成员明白，项目经理非常期望和重视持续不断的自我完善。

（三）沟通技巧

项目经理一定要是一个良好的沟通者，他需要与项目团队及承包商、客户、公司高层管理人员定期交流沟通。频繁、有效的沟通，有利于保证项目的顺利进行，及时发现潜在问题，征求改进项目工作的建议，保证客户满意，避免发生意外。尤其是在项目工作早期，更需要进行非常完善的沟通，与项目团队建立起一种良好的工作关系，并与客户一起对项目目标形成一个清晰的预期。

优秀的项目经理会通过多种渠道进行沟通，分享信息。他们会向客户及公司高层管理人员提交书面报告，或与这些人进行非正式的谈话。这些任务都要求项目经理具备良好的口头及书面沟通能力。

有时，听比说获益更多。因此，优秀的项目经理会花更多的时间来听别人说，而不是自己说。他们不能滔滔不绝，而应注意倾听客户所表达的期望和要求，以及项目团队成员的意见和关注点所在。为了引导大家在重要问题上踊跃发言，他们首先要讨论发言；为了活跃讨论气氛，他们要提出问题，并向团队成员征求对这些问题的观点和意见。在团队会议上，项目经理提出一个议题之后，要寻求别人的反应和意见，而不是自己说完见解后就马上转入下一个议题。每位项目经理都要经常走出自己的办公室，主动与团队成员接触。对某位成员在团队会议上表达的观点和意见，如果当时没来得及追问，这时便可以进一步探讨。

项目经理要与客户保持沟通，使客户能及时了解情况，并了解客户对项目的期望是否有变化。为使客户在项目的整个进程中满意，项目经理应该定期与客户交谈。

项目经理的沟通应及时、真实和明确。有效的沟通能建立起相互间的信任，也能防止流言的产生。假如另一个项目需要用到某位成员的特长来解决关键问题而暂时把他分配过去，当团队发现他不再在本项目中工作时，流言就可能产生，比如说，他离开是因为项目超出预算或他在该项目中情绪不佳。在这种情况下，项目经理就要召开团队会议，通报情况，平息流言。

项目经理要为团队和客户提供及时的反馈。好消息和坏消息都应当及时共享。要想打造一支优秀的项目团队，就要使成员掌握最新的信息，特别是可能使项目工作范围、预算及进度计划发生变动的客户反馈信息。

项目经理应提倡及时、公开地进行沟通，使成员不必担心遭到报复。项目经理要能接纳不同的意见。例如，某位成员如果觉得完成一个项目任务有困难，他就应该大胆地使项目经理注意到这一实际问题而不用担心受到处罚。

（四）人际交往能力

人际交往能力是项目经理必备的技能，这种技能需要良好的口头和书面沟通能力。为使每位项目成员知道自己在实现项目目标中的重要作用，项目经理对他们每个人都要有明确的期望。为此，项目经理要让团队成员参与制订项目计划，使他们每个人了解自己所承担的工作任务，以及这些任务如何结合起来。

项目经理与项目团队中的每位成员都要建立一种良好的关系。这听起来似乎是在浪费时间，但实际上并非如此。项目经理既可以在工作过程中，也可以在下班以后与团队成员进行非正式的会谈。例如，一起吃午餐、一起进行商业旅行，或一起观看一场比赛等，这些活动可以为项目经理了解项目团队的各位成员提供机会，使项目经理知道什么能激励他们、他们对项目进展的想法、他们所关心的事情，以及他们对有关事情的看法。

项目经理在了解成员的个人兴趣时，要尽量避免引起反感。项目经理可以讨论自己的爱好和家庭，看团队成员能否接上话题。项目经理要发现自己与每位成员的共同兴趣所在，如烹调、体育活动、旅游等。

在随意的交谈中，项目经理要学会利用轻松的话题，并注意倾听。即便是像"事情进展如何"这样一个简单的问题，也可以从回答中得到很多信息。不论怎样，都要对每个成员的讨论表现出极大的兴趣。如果你看起来心不在焉，他就不会继续讨论。因此，重要的是，要给出像"这的确很有意义"或"请多讲些"这类的反应或鼓励性的评语。

（五）处理压力的能力

项目工作中会出现一些压力，项目经理要有能力化解这些压力。当项目工作陷入困境或因为成本超支、计划延迟，以及设备、系统的技术问题而无法实现目标时，当客户要求变更工作范围或团队内就某一问题的最佳解决方案产生争议时，压力就可能会增大。有时，项目工作会变得紧张迫切。这时，项目经理须保持冷静，不能急躁。优秀的项目经理能够应付不断变化的局面，因为即使有精心拟订的计划，项目也会遇到不可预见的情况，导致突然的震荡。项目经理要保持镇定冷静，使项目团队、客户和公司管理层不要因惊慌和挫折而陷入困境。

某些情况下，项目经理要在项目团队与客户或项目团队与公司管理层之间起缓冲作用。如果客户或公司管理层对项目进度不是十分满意，项目经理要自己承受指责，以免使项目团队受到打击。在与项目团队就不足之处进行沟通时，要用一种激励的方式，鼓励团队成员迎接挑战。同样地，项目团队有时也会抱怨客户的要求或不愿做出变更，这时项目经理同样要充当缓冲器，把这些埋怨放在心中，然后将其转化为需要团队成员努力实现的奋斗目标。

项目经理要有幽默感。如果运用合适，幽默能帮助项目经理化解压力·克服紧张。但要注意，由于项目经理要为团队树立典范，向大家展示哪些行为是允许的，因此一切幽默的话语和行为都要以健康向上为前提。

（六）解决问题的能力

一个优秀的项目经理应该同时是一个问题解决专家，但要想解决问题首先就要及早发现问题或潜在问题。及早发现问题，就会有充裕的时间来设计出成熟的解决方案。另外，如果及早发现问题，解决问题的代价就会小一些，对项目其他部分的影响也会小一些。做好发现问题这一工作，要有一个及时准确的信息传送系统，要在项目团队、承包商及客户之间进行开放而及时的沟通，并依据经验果断采取行动。

项目经理要鼓励项目团队成员及早发现问题并予以解决。解决问题时，项目团队要学会自我指导，不要等待和指望项目经理代劳。

如果一个问题似乎很严重，并可能影响到项目目标的实现，团队成员就要尽早向项目经理汇报有关情况，让他带领大家一起解决问题。一旦发现了这样的问题，项目经理可能需要更多的资料并进行询问调查，澄清问题，从而弄清问题的实质及复杂性。项目经理应向团队成员征求解决问题的建议，并与相应的成员一起，利用分析技术对有关信息进行分析，并提出最佳的解决方案。项目经理要具有洞察全局的能力，能意识到解决方案对项目其他部分的影响，包括对与客户及公司高层管理人员的人际关系的影响，这一点是很重要的。找到最佳解决方案后，项目经理可以把实施这一方案的权力交给团队内合适的人员。

（七）管理时间的能力

优秀的项目经理能充分利用好团队成员的时间。项目工作要求团队成员有充足的精力，因为他们会同时面临许多工作及无法预见的状况。为尽可能有效地利用时间，项目经理要自我约束，能够辨明先后主次，并愿意向团队成员授权。

第二节 物流项目团队

一、项目团队的发展及其有效性

项目团队的发展要经历不同的阶段。在许多项目中，从未在一起工作过的人员被分配到了一起，为成功实现项目目标，必须使这样一组人员发展成为一个有效率的团队。

塔克曼定义了团队发展的四个阶段：形成、震荡、正规和表现。

（一）形成

形成阶段是团队发展进程中的起始步骤。它促使个体成员向团队成员转变，此时，团队中的人员开始相互认识。在这个阶段，团队成员总体上有一个积极的愿望，急于开始工作。团队开始成形，试图对要完成的工作进行明确的划分并制订计划。然而，这时由于个人对工作本身和他们相互之间关系的高度焦虑，团队几乎不会进行实际工作。团队成员不了解他们自己的职责及其他团队成员的角色。在形成阶段，团队需要明确方向，要靠项目经理来指导和构建团队。

这一阶段的情绪特点包括激动、希望、怀疑、焦急和犹豫。每个人在这一阶段都有许多疑问：我们的目的是什么？其他团队成员是谁，他们怎么样？每个人都急于知道他们能否与其他成员合得来，能否被集体接受。由于无法确定其他成员的反应，他们会犹豫不决。成员会怀疑他们的付出是否会得到承认，担心他们在项目中的角色是否会与他们的个人及职业兴趣相一致。

在形成阶段，项目经理要进行团队的指导和构建工作。为使项目团队明确方向，项目经理一定要向团队说明项目目标，并勾画出项目成功的美好前景及所产生的益处，公布有关项目的工作范围、质量标准、预算及进度计划的标准和限制。项目经理要向成员说明项目团队的组成、选择团队成员的原因、他们的专门知识和互补之处，以及每个人为完成项目目标所扮演的角色。项目经理在这一阶段还要进行组织构建工作，包括确立团队工作的初始操作规程，如沟通渠道、审批及文件记录流程。这类工作规程会在未来的阶段发展中得到完善和提高。为减轻成员的焦虑，项目经理要与成员探讨他对项目团队成员工作及行为的管理方式和期望，更要使团队着手进行一些起始工作。在这一阶段，项目经理要让团队参与制订项目计划。

（二）震荡

团队发展的第二阶段是震荡阶段。这一阶段，项目目标更加明确。成员们开始运用自己的技能执行分配到的任务，开始缓慢推进工作。实际工作的开展也许会与个人当初的设想不一致。例如，任务比预计的更繁重或更困难，成本或进度计划的限制可能比预计的更紧张。成员着手项目工作后，会对项目经理的指导或命令越来越不满意。他们可能会消极对待项目经理及在形成阶段建立的一套操作规程。这时团队成员会测试项目经理和一些基本原则的限制与灵活性。在震荡阶段，冲突产生、气氛紧张，项目经理和团队成员需要为应付及解决矛盾达成一致意见。这一阶段士气较低且起伏不定，成员们可能会抵制形成团队，因为他们要表达与团队集体相对立的个性。

震荡阶段的特点是成员有挫折感、怨愤或者对立的情绪。工作过程中，成员可能会对自己的角色及职责产生更多的疑问。当开始遵循操作规程时，他们会怀疑这类规程的实用性和必要性。成员们希望知道他们的控制程度和权力大小。

在震荡阶段，项目经理仍然要进行指导，但比形成阶段的力度要小。他要对每个人的职责及团队成员相互间的关系进行明确和分类，使每个成员明白无误。有必要让团队成员一道参与解决问题，共同做出决策，以便给团队成员授权。项目经理要接受及容忍团队成员的任何不满，要允许成员表达他们所关注的问题。这是项目经理创造一个理解和支持的工作环境的好时机。项目经理要做疏导工作，致力于解决矛盾，绝不能通过压制来使其自行消失。如果不满得不到解决，它们会不断聚积，以后会导致团队功能震荡，将项目置于危险之中。

（三）正规

经受了震荡阶段的考验后，项目团队就进入了发展的正规阶段。团队成员之间、团队成员与项目经理之间的关系已确立好了，绝大部分个人矛盾都已得到解决。总的来说，这一阶段的矛盾程度要低于震荡时期。同时，随着个人期望与现实情形，即要做的工作、可用的资源、限制条件、其他参与的人员相统一，成员的不满情绪也减少了。项目团队接受了这个工作环境，项目规程得以改进和规范化。控制与决策权从项目经理转移到了项目团队，凝聚力开始形成，成员有了团队的意识，每个人都觉得自己是团队的一员，他们也接受其他成员作为团队的一部分。每个成员为项目目标所做的贡献都能得到认同和赞赏。

这一阶段，团队的信任得以发展。团队成员大量地交流信息、观点和感情，合作意识增强，互相交换看法，并感觉到他们可以自由地、建设性地表达他们的情绪及评论意见。团队经过这个社会化的过程后建立了忠诚和友谊，也有可能建立超出工作范围的友谊。

在正规阶段，项目经理应尽量减少指导性工作，更多地扮演支持者的角色。此阶段工作进展加快，效率提高，项目经理应对项目团队所取得的进步予以表扬。

（四）表现

团队发展成长的第四阶段，即最后一个阶段，是表现阶段。这一阶段，项目团队积极工作，急于实现项目目标。团队成员的工作绩效很高，团队有集体感和荣誉感，信心十足。项目团队能开放、坦诚、及时地进行沟通。在这一阶段，团队根据实际需要，以团队、个人或临时小组的方式进行工作，团队成员相互依赖度很高。他们经常合作，并在自己的工作任务外尽力相互帮助。团队成员能感觉到高度授权，如果出现问题，就由合适的团队成员组成临时小组解决问题，并决定实施方案。随着工作的开展及得到表扬，团队成员会获得满足感，他们也会意识到，他们正获得职业上的发展。

在表现阶段，项目经理完全授责授权，赋予团队权力。他的工作重点是帮助团队执行项目计划，并对团队成员的工作进度和成绩给予表扬。这一阶段，项目经理集中关注预算、进度计划、工作范围等方面的项目业绩。如果实际进度落后于计划进度，项目经理就要采取有效措施进行调整。同时，项目经理在这一阶段也要做好员工培养工作，帮助项目工作人员获得职业上的成长和发展。

二、项目团队工作障碍

尽管每个项目团队都有潜力来高效率地工作，但通常也会存在一些障碍，使得团队难以达到其力所能及的效率水平。下面是项目团队有效工作的一些障碍以及克服这些障碍的建议。

（一）目标不明确

项目经理应该详细说明项目目标及项目工作范围、质量标准、预算和进度计划。他要对项目结果及其产生的益处做出美好的勾画，并在第一次项目会议上对此与团队成员进行沟通交流。

在这次项目会议上，项目经理要知道团队成员是否真正理解了项目目标，并回答任何他们可能提出的问题，然后把项目目标和在首次项目会议上所做的解释说明一起以书面形式分发给项目团队中的每位成员。在项目进展情况总结会议上，项目经理要定期讨论项目目标。项目经理要经常了解成员对必须完成的工作任务存在哪些疑问，仅在项目开始时就项目目标向团队做一次说明是远远不够的，项目经理一定要经常地、不厌其烦地提及这一目标并加以宣传。

（二）成员角色和职责不明确

成员们可能会觉得他们的角色和职责含混不清，或与一些成员的职责重复。在项目开始时，项目经理要与项目团队的每位成员单独会谈，告诉他被选中参加项目的原因，说明对他的角色及职责期望，并解释说明他与其他成员的角色和职责的关系。项目团队成员可以自由地要求项目经理阐明模糊不清的地方，以及明显存在的职责重复。团队在制订项目计划时，可利用诸如工作分解结构、责任分配矩阵、甘特图或网络图等工具明确划分每个成员的任务，并把这类文件印发给每个成员，使他们不仅知道自己的任务，还能了解其他成员的任务及这些任务如何有机地结合在一起。

（三）项目结构不健全

在项目结构不健全的情况下，成员会觉得团队里每个人都有各自不同的工作方向，或没有建立起团队工作的规程。这也是项目经理要让团队参与制订项目计划的原因。

网络图这种工具可以说明为实现项目目标，如何把每个人的工作有机地结合起来。在项目开始时，项目经理应制定基本工作规程，规定诸如沟通渠道、审批及文件记录流程等事宜。每项规程及其制定缘由都要在项目会议上向团队做解释说明。这些规程应当能够以书面形式传达给所有团队成员。如果某些成员不能遵守规程或逃避规程，项目经理就要突出强调人人必须严格遵守规程的重要意义。当然，如果某些规程对项目工作不再有效，项目经理就要接受有关废止或理顺规程的建议。

（四）对工作不够投入

团队成员可能看起来对项目目标或项目工作不太投入。要解决这一难题，项目经理需要向每个成员说明他的角色对项目的重要意义，以及他能为项目成功做出怎样的贡献。项目经理也要知道团队成员的个人及职业兴趣，并设法使项目任务与成员的兴趣相契合。他应该懂得对每个成员的激励因素，并创造出一个充满激励的工作环境。项目经理需要对每个成员的工作成绩进行表扬、奖励，对他们的工作给予支持和鼓励。

（五）缺乏沟通

沟通不足会导致团队成员对项目工作中发生的事情知之甚少，成员之间不能有效地交流信息。项目经理的一项重要工作就是按公布的计划日程定期举行项目工作情况评审会议，要求所有项目团队成员对他们的工作情况进行简要总结，鼓励成员积极参与并提出问题。所有项目文件，如预算、进度计划及报告材料，要不断更新，并及时分发给全体团队成员。项目经理要鼓励团队成员在必要时组织起来交流信息，进行合作并解决问题，而不是等待正式项目会议。把项目团队的所有成员置于同一个办公区域内工作，也可以加强成员间的沟通。

（六）领导不力

项目经理一定要不时地向项目团队询问诸如"我做得怎样""我应该怎样改进我的领导工作"等问题，积极征求团队对他工作的反馈，从而改进自己的领导工作。要创造一个良好的项目工作环境，使成员能自由地做出反馈而不必担心遭到报复。项目经理要在早期项目会议上声明，要求团队成员经常对他的工作情况做出反馈，并欢迎大家提出建议，以提高他的领导能力。如果建议合适，项目经理一定要认真实行，比如进行额外的培训、改变他的行为举止或者是修改项目规程。

（七）项目团队成员的流动

如果团队组成经常变化，新人员不断被分配到项目中，同时原有的人员不断离去，这种过于频繁的人员流动就不利于团队凝聚起来。一个任务期长、成员人数较少的团队，比任务期短而人数较多的团队更有效率。项目经理要尽量为项目团队选择有多方面才能的人员，以便能满足项目多方面的需求，并使他们长期为项目工作。尽管项目经理应该尽量避免在项目中使用大量技能单一的人员，但在有些情况下，把一个特殊的专门人才分派到项目中从事某一项任务或短期的工作，也可能是最适宜的选择。

（八）不良行为

有时，某些成员会做出一些不利于团队有效发展的行为，例如怀有敌对情绪、素质低下或诽谤贬低别人等。项目经理要与这类人谈话，指出他们的不良行为，并向他们解释和说明这些行为对项目团队的不利影响。如果合适的话，还可对这些成员进行指导、培训或咨询工作。但无论如何，项目经理一定要使成员明白，如果不良行为继续下去，那就只好让他们离开项目团队。

三、项目团队冲突处理

（一）项目工作中的冲突

项目工作中的冲突是必然存在的。人们也许会认为冲突百害而无一益，应尽量避免。但是，有不同的意见是正常的，因此也是可以接受的。试图压制冲突是一个错误的做法，因为冲突也有其有利的一面，它能让成员有机会获得新的信息，另辟蹊径，制定更好的问题解决方案。同时，这也是加强团队建设的好机会。作为团队建设工作的一部分，项目经理和项目团队要明白在项目工作过程中冲突必然会产生，并就应对之策达成一致意见。这类讨论要在项目开始时进行，而不要到已经出现冲突或产生不满情绪之后进行。

（二）冲突来源

在项目过程中，冲突来源于各种情形，它可能涉及项目团队成员、项目经理甚至是客户。以下是项目工作中冲突的七种主要来源。

1. 工作内容

成员对于如何完成工作、要做多少工作或工作以怎样的标准完成可能会持不同的意见，从而导致冲突。

2. 资源分配

冲突可能会由于分配某个成员从事某项具体工作任务或因为某项具体任务分配的资源数量多少而产生。

3. 进度计划

冲突可能来源于对完成工作的次序及完成工作所需时间长短的不同意见。例如，在项目开始的计划阶段，一位团队成员预计完成工作任务需要 6 周时间，但项目经理可能回答："太长了，那样我们永远无法按时完成项目，你必须在 4 周内完成任务。"

4. 成本

在项目进程中，经常会由于工作所需成本的多少产生冲突。例如，一家市场调研公司为其客户进行一项全国范围的调查，并向客户提出了预计费用。但当项目进行了约 75％以后，又告诉客户这一项目的费用可能会比原先预计的多出 20％。再如，为使一项延迟的项目按计划完成，需要分配更多的人员，但这时费用已超出预算。谁来承担超支的费用？这就会导致冲突产生。

5. 先后次序

当某一成员被同时分配在几个不同项目中工作，或当不同成员需要同时使用某种有限资源时，可能会产生冲突。例如，某位成员被分配到公司的一个项目团队中兼职工作，负责理顺公司某些工作规则。但是，他的正常工作量突然增加，无法在项目任务上花费预期数量的时间，因而使这一工作进度受阻。他的项目任务和他的正常工作，哪项应优先？再如，某公司有台非常先进的电子计算机，能进行很复杂的科学数据分析，几个项目团队需要同时使用这台计算机，以保证他们各自的进度计划，不能使用这台计算机的团队将延迟进度。那么，哪个项目团队有优先使用权呢？这就会导致冲突产生。

6. 组织问题

如果存在各种不同的组织问题就容易导致冲突，特别是在团队发展的震荡阶段。成员可能在建立文件记录工作及审批的某些规程上与项目经理存在不同意见。冲突也会由于项目中缺乏沟通或意思含糊、缺少信息交流，以及没有及时做出决策等情况而产生。还有一种情况是项目工作情况评审会议召开不及时，从而导致冲突。在某个会议中透露出的信息如果早几个星期知道，会对其他成员大有帮助。否则某些团队成员也许就需要重新做这些工作。此外，项目经理的领导方式也可能会使他与团队成员之间产生冲突。

7. 个体差异

由于偏见或者个人价值观及态度上的差异，团队成员之间会产生冲突。在项目进度落后的情况下，如果某位项目成员晚上加班以使项目按计划进行，他就可能会对另一个总是按时下班回家的成员感到不满。

（三）冲突处理

冲突不能完全靠项目经理来处理解决，团队成员间的冲突应该由相关成员来处理。如果处理恰当，冲突也有其有利的一面。它能将问题暴露出来，使其及早得到重视；它能激起讨论，澄清成员们的观念；它能迫使成员寻求新的方法；它能培养成员的创造性，提高其解决问题的能力；它能促进团队建设。然而，如果处理不当，冲突就会对项目团队产生不利的影响。它能破坏沟通，使成员不再相互讨论、交流信息；它会使成员不大愿意倾听或尊重别人的观点；它可能破坏团队的团结，降低信任和开放度。下面介绍几种处理冲突的方法。

1. 回避或撤退

回避或撤退的方法就是卷入冲突的人们从这一情况中撤出来，避免发生实际或潜在的争端。例如，某个人与另一个人意见不同，那么他只需沉默就可以了。但这种方法会使得冲突积聚起来，并在以后逐步升级。

2. 竞争或逼迫

竞争或逼迫的方法是把冲突当作一种决出胜败的局势，这种观念认为，在冲突中获胜要比人们之间的关系更有价值。在这种情况下，人们会使用权力来处理冲突。例如，项目经理与某位团队成员就应用何种技术方法设计一个系统而发生冲突。这时，项目经理只需利用权力便可占得上风。但用这种方法处理冲突，会导致成员的怨恨心理，恶化工作气氛。

3. 调停或消除

调停或消除的方法就是尽力在冲突中找出意见一致的方面，最大限度地忽视差异，对可能伤害感情的话题不予讨论。这种方法认为，人们之间的相互关系要比解决问题更重要。尽管这一方法能缓和冲突形势，但它并没有将问题彻底解决。

4. 妥协

妥协的方法就是团队成员寻求一个调和折中的方案，着重于分散差异。也就是说，项目团队寻求一种方案，使每个成员都能在某种程度上感到满意。但是，这种方案并非是最好的方案。

5. 合作、正视和解决问题

这种方法是指团队成员正视问题，既正视问题的解决，也重视人们之间的关系。每个人都必须以积极的态度对待冲突，并愿意就面临的冲突广泛交换信息，把异议都暴露出来，并尽力制定出最好、最全面的解决方案。在新情况出现时，每个人都愿意放弃或重新界定他的观点、意见，以便形成一个最佳方案。要使这种方法有效，必须有一个良好的项目环境。在这种环境下，人们的关系是开放、友善的，他们以诚相待，不必担心遭到报复。

异议会导致冲动的争论。人们在解决冲突时，绝不能过于情绪化或处于激动状态。要善于处理而不是压制情绪，应该花一些时间理解别人的观点和想法。

可以避免或缩小某些不必要的冲突，主要措施有：及早让项目团队参与制订计划，说明每个成员的角色和职责；开放、坦诚和及时地沟通；制定明确的工作规程；项目经理和项目团队对团队建设付出真诚的努力。

第三节 物流项目组织类型

为了实现项目目标，必须调配一定的人员，配置一定的资源，以某种形式的组织去实施项目，因此项目组织是实施项目的主体。

物流项目组织是指为完成特定的物流项目任务而建立起来的，从事项目具体工作的组织。同一般的组织一样，物流项目组织要有相应的领导（项目经理）、组织的规章制度（项目章程）、配备的人员（项目团队）及组织文化等。

一、物流项目组织的特征

（一）生命周期性

物流项目组织最显著的特征就是生命周期性。其发展周期与项目的生命周期基本保持同步，可以分为形成阶段、磨合阶段、规范阶段、表现阶段和解散阶段。

（二）目的性

任何组织都是有目的的。目的既是组织产生的原因，又是组织形成后使命的体现。例如，为参加物流项目的投标，物流公司组建了项目小组，争取中标就是该组织的目标。

（三）专业化分工

组织是在专业化分工的基础上形成的。组织中的不同部门和人员承担不同的任务，这些任务往往是比较复杂的，对专业化能力要求较高，而人的精力和能力又是有限的，因此，专业化分工有利于工作效率的提高和经验的积累。例如，编制投标文件就涉及计划、营销、生产、财务、法律等多方面的知识；应对投标答辩则需要具备丰富的知识、快速反应能力和良好的语言表达能力。

（四）开放性

任何项目组织与外界环境之间都存在资源和信息的交流。例如，在项目准备阶段，项目小组可以聘请企业外的专业人士，指导项目建议书的编制；在准备项目投标书的过程中，项目小组经常需要与招标方进行沟通，以对招标方的招标要求有更清晰、明确的了解。

二、物流项目组织的基本类型

项目组织是按照项目的目标以一定的形式组建起来的，常见的物流项目组织结构有职能型组织结构、项目型组织结构、矩阵型组织结构和混合型组织结构。

（一）职能型组织结构

职能型组织结构是一种传统的、松散的项目组织结构。公司按照职能划分为生产、财务、营销、人事和研发等若干职能部门，通过在组织内部建立一个由各个职能部门相互协调的项目组织来实现某个项目目标。如图 6-1 所示。

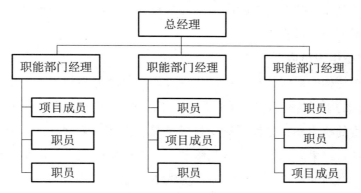

图 6-1 职能型组织结构

职能型组织结构承担的主要是内部项目，很少承担外部项目。当公司实施某个项目时，由各职能部门的职员承担相应的项目任务，通常情况下他们都是兼职的。这些职员在完成项目任务的同时，还要完成其所属职能部门的任务。项目经理可能是职能部门经理，也可能是某部门的成员，他主要起的是协调作用，对项目的进展没有足够的控制权，对项目团队成员也没有完全的支配权。

职能型组织结构的优点如下：

（1）层次清晰，结构分明。每一个团队成员都有明确的上司。

（2）资源利用灵活且成本低。可以充分利用公司内部资源，人员使用灵活，有利于减少人员和设备的浪费。

（3）有利于保持项目的持续性。当有人员离开项目组或该公司时，职能部门依旧能够保持项目的持续性。

（4）有利于提高企业技术水平。按照职能和专业进行部门划分，有利于各职能部门的专业人员钻研业务，提高专业技能。

（5）可以为本部门项目团队成员日后的职业生涯提供保障。

职能型组织结构的缺点如下：

（1）缺乏整体观念。项目团队成员仍属于原来的职能部门，他们都有自己的日常工作，项目不是其关心的重点，因此他们常常会因为追求局部利益而忽视了客户和项目的整体利益，具有一定的狭隘性。

（2）项目组成员权责不明确。由于项目团队成员通常情况下都是兼职的，因此，他们不会主动承担责任和风险。而且，项目团队成员是由职能部门经理派遣的，具有一定的流动性，导致权责难以明确，给项目的管理带来一定困难。

（3）协调难度高。由于项目团队成员来自不同的职能部门，因此横向联系往往较少，成员间缺乏合作。当不同职能部门发生利益冲突且因项目经理的权力限制难以协调时，可能会影响项目目标的实现。

（二）项目型组织结构

项目型组织结构的部门是按照项目来设置的，每个部门相当于一个微型的职能型组织，都有自己的项目经理及其下属的职能部门。如图6-2所示。项目经理全权管理项目，享有高度的权力和独立性，对项目成员具有直接的管理权力。项目成员都是专职的，当一个项目结束后，团队通常就解散了，团队中的成员可能会被分配到新的项目中去。如果没有新的项目，他们就可能被解雇。

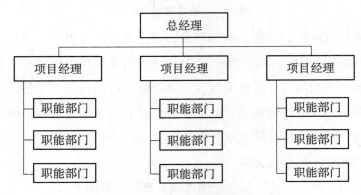

图6-2　项目型组织结构

项目型组织结构最突出的特点就是"集中决策，分散经营"。也就是说，公司总部控制着所有部门的重大决策，各部门分别独立完成其承担的项目，这也是组织领导方式由集权向分权转化的过程。项目型组织结构由于重复设置，成本较高，因此常在那些投资额很大、时间跨度长的大型项目中使用。

项目型组织结构的优点如下：

（1）责任明确、统一指挥。在项目型组织结构中，项目团队中的成员不像职能型组织结构中那样具有双重身份，通常都是专职人员，因此项目组织较为稳定，而且每个项目成员都能明确自己的责任，有利于项目组织的统一指挥和管理。

（2）有利于项目控制。每个部门都是基于项目组建的，其首要目标就是圆满地完成项目的任务，项目成员都能够明确理解并致力于实现项目目标，团队精神能够得以充分发挥。项目经理拥有最大限度的决策、管理自主权，在进度、成本和质量方面的控制较为灵活，可以统一协调整个组织的管理工作，对客户的需求和公司高层的意图可以快速做出响应，从而保证项目的成功实施。

（3）有利于综合性人才的成长。项目涉及计划、组织、领导、控制等多种职能，该组织形式提供了全面型管理人才的成长之路。

项目型组织结构的缺点如下：

（1）机构重复设置。每个独立的项目组织都设有自己的职能部门，不能进行资源共享。同时，由于项目各阶段的工作重点不同，而项目组之间的人力资源又不能相互协调，因此项目组成员的工作会出现忙闲不均的现象，影响员工的工作积极性，也造成了人力资源的浪费。

（2）不利于成员技术水平的提高。各项目团队的技术人员往往只注重自身项目中所需的技术，不同的项目团队很难共享知识。

（3）不稳定性。项目一旦结束，项目团队成员就有可能失去工作，由于他们往往会担心项目结束后的生计，因此项目的收尾工作就可能会被推迟。

（三）矩阵型组织结构

矩阵型组织结构是一个混合体，是为了最大限度地利用组织中的资源和能力而发展起来的。它在职能型组织的垂直结构中叠加了项目型组织的水平结构，兼有职能型组织结构和项目型组织结构的特征。如图6-3所示。矩阵型组织结构在一定程度上避免了这两种结构的缺陷，能够发挥它们的最大优势。

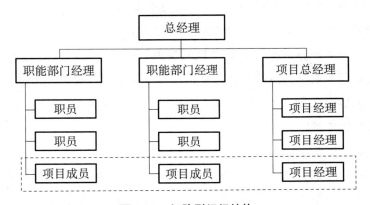

图6-3 矩阵型组织结构

当公司承接项目时，项目总经理会挑选一名合格的项目经理。项目经理会根据实际需要，同各个职能部门协商，从中挑选出项目所需的人员组成项目团队。根据职能部门和项目的需要，项目团队成员具有一定的流动性。项目结束后，项目团队成员可能会回到原来的职能部门，也可能会去其他的项目团队中工作，项目经理则回到原来的项目经理部门。

根据组织中项目经理和职能部门经理权限的大小，可以将矩阵型组织结构分为弱矩阵式、强矩阵式和平衡矩阵式三种形式。

（1）弱矩阵式组织。由一个项目经理来负责协调各项项目工作，项目成员在职能部门为项目服务。但是项目经理没有多大权力来确定资源在各个职能部门间分配的优先级，项目经理有职无权。

（2）强矩阵式组织。项目经理主要负责项目，职能部门经理辅助分派人员。在这种组织形式下，项目经理可以对项目实施更有效的控制，职能部门对项目的影响有所减小。强矩阵式组织类似于项目型组织，项目经理决定什么时候做什么，职能部门经理决定派哪些人、使用哪些技术。

（3）平衡矩阵式组织。项目经理负责监督项目的执行，职能部门经理对本部门的工作负责。项目经理负责项目的时间和成本，职能部门经理负责项目的界定和质量。一般来说，平衡矩阵式组织很难维持，这主要取决于项目经理和职能经理职权的相对力度。平衡不好，要么变成弱矩阵，要么变成强矩阵。

总体来看，在强矩阵式组织中，项目经理的权力大于职能经理的权力；在平衡矩阵式组织中，项目经理的权力约等于职能经理的权力；在弱矩阵式组织中，项目经理的权力小于职能经理的权力。

矩阵型组织结构的优点如下：

（1）灵活性强。能够对客户和公司的要求做出较快的响应。

（2）管理效率较高。项目经理负责管理整个项目，可以从职能部门抽调所需的人员，充分调动公司的资源；当有多个项目同时进行时，公司可以对各个项目所需的资源、进度和成本等方面进行总体协调和平衡，保证每个项目都能实现预定的目标。

（3）成员无后顾之忧。当项目结束后，项目团队成员会回到原来的职能部门，因而不必担心日后的生计。

矩阵型组织结构的缺点如下：

（1）对项目经理的能力要求较高。项目经理不仅要处理好资源分配、技术支持、进度安排等方面的问题，还要懂得如何与各职能部门进行协调和配合。

（2）多头领导。项目团队成员可能会接受多重领导，如项目经理和职能部门经理等，当他们的命令发生冲突时，就会使项目团队成员无所适从。

（3）缺乏公司整体观念。项目经理只关心所负责项目的成败，而不是以公司的整体目标为努力方向。

一般来说，职能型组织结构适用于不确定性程度较低、所用技术标准规范、持续时间较短的小型项目，而不适用于环境变化较大、技术创新性很强的大型项目。因为，环境的快速变化需要各职能部门的紧密配合，职能型组织结构不能满足这一要求。这时应该采用项目型组织结构，因为每个项目都下设了很多职能部门，可以进行有效的协调和配合，来适应环境的变化。同职能型和项目型组织结构相比，矩阵型组织结构融合了上述两种组织结构的优点，在充分利用公司的资源上具有更大的优越性，适用于技术复杂、风险程度较大的大型项目。

（四）混合型组织结构

混合型组织是职能型组织、项目型组织和矩阵型组织的混合。在混合型组织结构中，企业可以将刚启动且尚未成熟的项目先放在某个职能部门中，当其逐渐成熟并具有一定地位后，再将其作为一个独立的项目，最后也有可能将其发展成为一个独立的部门。

这种混合型组织结构使企业在建立项目组织时具有较强的灵活性，但也有一定的风险。同一企业的若干项目采取不同的组织形式，由于利益分配上的不一致性，容易产生矛盾。

复习思考题

1. 比较不同物流项目组织结构的优点与缺点。

2. 项目团队的发展会经历哪几个阶段？

3. 项目经理应具备哪些技能？

4. 某物流企业在全国 20 余座大城市拥有分拨基地，有 1 000 辆货运车辆和约 5 000 名员工。为在激烈的市场竞争中获胜并提升企业的信息化管理水平，该公司经可行性研究论证，决定投资 200 万元，用半年的时间开发一套物流管理信息系统。公司从内部任命了一位主管经营的副总经理担任项目经理，领导该企业的信息部进行系统的开发与建设。但是，5 个月过去了，系统的开发依旧停留在系统分析与设计阶段，购置的大量设备处于闲置状态，项目进展缓慢。根据上述背景，从项目组织管理的角度分析该项目进展缓慢可能的原因，并提出改善的措施。

第七章

物流项目风险管理

第一节 物流项目风险管理概述

一、物流项目风险

风险管理起源于第一次世界大战中战败的德国，20 世纪 30 年代在美国兴起，50 年代以来发展成为一门独立的学科。由于任何项目都存在着不能达到预期效果的风险，因此，为了使项目能够成功地、顺利地完成，对项目进行风险管理就显得十分必要。为了更好地理解项目风险管理，需要了解风险及项目风险的基本概念。

（一）风险

"风险"一词我们在日常生活中经常提及，但要从理论角度对风险下一个科学的定义并不容易。《现代汉语词典》对"风险"的解释是"可能发生的危险"。但不同的学者有不同的观点：

以研究风险问题著称的美国学者威雷特认为："风险是关于不愿发生的事件发生的不确定性之客观体现。"美国经济学家奈特认为："风险是可测定的不确定性。"还有的观点认为："风险指损失发生的确定性（或称可能性），它是不利事件发生的概率及后果的函数。""风险是人们对未来行为的决策及客观条件不确定而可能引起的后果与预定结果发生多种负偏离的综合。"

综上所述，"风险"一词包括了两方面的内涵：一是风险意味着出现了损失，或者是未实现预期的目标。二是这种损失出现与否是一种具有不确定性的随机现象。可以用概率表示它出现的可能程度，但不能对它出现与否做出确定性判断。

通过对风险含义的分析，可以总结出风险作为项目中存在的普遍现象，具有以下特征：（1）风险是一种损失或损害；（2）风险具有不确定性；（3）风险是针对未来而言的；（4）风险是客观存在的，不以人的意志为转移，风险的度量不涉及决策人的主观效用和时间偏好；（5）风险是相对的，尽管风险是客观存在的，但它依赖于决策目标，同一方案不同的决策目标会带来不同的风险；（6）风险是预期和后果之间的差异，是实际后果偏离预期结果的可能性。

（二）项目风险

项目风险就是为实现项目目标所进行的活动或事件的不确定性和可能发生的危险。为消除或有效控制项目风险，必须对项目风险进行科学的认识和剖析。项目风险是一种不确定事件或状况，一旦发生，会对至少一个项目目标，如时间、费用、范围或质量目标（如项目时间目标是按照商定的进度表交付；项目费用目标是在商定的费用范围内交付）产生积极或消极影响。例如，风险起因之一可能是项目需要申请环境许可证，或者是分配给项目的设计人员有限。而风险事件则是许可证颁发机构颁发许可证需要的时间比原计划长，或者所分配的设计人员不足，无法完成任务。这两个不确定事件无论哪一个发生，都会对项目的进度、费用或者绩效产生影响。

风险可能带来损失，也可能带来机遇及收益，我们要善于把握风险带来的机会。因此，对风险的管理，并非是要消除所有的风险（这也是不可能完成的任务），而是要控制风险所带来的危害和损失。在项目进程中，一种风险会经历由产生、成熟到最后消亡的过程，新的风险会不断出现，整个项目的管理过程可以看成是一个各种风险不断出现的过程。而风险管理的过程就可以相应地看作在项目的整个生命周期内为了控制风险而采取一系列行动的过程，风险管理贯穿于项目管理的始终。

采用不同的标准，可将项目风险划分为不同的种类。

1. 按风险的来源分类

（1）自然风险：自然力的作用带来的风险。如地震、暴雨等造成财产损失或人员伤亡的可能性。

（2）社会风险：个人的行为反常或团体的不可预见行为所导致的风险，如战争等政治因素和汇率变动、经济紧缩等经济因素等对项目造成损失的可能性。

（3）经营风险：人们在从事经济活动时经营不善、决策失误，或市场竞争、供求变化等导致项目损失的可能性。

（4）技术风险：伴随科学技术的发展而产生的风险，如酸雨、化工排放物污染等。

2. 按风险的可控性分类

（1）可控风险：往往来自项目内部，如项目开发人员的技术水平低下不能胜任工作，会造成项目延误的风险，它可以通过对项目成员的事先评估进行控制。

（2）不可控风险：往往来自项目外部，比如社会动荡、经济衰退、市场环境变化等，这些风险是项目管理者无法控制的。

3. 按风险对项目目标的作用分类

（1）工期风险：导致项目活动或整个项目工期延长的风险。

（2）费用风险：导致成本超支、收入减少，投资回收期延长、回报率降低的风险。

（3）质量风险：导致项目产出物不能通过验收或项目建成后达不到预定生产能力的风险。

（4）市场风险：导致项目建成后达不到预期的市场份额，不具备市场竞争力的风险。

（5）信誉风险：导致项目组织信誉受到损失的风险。

（三）风险的实质

风险意味着一种不确定性，意味着可能给企业或项目带来某种影响，这种影响可从以下五个方面加以分析，它们便是风险的实质。

（1）风险发生概率：风险发生的可能性。如成本超支的可能性将会高于50％吗？

（2）风险发生频率：这样的风险事件在项目中多长时间发生一次。如员工流失多久发生一次？

（3）风险发生后果：风险对项目产生的影响。如风险将会对项目实施的哪些方面产生影响？

（4）风险重要程度：并非所有的风险都会被一视同仁。如一个估计不足的项目进度计划会对项目产生致命影响吗？

（5）风险综合评价：有些风险影响比较大，但发生的概率和频率很小，而有些风险影响不大，但发生的可能性却很大。所以，我们需要对风险进行综合评价，即综合考虑风险的后果大小和发生概率。最简单的风险综合评价方式是计算风险的后果大小与风险发生概率之积。

二、物流项目风险管理的概念、作用和过程

（一）项目风险管理的概念

根据美国项目管理学会的报告，项目风险管理的概念有三种表述：

第一种表述认为，项目风险管理是系统识别和评估风险因素的形式化工程。

第二种表述认为，项目风险管理是识别和控制能够引起不希望的变化的潜在领域和事件的形式、系统的方法。

第三种表述认为，项目风险管理是在项目期间识别、分析风险因素，采取必要对策的决策科学和决策艺术的结合。

综上所述，项目风险管理是指通过风险识别、风险评估去认识项目的风险，并以此为基础合理地使用各种管理方法、技术和手段对项目风险实行有效的控制，妥善处理风险事件所造成的不利后果，以最少的成本保证项目总体目标的实现的过程。

项目风险管理并不是一个孤立的分配给风险管理部门的项目活动，而是项目管理活动的一个方面，它更侧重于方法和过程的结合。在项目风险管理过程中所采用的方法和工具都是项目风险管理的核心内容。

（二）项目风险管理的作用

随着科学技术和社会生产力的迅猛发展，项目的规模化以及技术和组织管理的复杂化使得项目管理的复杂性和艰巨性变得越来越突出。作为项目管理的重要一环，项目风险管理对保证项目实施的成功具有重要的作用和意义。

（1）项目风险管理能促进项目实施决策的科学化、合理化，降低决策的风险水平。

（2）项目风险管理能为项目组织提供安全的经营环境。

（3）项目风险管理能够保证项目组织经营目标的顺利实现。

（4）项目风险管理能促进项目组织经营效益的提高。

（5）项目风险管理有利于使资源分配达到最佳组合，有利于提高全社会的资金使用效益。

（6）项目风险管理有利于社会的稳定发展。

（三）项目风险管理的过程

一般认为，项目风险管理的过程主要由风险管理规划、项目风险识别、风险定性分析、风险定量分析、风险应对规划和风险监控六个阶段组成，如图7-1所示。这些阶段不仅相互作用，而且与项目管理的其他过程也相互影响。

（1）风险管理规划：决定如何规划和实施项目风险管理活动。

（2）项目风险识别：判断哪些风险会影响项目，并以书面形式记录其特点。

（3）风险定性分析：对风险发生的概率和影响进行评估和汇总，进而对风险进行排序，以便随后进一步分析或行动。

（4）风险定量分析：就识别的风险对项目总体目标的影响进行定量分析。

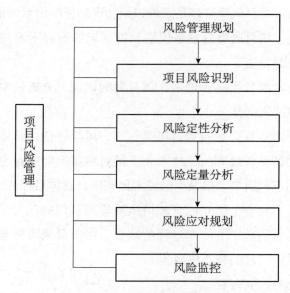

图 7-1　项目风险管理的过程

（5）风险应对规划：针对项目目标制定增加机会、降低威胁的方案和行动。

（6）风险监控：在整个项目生命周期中，跟踪已识别的风险、监测残余风险、识别新风险、实施风险应对计划并对其有效性进行评估。

第二节　物流项目风险识别

一、物流项目风险识别概述

（一）风险识别的概念

风险识别是指确定哪些风险会影响项目，并将其特性记载成文。参与风险识别的人员通常包括：项目经理、项目团队成员、风险管理团队（如有）、项目团队之外的相关领域专家、顾客、最终用户、其他项目经理、利害关系者和风险管理专家。上述人员是风险识别过程的关键参与者，同时也应鼓励所有项目人员参与风险的识别。

风险识别是一项反复的过程。随着项目生命周期的推进，新风险可能会不断出现。项目团队应参与该过程，以便针对风险提出应对措施。项目团队之外的利害关系者也可为项目风险识别提供客观的信息。风险识别过程通常会直接引入下一个过程，即风险定性分析过程。有时，如果风险识别过程是由经验丰富的风险管理团队完成的，则可直接进入定量分析过程。有些情况下，仅通过风险识别过程即可确定风险应对措施，项目团队要对这些措施进行记录，以便在风险应对规划过程中进一步分析和实施。

(二) 风险识别的依据

1. 环境因素

在风险识别过程中，一些公开发布的信息如商业数据库、学术研究、基准参照或其他行业研究可能非常有用。

2. 组织过程资产

可从先前项目的项目档案中获得相关信息，包括实际数据和经验教训。

3. 项目范围说明书

通过项目范围说明书可查到项目假设条件信息。有关项目假设条件的不确定性，应将其作为项目风险的潜在成因进行评估。

4. 风险管理计划

风险管理计划向风险识别过程提供的参考信息主要包括：角色和职责的分配，预算和进度计划中纳入的风险管理活动因素，以及风险类别。风险类别有时可用风险分解结构形式表示。

5. 项目管理计划

风险识别过程也要求对项目管理计划中的进度、费用和质量管理计划有所了解。

二、物流项目风险识别的方法与技术以及成果

(一) 风险识别的方法与技术

1. 文件审查

这是指对项目文件（包括计划、假设、先前的项目文档和其他信息）进行系统和结构性的审查。项目计划质量、所有计划之间的一致性及项目计划与项目需求和假设条件的符合程度，均可成为项目中的风险指示器。

2. 信息搜集方法与技术

风险识别中所采用的信息搜集方法与技术主要有以下几种：

（1）集思广益会。集思广益会的目的是取得一份综合的风险清单。集思广益会通常由项目团队主持，也可邀请不同学科专家来实施此项技术。在一位主持人的推动下，与会人员就项目的风险集思广益。可以以风险类别作为基础框架，然后再对风险进行

分类，并进一步对其定义加以明确。

（2）德尔菲法。德尔菲法是专家就某一专题达成一致意见的一种方法。项目风险管理专家以匿名方式参与此项活动。主持人用问卷向专家征询有关重要项目风险的见解。问卷的答案交回并汇总后，随即在专家中传阅，请他们进一步发表意见。此过程进行若干轮之后，就不难得出关于主要项目风险的一致看法。德尔菲法有助于减少数据中的偏倚，并防止任何个人对结果不适当地产生过大的影响。

（3）访谈。通过访问有经验的项目参与者、利害关系者或某项问题方面的专家，可以识别风险。访谈是收集风险识别数据的主要方法之一。

（4）根本原因识别。这是指对项目风险的根本原因进行调查，通过识别根本原因来完善风险定义并按照成因对风险进行分类。通过识别风险的根本原因，可以制定有效的风险应对措施。

（5）SWOT 分析（态势分析）。SWOT 分析包括优势、劣势、机会与威胁分析。保证从态势分析的每个角度对项目进行审议，以扩大风险考虑的范围。

3. 核对表分析

风险识别所用的核对表可根据历史资料、以往类似项目所积累的知识，以及其他信息来源着手制定。风险分解结构的最底层可用作风险核对表。使用核对表的主要优点是风险识别过程迅速简便，但它有一个缺点，就是所制定的核对表不可能将所有风险事项都包罗进去。应该注意探讨标准核对表上未列出的事项。在项目收尾过程中，应对风险核对表进行审查、改进，以供将来的项目使用。

4. 假设分析

每个项目都是根据一套假定、设想或者假设进行构思与设计的。假设分析是检验假设有效性的一种技术。它能辨认不精确、不一致、不完整的假设对项目所造成的风险。

5. 图解技术

图解技术包括以下几种：

（1）因果图。又称作石川图或鱼骨图，用于识别风险的成因。

（2）系统或过程流程图。显示系统各要素之间如何相互联系，以及各要素间的因果传导机制。

（3）影响图。显示变量与结果之间的因果关系、时间顺序关系，以及其他关系的图解表示法。

（二）风险识别的成果

风险识别过程的成果一般载入风险登记册中。

风险识别过程的主要成果形成项目管理计划中风险登记册的最初记录。最终，风险登记册也将包括其他风险管理过程的成果。风险登记册的编制始于风险识别过程，它主要依据下列信息编制而成，然后可供其他项目管理过程和风险管理过程使用：

（1）已识别风险清单。它对已识别风险进行描述，包括其根本原因、不确定的项目假设等。风险可涉及任何主题和方面。如关键路径上的几项重大活动具有很长的超前时间；港口因劳资争议将延迟交货，并将拖延施工期；项目管理计划中假设项目有10人参与，实际仅有6人，人力不足将影响完成工作所需的时间，同时相关活动将被拖延。

（2）潜在应对措施清单。在风险识别过程中，可识别出风险的潜在应对措施。如此确定的风险应对措施可作为风险应对规划过程的依据。

（3）风险根本原因。这是指可导致已识别风险的根本状态或事件。

（4）风险类别更新。在识别风险的过程中，可能识别出新的风险类别，这时需要将新风险类别纳入风险类别清单中。基于风险识别过程的成果，可对风险管理规划过程中形成的风险分解结构进行修改和完善。

第三节　物流项目风险评估

一、物流项目风险评估的概念

项目风险评估包括风险估计与风险评价。对已识别的风险进行估计和评价，包括风险定性分析与风险定量分析两方面内容。风险定性分析的主要任务是确定风险发生的可能性及后果的严重性；风险定量分析的主要任务则是量化风险的出现概率及影响，确定该风险的社会、经济意义并进行处理风险的费用/效益分析。

二、物流项目风险估计

（一）项目风险估计的含义

项目风险估计就是估计项目风险的性质，估算风险事件发生的概率及后果的大小，以采取适当措施降低项目的不确定性。

风险估计有客观和主观两种。客观的风险估计以历史数据和资料为依据；主观的风险估计无历史数据和资料可参照，靠的是人的经验和判断。一般情况下这两种估计都要做。因为实际项目活动的情况并不总是泾渭分明，一目了然。特别是对于新技术项目来说，由于新技术发展飞快，以前的项目数据和资料往往已经过时，对新项目失去了参考价值。例如软件开发项目，因为很少有人发表软件开发项目的最新资料，所以主观的风险估计尤其重要。使用概率分析方法衡量风险大小，需要知道风险事件的发生概率和后果严重性。例如，修建核电站和火电站，哪一种环境风险大呢？核电站事故的后果虽然严重，但发生严重事故的概率很小；火电站排放烟尘和污水，虽然短时间内不会成灾，但是每天都排放，污染环境的概率却极高。因此，衡量风险的大小，必须综合考虑风险事件发生的概率和后果的严重性。风险发生概率和后果严重性的乘积叫作风险事件状态。风险的大小可由风险事件状态来计量。风险事件状态大致有图7－2所示的四种情况。

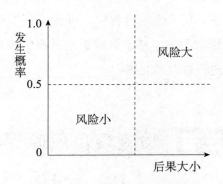

图7－2 风险事件状态的四种情况

风险事件发生的概率和概率分布是风险估计的基础。因此，风险估计的首要工作是确定风险事件的概率分布。

（二）物流项目风险估计的方法和工具

1. 统计法

同一类型的项目具有相似性，也就具有相似的风险。所以，根据同一类项目的历史资料，可以推断出被研究项目的一些风险，这里要用到大数法则和类推原理。

大数法则是概率论中用来阐述大量随机现象平均结果稳定性的一系列定理的统称。一般来说，项目是否会发生风险事故、事故带来多大损失都是偶然的，无规律可循。然而，通过观察大量同类项目的风险，可以发现其规律性。经验证明，被观察的同类项目数量越多，这种规律性越明显。

类推原理是指利用事件之间的相似关系，从某一事件的存在和发展来推断另一事件的存在与发展，或者由部分去推断总体。例如，建筑项目随着规模的扩大、参与人员的增多，发生人员伤亡、财产损失的概率会比同样环境下规模较小的项目要大。类推原理的运用能弥补资料不全的缺陷，所以实际工作中常常把大数法则和类推原理结合起来使用。

在统计中，分布频率、平均数、中位数、众数、平均方差、正态分布和概率等几个概念经常用到。

（1）分布频率。

收集到大量相关数据后，对数据进行整理，制成分布频率表格或图形，便于判断。直方图最常用，它的绘制方法是用纵轴表示损失特性值（如发生频数、损失幅度），横轴表示影响该特性值变化的因素（如时间、规模等）。有时用纵轴表示频数，横轴表示风险单位数，如图 7-3 所示。描绘分布频率还可使用圆形图、频率折线排列图，而且可以很方便地通过软件来绘制。

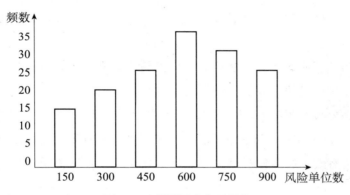

图 7-3 项目风险分布频率

（2）平均数、中位数、众数。

平均数是各数之和除以个数。例如，1，3，5，7，9 的平均数为（1＋3＋5＋7＋9）/5＝5。

当使用权重因素"加权平均数"时，假如 1，3，5，7，9 的权数分别为 2，3，4，5，6，那么加权平均数为（1×2＋3×3＋5×4＋7×5＋9×6）/（2＋3＋4＋5＋6）＝6。其中 1×2＋3×3＋5×4＋7×5＋9×6 是各数乘以相应的权数相加，2＋3＋4＋5＋6 是权数之和。

中位数是指按大小排列的数的中间数。例如，2，4，7，9，10 的中位数是 7；而 4，5，7，9，11，12 的中位数为（7＋9）/2＝8，即处于中间两个数的平均值。

众数是一组数中出现次数最多的数。例如，3，3，3，4，6，7，7，8，这里 3 出现的次数最多，所以众数是 3。众数也可能有 2 个及以上。

（3）平均方差。

方差是一种衡量平均数离散趋势的方法。其公式（没有权数时的公式）为：

$$s = \sqrt{\sum (X_i - \bar{x})^2 / N}$$

（4）正态分布。

正态分布是一种传统的分布函数，其平均数为 0，平均方差为 1。事实证明，风险事件所造成的损失金额较好地服从于正态分布。随机变量 x 的概率密度函数为：

$$f(x) = \frac{1}{\sqrt{2\pi}\sigma} e^{-\frac{1}{2\sigma^2}(x-\mu)^2} \quad (-\infty < x < +\infty, \sigma > 0)$$

（5）概率。

这里讨论一下损失概率，设有 N 个独立的相似风险单位，一定时期（如 1 年）内，有 n 个单位遭到损失，则损失概率为 $p = n/N$。当观察的风险单位数足够大时，损失频率稳定在 $[0，1]$ 区间的某一数值 P 附近，当 N 趋于无穷大时，损失频率等于损失概率。

利用概率结合其他数学工具能帮助我们更科学地做出决策。例如，某巴士公司负责线路的营销经理经过数据分析得知他的顾客平均年龄为 35.5 岁，标准差为 3.5 岁。在年龄服从正态分布的假定下，这位经理运用概率论计算出每 100 位顾客中平均有 95 位年龄在 28.6~42.4 岁，如果他正在制定新的市场营销规划，就可以利用这些信息使营销费用花得更有效。通过分析过去的统计序列模式，管理者能够改进当前和未来的决策。

2. 决策树法

一般使用决策树来描述上述过程并计算出现的概率。决策树法的优点是：对每一种不同的结果都预计出可能性，适合分阶段的多级决策，把分析的结果画成树枝状（所以叫决策树），而最终决策以前面的决策为依据。决策树法的缺点在于：在分析的过程中有些参数没有包括在树中，显得不全面；但如果分级太多或出现的分枝太多，画起来就不方便。

绘制决策树的程序如下：

首先，画树形图。如图 7-4 所示，从左到右，□表示决策点，箭头①表示决策枝，○表示方案节点，箭头②表示概率枝。其次，在□、○中填入内容和数字。再次，从左到右进行计算并求出期望值。最后，选择决策枝，做出决策。

例如，现有某一项目面临某一风险损失情况，具体情况如表 7-1 所示。

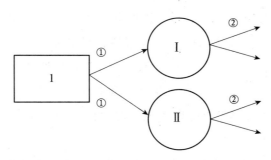

图 7-4 决策树

表 7-1 某项目风险损失情况表   单位：万元

	不出现的概率为 0.96	出现的概率为 0.04	期望值
实施方案 A	5 000	−9 000	5 000×0.96−9 000×0.04＝4 440
不实施方案 A	4 000	−5 000	4 000×0.96−5 000×0.04＝3 640

风险出现的概率为 0.04，不出现的概率则为 0.96，若实施 A 方案，风险不出现时可获利 5 000 万元，出现时损失 9 000 万元；若不实施 A 方案，风险不出现时获利 4 000 万元，出现时损失 5 000 万元。其决策树如图 7-5 所示。

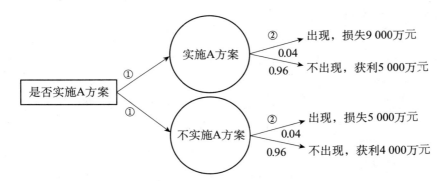

图 7-5 某项目风险情况决策树

根据期望值计算的结果，可以得出结论，即应该选择实施 A 方案。

3. 事故树分析法

（1）事故树符号。

事故树分析法不仅能来识别导致某一事故发生的风险因素，而且能计算出事故发生的概率。事故树是由一些节点和连接这些节点的线段组成的，其中节点表示具体事件；连线表示事件之间的某种特定关系，它遵循由结果分析原因的逻辑原则。

事故树中各种符号的意义如下：

1）矩形符号（▭）：表示顶上事件或中间事件。

2）圆形符号（○）：表示基本事件，是具体事件。

3）与门：表示事件 A 出现的条件是事件 B_1 和事件 B_2 同时出现。可用 $A= B_1 \cap B_2$ 或 $A= B_1 \cdot B_2$ 表示，事件 B_1 和事件 B_2 都是事件 A 的必要非充分条件。

4）或门：表示事件 B_1 和事件 B_2 只要有一个发生，事件 A 就可以发生，可用 $A= B_1 \cup B_2$ 或 $A= B_1 + B_2$ 表示，事件 B_1 和事件 B_2 都是事件 A 的充分非必要条件。

5）屋形符号：表示正常事件，即系统正常状态下的正常功能。在事件分析中，正常状态的条件使逻辑变得严密。

6）菱形符号：表示两种事件。其一，表示省略事件，即不必详细分析或原因不明确的事件；其二，表示不是本系统的事故原因事件，而是来自系统外的原因事件。

7）条件与门：表示要使 A 发生，需要 B_1、B_2 同时出现，而且必须满足条件 a，逻辑关系是 $A= B_1 \cap B_2 \cap a$ 或 $A= B_1 \cdot B_2 \cdot a$。其中 a 表示一种条件，而不是事件。

8）条件或门：表示在事件 B_1、事件 B_2 至少有一个满足条件 a 的情况下，事件 A 才能发生，其逻辑关系是 $A = (B_1 \cup B_2) \cap a$ 或 $A= (B_1 + B_2) \cdot a$。例如，氧气瓶超压爆炸的直接原因事件是：暴晒、接触火源和靠近热源。三个原因中只要有一个存在，都会使氧气瓶超压，但超压不一定会爆炸，只有在瓶内压力超过钢铁瓶的强度这一条件得到满足时，才会发生爆炸。如图 7-6 所示。

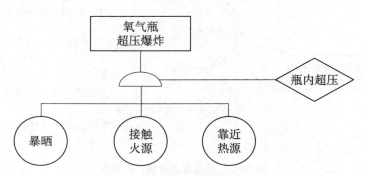

图 7-6　氧气瓶超压爆炸事故树

（2）绘制事故树。

事故树分析的关键是正确绘制事故树。从顶上事件出发，向下一层一层推进，直到基本事件为止，这是一个严密的逻辑思维过程。

（3）计算事故树顶上事件发生的概率。

最小割集是指导致顶上事件发生的最起码的基本事件的集合。它表示顶上事件发生的充分必要条件。每一个最小割集包含一个以上的风险因素。当任意一个最小割集所包含的风险因素同时存在时，顶上事件就会发生。每一个最小割集都是顶上事件发生的一种可能原因。所以，最小割集数目越多，顶上事件发生的可能情况就越多，系统的风险就越大。因此，计算出最小割集可以为控制风险提供依据。运用布尔代数运算规律，能简化复杂的事故树结构，从而求出最小割集。

4. 外推法

外推法分为前推、后推和旁推三种，从预测理论来分析，后推和旁推的应用效果一般较差，故较少用。实际工作中大量运用的是前推法。前推法即趋势外推法，是一种时间序列法。其基本原理是利用取得的按时间顺序排列的历史信息数据推断出未来事件发生的概率和后果，是一种定量预测方法。外推法简单易行，前提是有足够的历史资料。但是这种方法也有缺陷：首先，历史记录很可能不完整或者有错误；其次，历史事件的前提和环境已发生了变化，不一定适用于今天或未来的情况；再次，外推法没有考虑事件的因果关系。由于这些缺陷的存在，外推结果可能会出现较大偏差。正是由于这些偏差，有时必须在历史数据的处理中加入专家或集体的经验修正。

外推法有时必须与理论概率分布配合使用。例如，当历史数据不全或序列显示趋势不明显时，就应从理论上分析它服从哪一种概率分布，然后进行外推。

外推的具体方法有：简单平均法、移动平均法、加权移动平均法、指数平滑法、季节变动分析法和线性趋势法等。

5. 专家评定法（德尔菲法）

专家评定法是一种广泛使用的方法，用来进行项目风险分析时，具体步骤如下：

(1) 由 4～8 位有实践经验又有代表性的专家组成专家小组。

(2) 举行专家会议，对风险进行鉴定和量化。召集人应该让专家尽可能多地了解项目目标、结构、环境和进行状况，详细地调查并提供信息，必要时还要带领专家进行实地考察，并对项目实施措施的构想做出说明，使大家对项目达成一个共识，否则容易提高评价的离散程度。

(3) 召集人有目的地与专家合作，一起定义风险因素和结构，以及可能的成本范围，作为风险评估的基础和引导。各个专家对风险进行分析，按以下次序逐步深入：列出各个风险的原因；风险对整个项目的进度、技术、费用及质量等的影响；将风险的各种影响统一到对成本的影响上，并估计出影响的程度。

(4) 将每个专家的意见收集起来，进行总结比较，编制成文件。

(5) 给每个专家一份文件，让他们再次做出分析，再收集每个专家的意见，进行比较。

(6) 反复分析比较，直到各专家的意见趋于一致。

三、物流项目风险评价

风险评价就是对各风险事件的后果进行评价，并确定其严重程度顺序。

（一）项目风险评价的目的

（1）对项目风险进行比较和评价，确定它们的严重程度顺序。图7-7所示是两种风险的损失概率和损失大小的比较。在风险管理阶段需要知道各种风险的严重程度顺序。

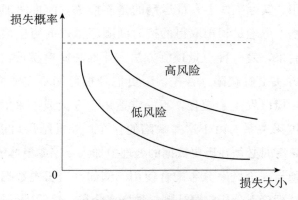

图7-7　两种风险的损失概率和损失大小的比较

（2）从项目整体出发，弄清各风险事件之间确切的因果关系。只有这样，才能制订出系统的风险管理计划。表面上看，不相干的多个风险事件常常是由一个共同的风险源造成的。例如，若遇上未曾预料到的技术难题，则会造成费用超支、进度拖延或产品质量不合要求等多种后果。

（3）考虑各种不同风险之间相互转化的条件，研究如何才能化威胁为机会。要注意，原以为是机会的，有可能在某一条件下转化为威胁。

（4）进一步量化已识别风险的发生概率和后果，降低风险发生概率和后果估计中的不确定性。必要时根据项目形势的变化重新分析风险发生的概率和可能的后果。

（二）项目风险评价的步骤

（1）确定风险评价基准。风险评价基准就是项目主体对每一种风险后果确定的可接受水平。单个风险和整体风险都要确定评价基准，可分别称为单个评价基准和整体评价基准。风险的可接受水平可以是绝对的，也可以是相对的。

（2）确定项目整体风险水平。项目整体风险水平是综合了所有的个别风险之后确定的。

（3）将单个风险与单个评价基准、项目整体风险与整体评价基准分别进行对比，看一看项目风险是否在可接受的范围之内，进而确定该项目应该就此止步还是继续进行。

（三）项目风险评价基准

在大多数情况下，项目达到了事先设定的目标，就可以认为项目取得了成功。项目目标多种多样，例如，工期最短、利润最大、成本最小、风险损失最少、销售量最大、周期波动最小、树立最好的形象、使服务质量达到最好、使公司的威信达到最高、使雇员达到最大限度的满意、生命和财产损失最低等。以上各目标多数可以计量，可以选作评价基准。以"销售量最大"目标为例，可以把某个销售收入金额或产品销量的某个最小数目定作评价基准。"使公司的威信达到最高"也能想出办法量化。例如，可以把本公司在报纸杂志上被提到的具体次数定作评价基准。

风险评价时还要确定对风险应该采取什么样的应对措施。在风险评价过程中，管理人员要详细研究决策者决策的各种可能后果，并将决策者做出的决策同自己单独预测的后果相比较，判断这些预测能否被决策者接受。各种风险的可接受度或危害程度不同，因此就产生了哪些风险应该首先或者是否需要采取措施的问题。风险评价方法有定量和定性两种。进行风险评价时，还要提出防止、减少、转移或消除风险损失的初步办法，并将其列入风险应对规划阶段要进一步考虑的各种方法之中。

风险评价的最后一步是排序工作。可采用顺序度量法或系数度量法来表示风险后果。顺序度量法是将风险按简单的顺序排列；系数度量法是给不同的风险赋予不同的数值，这些数值可以是线性的（如 0.1，0.3，0.5，0.7，0.9…），也可以是非线性的（0.05，0.11，0.2，0.63，0.97…），两种方法的意图都是在假设某一风险发生的情况下，给该风险对项目目标产生的后果赋予一个相对值。表 7-2 所示就是一个参照项目目标来进行风险影响等级评估的例子。

表 7-2　风险影响等级评估

项目目标	成本	进度	范围	质量
极低（0.05*）	增加不明显	拖延不明显	范围减小几乎察觉不到	几乎不降低
低（0.1）	增加幅度<5%	拖延程度<5%	范围的次要部分受影响	只有某些示准非常严格的工作受影响
中（0.2）	增加 5%～10%	总体项目拖延 4%～10%	范围的主要部分受影响	质量的降低需得到业主的批准
高（0.6）	增加 10%～20%	总体项目拖延 10%～20%	范围的减小不被业主发现	质量降低不被业主接受
极高（0.9）	增加>20%	总体项目拖延>20%	项目最终产品没有实际用途	项目最终产品实际不能使用

注：*括号中数字表示概率。

四、物流项目风险处理

风险处理可以从改变风险后果的性质、风险发生的概率和风险后果的严重程度三方面提出多种策略。对不同的风险可采用不同的处置方法和策略，对同一个项目所面临的各种风险，可综合运用各种策略进行处理。

（一）回避风险

回避风险是指当项目风险发生可能性太大，不利后果太严重，又无其他策略可用时，主动放弃项目或改变项目目标与行动方案，从而规避风险的一种策略。如果通过风险评价发现项目的实施将面临巨大的威胁，项目管理团队又没有别的办法控制风险，甚至保险公司也认为风险太大而拒绝承保，就应当考虑放弃项目的实施，以避免巨大的人员伤亡和财产损失。在以下情况下，需要考虑采用回避风险的策略：

（1）客观上不需要的项目，没有必要冒险。

（2）一旦造成损失，项目执行组织无力承担后果的项目。

消除风险因素是回避风险的常规做法，也是一般意义上的回避。彻底放弃项目则是为回避风险所采取的极端措施，尽管这样做干净利落，不拖泥带水，但又不可避免地会带来其他一些问题，比如：

（1）为避免损失而放弃项目就丢掉了发展机会。因为有时候风险也意味着更多的机会与收益。

（2）降低了项目有关各方的创造力。项目管理团队可以通过发挥主观能动性，调动各方面积极性，消除一部分风险因素，降低项目的风险。更何况有些风险在一定条件下可以转化为机会。如果不努力消除风险因素，不创造条件促进风险因素的转化，简单地放弃项目，就会挫伤人们的积极性，对于以后的发展会产生不利影响。

采取回避策略尤其是放弃项目的做法时一定要慎之又慎，因为无论是放弃还是改变一个正在进行的项目都必须付出高昂的代价。

（二）预防风险

预防策略通常可分为有形和无形两种方法。有形的方法之中，工程法是常用的一种。此法以工程技术为手段，能够消除物质性风险威胁。

1. 工程法

工程法预防风险有多种措施，包括：

（1）防止风险因素出现。在项目活动开始之前，采取一定措施防止风险因素出现。

（2）减少已存在的风险因素。在项目进行中发现的各种风险因素都应尽早消除。

（3）将风险因素如人、财、物在时间和空间上隔离。风险事件发生时，造成财产损失和人员伤亡是因为人、财、物在同一时间都处于破坏力作用范围之内。因此，可以把人、财、物与风险在空间上隔离，在时间上错开，以达到减少损失和伤亡的目的。

工程法的优势在于每种措施都与具体的工程技术设施相联系，因此严谨而可靠，但采取工程措施往往需要大量的人力、物力投入，成本极高。

2. 无形法

无形的风险预防手段有教育法和程序法。

（1）教育法。

项目人员的不当行为很多时候也会构成项目的风险因素。为预防此类风险，有必要对相关人员进行风险和风险管理教育。教育内容应该包含有关安全、投资、城市规划、土地管理与其他方面的法规、规章、规范、标准和操作规程以及风险知识、安全技能和安全态度等。风险管理教育的目的是要让有关人员充分了解项目所面临的种种风险以及个人的疏忽或错误行为可能给项目造成的巨大损失，了解和掌握控制这些风险的方法。

（2）程序法。

程序法是指以制度化的方式从事项目活动，以减少不必要的损失。项目管理团队制订的各种管理计划、方针和监督检查制度一般都能反映项目活动的客观规律性。因此，项目管理人员一定要认真执行。实践表明，不按程序办事，就会犯错误，就会造成浪费和损失。所以，要从战略上减少项目风险，就必须遵循基本建设程序。那种图省事、走捷径、抱侥幸心理甚至弄虚作假的想法和做法都是项目风险的根源。

除以上方法外，预防策略还应在项目的组成结构上下功夫，增加可供选用的行动方案数目，增强项目各组成部分的可靠性，从而降低风险发生的可能性。为了最大限度地提高项目的风险预防能力，应该在项目结构的最底层为各组成部分设置后备方案。

合理地设计项目组织形式也能有效地预防风险。项目发起单位如果在财力、经验、技术管理、人力或其他资源方面无力完成项目，可以同其他单位组成合营体，预防自身不能解决的风险。

运用预防策略时需要注意的是，在项目的组成结构或组织中加入多余的部分会增加项目或项目组织的复杂性，提高项目的成本，进而增加风险。

（三）降低风险

此策略的目标是降低风险发生的可能性或减轻后果的不利影响。降低风险的具体目标是什么，在很大程度上要看风险是已知风险、可预测风险还是不可预测风险。

对于已知风险，项目团队可以在很大程度上加以控制，可以动用项目现有资源减轻风险。例如，可以通过压缩关键工序的时间、加班或采用"快速跟进"的方法来减轻项目进度风险。

可预测风险或不可预测风险是项目团队很少或根本不能够控制的风险。对于这些风险，有必要采取迂回策略。例如，政府投资的公共工程，其预算不在项目管理团队直接控制的范围之内，存在政府在项目进行过程中削减项目预算的风险。为了减轻这类风险，直接动用项目资源一般无济于事，必须进行深入细致的调查研究，减小其不确定性。例如，在决定是否实施一个项目之前，先进行市场调查，了解顾客对项目产品是否需要、需要多少和愿意以什么样的价格购买。在此基础上项目才有较大的成功机会。

在实施降低风险的策略时，最好将项目每一个具体风险都降低到可接受的水平。具体的风险降低了，项目整体失败的概率就会减小，成功的概率就会增加。实施降低风险策略时，应设法将已识别的可预测或不可预测的风险变成已知风险。这样，项目管理团队就可以对其进行控制，动用项目资源来降低风险。项目管理团队可动用的资源可以是有形的，如把项目组成员从一项任务中调出去支援别的任务；也可以是无形的，如鼓舞士气、激发干劲。

另外，时间也是一个重要因素。可预测和不可预测风险的不确定性只有经过一段时间之后才能减小。为了能够对其进行直接控制，可以把这些风险从将来"移"到现在。例如，减轻项目使用阶段维护方面的风险，可以通过精心设计、精心施工，降低项目设计阶段及实施阶段中质量保证体系的不确定性来实现。

把可预测和不可预测风险变成已知风险的例子还有许多。出现概率虽小，但是后果严重的风险一般列为不可预测风险，是最难降低的一种。对于此类风险，可以设法提高其发生的频率，使严重的后果尽早暴露出来。此类风险只要发生，就变成了已知风险，也就能找出相应的降低办法。

（四）转移风险

转移风险又叫合伙分担风险，是指借用合同或协议，在风险发生时，将损失的一部分转移到项目以外的第三方身上。实行这种策略要遵循两个原则：首先，谁承担风险谁受益；其次，能者担之，即由最有能力者分担各项具体的风险。

采用这种策略所付出的代价大小取决于风险的大小。当项目的资源有限，不能实行降低和预防策略，或风险发生频率不高，但潜在的损失或损害很大时可采用此策略。

转移风险主要有四种方式：出售、发包、开脱责任合同及保险与担保。

1. 出售

出售是指以买卖契约的方式转移风险。也就是说，项目所有权转移的同时，风险也随之转移给了其他单位。

2. 发包

发包是指通过从项目执行组织外部获取货物、工程或服务而把风险转移出去。发包有多种合同形式可供选择，例如总价合同、单价合同和成本加酬金合同。总价合同适用于设计文件详细完备、工程量不大又易于计算或简单的项目。成本加酬金合同适用于一些设计文件不完备但又急于发包、施工条件不好或由于技术复杂需要边设计边施工的项目。一般的建设项目采用单价合同。采用单价合同时，承包商和业主承担的风险差不多，因而承包商乐意接受。

3. 开脱责任合同

在合同中列入开脱责任条款，约定在风险事故发生时，项目团队本身不承担责任。

4. 保险与担保

保险是指由项目团队向保险公司交纳一定数额的保险费，一旦发生自然灾害或意外事故，造成参加保险者的财产损失或人身伤亡时，即由保险公司给予补偿的一种制度。它的好处是，参加者支付一定的小量保险费，换得遭受大量损失时得到补偿的保障，从而增强抵御风险的能力。项目应投保哪几种保险，要按标书中合同条件的规定以及该项目的外部条件、性质和业主与承包商对风险的评价和分析来决定。其中，合同条件的规定是主要的决定因素。凡是合同条件要求保险的项目一般都是强制性的。

除了保险，还可以用担保的形式转移风险。所谓担保，是指为他人的债务、违约或失误负间接责任的一种承诺，在项目管理上是指银行、保险公司或其他非银行金融机构为项目风险负间接责任的一种承诺。当然，为了取得这种承诺，承包商要付出一定代价，但是这种代价最终要由项目业主承担。在得到这种承诺之后，项目业主就把承包商行为方面的不确定性带来的风险转移到了出具保证书或保函的机构，即银行、保险公司或其他非银行金融机构身上。

（五）风险自留

风险自留是一种风险的财务对策，即由企业或工程项目自身承担风险，因这种承担方式是以自身的风险自留基金为保障，所以把它归结为财务对策。自留风险是与保险或有偿转移风险相对立的一种方式。

风险自留主要分为两种：主动自留和被动自留。主动自留是企业识别了风险，经评价后决定予以自留；被动自留则是企业根本没有识别出该风险而自留的情况。因此，主动自留是有意识的、有计划的自留；而被动自留是无意识的、无计划的自留。项目风险是否自留的判断准则如下：

（1）风险自留对策在以下情况下有利：1）自留费用低于保险人的附加保费。2）项目的期望损失低于保险公司的估计。3）项目有许多风险单位（意味着风险较小，而企业有较强的抵御风险的能力）。4）项目的最大潜在损失与最大预期损失较小。5）短期内项目有承受最大预期损失的能力。6）费用和损失支付在很长的时间里都会发生，因而导致很大的机会成本。

（2）风险自留对策在以下情况下不利：1）自留费用大于保险人的附加费用。2）项目的期望损失高于保险公司的估计。3）项目的风险单位较少。4）项目的最大潜在损失与最大预期损失较大。5）在短期内没有承受最大预期损失的能力。6）机会有限且收益低。

第四节　物流项目风险控制

一、物流项目风险控制概述

风险控制是指跟踪已识别的风险，监测剩余风险，同时不断识别新的风险，修订风险管理计划，保证其切实执行，并评估这些计划对降低风险的效果。风险控制是项目整个生命周期中一个持续进行的过程。随着项目的进行，风险会不断变化，可能会有新的风险出现，而预期中的风险也可能会自行消失。良好的风险控制能为我们提供信息，防患于未然。

（一）项目风险控制的目标

1. 及早识别项目风险

项目风险控制的首要目标是通过开展持续的项目风险识别和度量工作，及早发现项目中所存在的各种风险，以及项目风险各方面的特性，因为这是开展项目风险控制的前提。

2. 努力避免项目风险事件的发生

项目风险控制的第二个目标是在识别出项目风险以后，采取各种风险应对措施，积极避免项目风险的实际发生，从而确保不给项目造成不必要的损失。

3. 积极消除项目风险事件的消极后果

并不是所有的项目风险都可以避免。有许多项目风险由于各种原因最终还是会发生。对于这种情况，项目风险控制的目标是积极采取行动，努力消减这些风险事件的消极后果。

（二）项目风险控制的依据

1. 项目风险管理计划

这是项目风险控制最根本的依据。项目风险控制活动都是依据这一计划开展的，只有新发现或识别的项目风险控制例外。但是，在识别出新的项目风险以后，需要立即更新项目风险管理计划，所以可以说所有的项目风险控制工作都是依据项目风险管理计划开展的。

2. 实际项目风险发展变化情况

有些项目风险事件是要发生的（风险概率达到1），而有些则不会发生（风险概率变成0）。这些发生的项目风险的发展变化情况也是项目风险控制工作的依据之一。

3. 潜在风险识别和分析

随着项目的进行，在对项目风险进行评估时，可能会发现以前未曾识别的潜在风险事件。对这些风险应继续进行风险识别、估计和量化，制订应对计划。

（三）项目风险控制的步骤与内容

1. 建立项目风险控制体系

建立项目风险控制体系就是要根据项目风险识别和度量报告所给出的项目风险的信息，制定整个项目风险控制的方针、程序以及管理体制。它包括项目风险责任制度、项目风险信息报告制度、项目风险控制决策制度、项目风险控制沟通程序等。

2. 确定要控制的具体项目风险

这一步是根据项目风险识别与度量报告所列出的各种具体项目风险，确定要对哪些项目风险进行控制，而对哪些风险可以容忍并放弃对它们的控制。通常这要按照项目具体风险后果严重性的大小和风险的发生概率，以及项目组织的风险控制资源情况来确定。

3. 确定项目风险控制的责任

这是分配和落实项目具体风险控制责任的工作。所有需要控制的项目风险都必须落实负责控制的具体人员，同时要规定他们所负的具体责任。

4. 确定项目风险控制的行动时间

这是指对项目风险的控制制订相应的时间计划和安排，计划和制定出解决项目风险问题的时间表与时间限制。如果没有时间安排与限制，多数项目风险问题是不能有效地加以控制的。许多项目风险失控对项目造成损失都是因为错过了风险控制的时机。所以，必须制订严格的项目风险控制时间计划。

5. 制定各具体项目风险的控制方案

这一步由负责具体项目风险控制的人员，根据风险的特性和时间计划，制定各具体项目风险的控制方案。在这一步要找出能够控制项目风险的各种备选方案，然后要对这些方案做必要的可行性分析，以验证各个风险控制备选方案的效果，最终选定要采用的风险控制方案。这一步还要针对风险事件所处的阶段，制定在不同阶段使用的风险事件控制方案。

6. 实施具体项目风险控制方案

这一步要按照确定的具体项目风险控制方案，开展项目风险控制活动。在具体实施时，必须根据项目风险的发展与变化，不断地修订项目风险控制方案与办法。

7. 跟踪具体项目风险的控制结果

这一步的目的是要收集风险事件控制工作的信息并给出反馈，即跟踪确认所采取的项目风险控制活动是否有效、项目风险的发展是否有新的变化等。这样就可以不断地提供反馈信息，从而指导项目风险控制方案的具体实施。这一步是与实施具体项目风险控制方案同步进行的。通过跟踪给出项目风险控制工作信息，根据这些信息去改进具体项目风险控制方案的实施，直到对风险事件的控制完结为止。

二、物流项目风险应对计划

（一）风险应对计划的制订过程

制订风险应对计划是针对风险评价结果，为降低项目风险的负面效应制定风险应对策略和技术手段的过程。通过对项目风险进行识别、估计和分析，把项目风险发生的概率、损失严重程度及其他因素综合起来考虑，就可得出项目发生各种风险的可能性及危害程度，再与公认的安全指标相比较，就可确定项目的危险等级，从而决定应采取什么样的控制措施以及控制措施应采取到什么程度。风险应对计划的制订过程如图 7-8 所示。

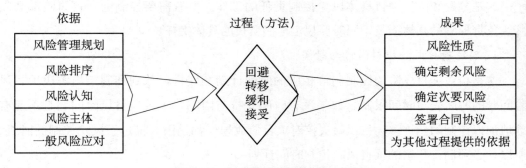

图 7-8　风险应对计划的制订过程

（二）制订风险应对计划的依据

制订风险应对计划的依据包括以下几点：

（1）风险排序，是指将风险按其发生的可能性、对项目目标的影响程度、缓急程度分级排序，说明要抓住的机会和要应对的威胁。

风险识别中所识别出的风险，应按以下顺序解决：1）影响程度高、发生概率大的风险；2）影响程度高、发生概率小的风险；3）影响程度低、发生概率小的风险。

（2）风险认知，是指对可放弃的机会和可接受的风险的认知。组织的认知度会影响风险应对计划的制订。

（3）风险主体，是指项目利益相关者当中可以作为风险应对者的那一部分。风险主体应参与到风险应对计划的制订中。

（4）一般风险应对，是指在一个共同原因造成许多风险的情况下，利用一种应对方案处理两个或更多风险。

（三）风险应对计划的内容

（1）风险识别、风险特征描述、风险来源及对项目目标的影响；

（2）风险主体和责任分配；

（3）风险评估及风险量化结果；

（4）单一风险的应对措施，包括回避、转移、缓和或接受；

（5）战略实施后，预期的风险自留（根据风险发生概率和风险后果严重程度确定）；

（6）具体应对措施；

（7）应对措施的预算和时间；

（8）应急计划和反馈计划。

复习思考题

1. 风险识别的依据包括哪些？

2. 项目风险处理的策略有哪些？

3. 项目风险控制的依据包括哪些？

4. 项目风险控制一般包括哪几个步骤？

5. 项目风险识别的方法与技术有哪些？

6. 项目风险估计的方法和工具有哪些？

第八章

物流项目质量管理

第一节 物流项目质量管理概述

一、质量的基本概念

物流项目质量管理的概念与一般的质量管理的概念有许多相同之处，也有许多不同之处。这是由项目的一次性和独特性等特性所决定的。要理解物流项目质量管理的概念，首先要清楚质量的基本概念。

在日常生活中，人们每天都要消费各种各样的产品和服务。这些产品和服务有好有坏，这些"好坏"不仅表明了它们的质量，也间接地反映了企业或组织的质量管理水平。质量和质量管理是日常生活中天天、事事都会遇到的问题，"质量"是人们在日常工作和生活中使用频率相当高的一个名词，也是质量管理中的一个核心概念。

关于什么是质量有许多不同的说法，所以其定义也有多种。国际标准化组织在其《质量管理与质量保证 术语》（以下简称《术语》）中对于质量的定义是："质量是反映实体（产品、过程或活动等）满足明确和隐含需要的能力的特性总和。"

由上述定义可以看出质量包含以下几层含义。

所谓"实体"是指承载质量属性的具体事物。反映质量的实体包括产品、过程（服务）和活动（工作）三种。其中"产品"是指能够为人们提供各种享用功能的有形实物；"过程"是指为人们带来某种享受的服务；而"活动"是指人们在生产产品或提供服务的过程中所开展的工作。

质量本身的含义是指"实体"能够满足用户需求的能力和特性的总和。这表明质量的高低并不取决于"实体"的各种能力特性是否都是最好的,只要"实体"的能力和特性总和能够满足用户的需求即可。当然,这里的需求包括用户"明确的"和"隐含的"两类需求。其中明确的需求一般是在具体交易合同中标明的,隐含的需求一般是需要通过市场或用户调查获得的。

对于不同"实体"来说,质量的实质内容不同,即"实体"满足用户明确的或隐含的需求的实质内容不同。具体地说,对产品而言,质量主要是指产品能够满足用户使用要求所具备的功能特性,一般包括产品的性能、寿命、可靠性、安全性、经济性和外观等具体特性。对过程(服务)而言,质量主要是指服务能够满足顾客(包括内部顾客)期望的程度。由于服务质量取决于顾客对于服务的预期与实际体验两者的匹配程度,因此人们对于服务质量的要求(期望)在不同的时间和情况下也会不同,而且顾客对于服务质量的体验与期望会随时间和环境的变化而变化。对活动(工作)而言,质量一般是用工作的结果来衡量的,工作的结果既可以是工作所形成的产品,也可以是通过工作而提供的服务,所以工作质量也可以用产品或服务质量来衡量。这样工作质量就决定了工作产出物(产品或服务)的质量,因此工作质量的管理是最为基础的质量管理工作。

二、物流项目质量管理的概念

物流项目质量管理是为满足项目质量目标的要求而开展的物流项目管理活动。具体来说,它是指在一定技术、经济和社会条件下,在科学原理的基础上,运用先进的技术和方法,为实现甚至超越预期的项目质量目标而开展的活动。物流项目质量管理的根本目的是保证最终交付的物流项目产出物符合质量要求。因此,物流项目质量管理必然包括两个方面的内容:其一是项目工作质量的管理;其二是项目产出物质量的管理。项目产出物的质量是靠项目工作的质量来保障的。项目质量管理包括项目质量方针的确定、项目质量目标和质量责任的制定、项目质量体系的建设,以及为实现项目质量目标所开展的项目质量计划、项目质量控制和项目质量保证等一系列的项目质量管理工作。

现代项目管理理念认为,全面质量管理的思想必须在项目质量管理中得到使用和贯彻。物流项目必须按照全体团队成员都参加的模式开展质量管理(全员性)。项目质量管理的工作内容必须是贯穿项目全过程的(全过程性),从物流项目的初始阶段、计划阶段、实施阶段、控制阶段,一直到项目结束。项目质量管理强调对项目的所有活动和工作质量的管理（全要素性），因为项目产出物的质量靠项目的工作质量来保障。

三、物流项目质量管理的过程

物流项目质量管理包括三个主要过程。

（一）质量计划编制

质量计划编制主要是确认与项目有关的质量标准及其实现方式，质量标准是质量计划的重要组成部分。例如，对于一个物流信息系统项目而言，质量标准可能包括允许系统升级、为系统计划一个合理的响应时间及确保产生一致的、准确的信息。质量标准也适用于信息技术服务。例如，可以设置标准，规定从帮助界面到获得帮助响应需要多长时间，运送一个保修硬件的部件需要多长时间等。

（二）质量保证

质量保证是指对整体项目绩效进行预先的评估以确保项目能够满足相关的质量标准。质量保证过程不仅要对项目的最终结果负责，而且要对整个项目过程承担质量责任。高级管理层应强调让全体员工在质量保证活动中发挥作用，自身也要发挥带头作用。

（三）质量控制

质量控制是指监控特定的项目结果，确保它们遵循了相关质量标准，并识别提高整体质量的途径。这个过程常与质量管理所采用的工具和技术密切相关，例如帕累托图、质量控制图和统计抽样。

四、物流项目质量管理与其他项目管理的关系

物流项目质量管理是运用科学的理论和方法对项目进行计划、组织、指挥、控制和协调，实现项目立项时确定的技术、经济和时间等目标，交付给业主满意的产品或服务。业主满意是质量管理所追求的目标。

物流项目质量管理是现代物流项目管理的重要组成部分，是实现业主满意的关键。它强调客户的满意，通过理解、管理和影响客户需求来达到或超过客户的期望。质量管理理念认为，避免错误的成本总是大大低于补救错误的成本，所以要尽早找出并解决问题。质量管理理念还认为，项目成功需要队伍的全员参与，但为项目成功提供所需资源仍然是项目管理的责任。质量管理注重阶段内过程，例如戴明等学者描述的"计划—执行—检查措施"的质量环，是和阶段与过程的组合类似的。

物流项目质量管理是确保一个物流项目的性能（功能）、成本和进度三项指标全部

实现的重要工作领域，任何一方面不能满足质量要求，都可能给项目及其相关者带来负面效应。如当质量达不到要求时，就意味着产品技术性能的降低，甚至失败和报废；对质量问题的处理，需要投入资金，相应地会增加成本；质量问题造成的反复，必然延缓进度。质量与性能、成本、进度三项指标又是相辅相成的，如在进度不允许延迟，处理质量问题导致超过预算又不能追加时，就不得不降低质量要求，这对产品研制者和使用者来说都是一个苦果。

（一）物流项目质量管理与项目阶段

一个完整的项目可以划分为若干个阶段。例如，在物流软件开发项目中，软件开发过程基本可以分为以下几个阶段：需求分析、总体设计、详细设计、编码设计、模块集成、软件测试和定版发行等。在工程开发项目中，可以把整个过程扩展为以下六个阶段：可行性研究、方案设计、初步设计、详细设计、工程实施和试运行等。

物流项目不同阶段的工作常常是由不同的人来实施的。例如上面提到的工程开发项目，可行性研究一般由设计单位或用户自行完成，也可委托具有该类项目评估经验的项目咨询机构完成，方案设计、初步设计和详细设计由工程设计单位完成，工程实施由施工单位完成，试运行由用户完成。每个阶段的工作重点不一样，负责人的注意力和强调的重点也不同，因此客户的需求在每个阶段都可能被曲解，设计队伍可能规划出一个满足阶段目标的设计，但没有考虑客户的最终需求。尽管客户最初需要的描述对保证项目的质量至关重要，但在整个项目生命周期中，人们经常会忽略这些需要。因此，需要实施试验检查以保证设计能够达到客户的要求。

在项目的整个生命周期中，项目工作不可避免地会出现失误。一般的观点是，越早检测出错误，改正错误所需的花费越低。所以，对任何项目来说，都应该尽早地发现和纠正错误，这对于提高项目质量至关重要。

（二）物流项目质量成本与项目质量战略

由于项目业主在选择项目的承包商时，常常将质量列入考评的主要指标，结合成本、进度和生产能力等指标，综合判断承包商的实力。以往项目的优等质量，成为一个项目承包商日后获得项目订单的重要资本，因此，现代企业都非常重视项目的质量。

遗憾的是，项目的质量、成本和进度等指标间常常存在冲突，需要项目管理者从战略的角度进行权衡，形成指导项目工作的项目质量战略，从而更加有效地保证项目质量。

质量成本指企业为提高产品质量而支付的费用和因质量问题而产生的费用之总和。它反映了质量管理活动和质量改善效果间的经济关系。项目质量成本可以分成以下四部分：

（1）内部事故成本，指工作失误导致产品生产过程中增加的费用。内部事故成本主要包括废品返修复检产生的原材料和劳动投入损失、不合格品的降级使用导致的收入损失、质量原因造成的停工导致的产量下降损失等。

（2）外部事故成本，指在产品交付使用后，由于质量问题生产方需要向客户提供的赔偿，包括维修、赔偿和折价处理费用等。

（3）鉴定成本，指生产商在生产过程中，为了保证产品质量而进行的各种检验鉴定工作成本，包括进料检验的劳务费、检测设备折旧维修费、检测消耗的材料的费用以及进行产品质量评审的费用。

（4）预防成本，指为提高工作与产品质量而采取各项预防措施所产生的成本，包括质量计划工作费用、质量培训费用、质量信息收集与处理费用、质量审核费用和质量改进措施费用等。

对上述质量成本项目进行进一步分析可以发现，内部事故成本和外部事故成本均是事故成本，与产品质量以及生产产品的工作质量成反比关系。当工作质量较低时，产品质量相应也较低，出现较多的质量事故，导致更多的成本支出。

上述理念体现到物流项目质量管理实践中，形成了强化预先质量管理的模式。项目管理者将更多时间、精力和资金投入产品生产环节前的设计、原材料采购和项目计划制订环节，做到防患于未然。同时对设计与实施科学合理的项目质量管理体系愈来愈重视，构建健全的项目质量管理体系成为当前质量管理的核心工作。

第二节 物流项目质量计划与控制

一、物流项目质量计划

（一）物流项目质量计划的概念

物流项目质量计划是指为确定物流项目应该达到何种质量标准和如何达到这些质量标准而做的项目质量的计划安排，它是项目的规划程序推进的主要动力之一。项目质量计划的关键在于一方面要保证项目能够在计划期内按时完成，另一方面要妥善处理质量计划与其他项目计划之间的关系。

（二）物流项目质量计划的依据

（1）项目质量方针：由项目的最高管理者正式发布的关于项目的总的质量意图和质量方向。

（2）项目范围描述：包括项目的目标和任务范围的说明。它明确地描述了为提交既定特性和功能的项目产出物所必须进行的项目工作以及对这些项目工作的具体要求。

（3）项目产出物的描述：指对于项目产出物的详细、全面的说明。

（4）相关标准和规定：在制订项目质量计划时项目组织还必须充分考虑项目质量相关领域的国家标准、行业标准、各种规范以及政府规定等。

（5）其他信息：具体是指项目范围描述和产出物描述之外的其他项目管理方面的要求，以及与项目质量计划制订相关的信息。

（三）制订物流项目质量计划的方法和技术

1. 收益/成本分析法

收益/成本分析法也叫经济质量法。这种方法要求在制订项目质量计划时必须同时考虑项目质量和成本的经济性。也就是说任何项目的质量管理都需要开展两个方面的工作，其一是质量保证，其二是质量检验与恢复。前者产生的是项目质量保证成本，后者产生的是项目质量检验和纠偏成本。这就要求高产出、低支出以及提高投资者的满意度，减少重复性工作。收益/成本分析法就是要合理安排这两种项目质量成本，从而使项目质量的总成本相对最低。

2. 质量标杆法

将其他项目质量管理的实际结果或预先制订的计划，作为新项目质量比照的目标，通过对比制订出新项目的质量计划，这种方法就叫作质量标杆法。

3. 流程图法

流程图法主要用于呈现一个项目的工作过程与项目的不同部分之间的相互联系，它通常也被用于分析和确定项目实施的过程，是制订项目质量计划的一种有效方法。流程图在形式上表现为一个由箭线联系的若干因素的关系图，它在质量管理中的应用主要包括以下形式：

（1）原因结果图：主要用来分析、说明各种因素和原因是怎样导致或者产生各种潜在的问题和后果的。

（2）系统流程图或处理流程图：主要用来说明系统各要素之间存在的相互关系，项目组能够借助这类流程图提出解决所遇质量问题的相关方法。

4. 实验设计

实验设计是一种计划安排的分析技术，它有助于在多种变量中识别出哪种变量对项目成果的影响最大，进而找出影响项目质量的关键因素，指导项目质量计划的编制。实验设计的方法对于分辨对整个项目输出结果最有影响的因素效果显著，但是运用这种方法也可能导致项目进度变缓的问题。

（四）物流项目质量计划的输出

1. 质量管理计划

质量管理计划主要阐述了物流项目管理小组应该如何执行它的质量方针和策略。在 ISO9000 中，项目的质量系统被描述为包括组织结构、责任、工序、工作过程和具体执行质量管理所需要的资源的系统。它为整个项目进行质量控制、质量保证及质量改进提供了基础，为整个项目计划提供了输入资源。根据项目实际需要，质量管理计划既可以是正式的，也可以是非正式的；既可以是高度细节化的，也可以是框架概括型的。

2. 操作性定义

操作性定义是用非常专业化的术语对各项操作规程的含义进行的描述，并且说明了怎样通过质量控制程序对其进行检测。比如说满足项目进度要求不能充分说明它是对项目管理质量的度量，项目管理组还必须指出每项工作是否按时开始或者结束、各项独立的工作是被度量还是仅仅只是做了一定的说明等类似情况。

3. 检查表格

检查表格也称作审验单，它是一种用于对项目执行情况进行分析的工具，是项目组织管理的一种手段，通常在工业或专门活动中使用。检查表格可以是简单的，也可以是很复杂的，常用的描述包括命令和询问两种形式。许多组织都会提供标准的检查表格以确保常规的工作与要求保持一致，使之形成顺利执行的体系。

二、物流项目质量保证

（一）物流项目质量保证的概念

质量保证是指为使人们确信项目将会达到有关质量标准，而在质量体系中有计划、有组织地对整个项目质量计划执行情况进行的评估、核查和改进等工作。质量保证是所有计划和系统工作的实施达到质量计划要求的基础，为项目质量系统的正常运转提供了可靠的保障，它贯穿于项目实施的全过程。

质量保证一般是由质量保证部门或其他类似组织单元提供，但并非一定如此。质量保证通常可分为内部质量保证（提供给项目管理组及其实施组织）和外部质量保证（提供给客户或项目工作涉及的其他主体）。

（二）物流项目质量保证的工作内容

物流项目质量保证的工作内容包括：（1）制定科学可行的质量标准。（2）做出清晰的质量要求说明。（3）配备合格和必要的资源系统。（4）组织建设项目质量体系。（5）持续开展有计划的质量改进活动。（6）对项目变更进行全面控制。

（三）物流项目质量保证的依据

（1）项目质量计划。

（2）项目实际质量的度量结果。以比较分析的方式对质量控制的检测和测试所做的报告。

（3）项目质量工作说明。

（四）物流项目质量保证的方法和工具

1. 质量审核方法

它是一种结构化的项目质量审核方法，具体来说是一种检测质量活动及其有关结果是否符合计划安排，以及这些安排是否得到有效实施、是否适合于达到目标等相关内容的系统、独立性审查。通过质量审核，对审核对象的现状是否符合规定要求做出评判，并确定是否需采取纠正和改进措施，从而保证项目质量符合规定要求，设计、实施与组织过程符合规定要求，质量体系有效运行并不断完善。质量审核可以是有计划的，也可以是随机的，可以由专门的审计员或者是第三方质量系统注册组织审核。

质量审核可以分为：质量体系审核、项目质量审核、过程质量审核、监督审核、内部质量审核和外部质量审核。

2. 质量改进与提高的方法

它用于提高项目的效率，改进项目实施的效果，给项目组织和项目业主/客户带来更多的收益。

3. 质量计划的方法和技术

质量计划的方法和技术同样适用于质量保证中。

三、物流项目质量控制

（一）物流项目质量控制的概念

物流项目质量控制是指通过一系列的工具和技术手段，监控、评估和改进物流过程中的各项任务和活动，以确保产品和服务的质量达到预期的目标。但是，质量本身也是一个系统，它以总体目标为核心，包括设计质量、设备质量、项目实施质量、设备安装质量以及其他质量等目标。因此，物流项目质量控制就是要使系统的质量目标得以实现。

项目质量控制和项目质量保证的最大区别在于：项目质量保证是从项目质量管理的组织、程序、方法和资源方面为项目质量做"保驾护航"工作，而项目质量控制是直接对项目质量进行把关。项目质量保证是一种预防性、提高性和保障性的质量管理活动，而项目质量控制是一种过程性、纠偏性和把关性的质量管理活动。虽然项目质量控制也分为项目质量的事前控制、事中控制和事后控制，但是其中的事前控制主要是对项目质量影响因素的控制，而不是从质量保证的角度对项目各方面要素开展的保障活动。当然，项目质量保证和项目质量控制的目标是一致的，都是确保项目质量能够达到项目组织和项目业主（或客户）的需要。所以在项目开展的工作和活动中，两者有交叉和重叠，只是工作方法和方式不同而已。

（二）物流项目质量控制的任务

质量控制是项目控制的一个重要组成部分，其主要包括以下任务：

（1）保证业主取得与其所花费用相当并符合其要求的项目成果。

（2）对项目经理管理的工程质量进行独立、公开的评价。

（3）及时发现和纠正项目在实施过程中出现的问题，以避免或减少这些问题带来的损失。

（4）掌握项目检查及试验记录等有关资料，以便证明项目是按有关规定、规程等进行的。当与有关方面产生纠纷时，这些资料还可以作为解决纠纷的客观依据。

（三）物流项目质量影响因素的控制

影响物流项目质量的因素主要有人、设备、材料等。因此，事前对这些因素进行严格的控制，是保证项目质量的关键。

1. 人的控制

人是指直接参与项目的组织者、指挥者和操作者，他们既可以作为控制对象，避免产生失误，又可以作为控制动力，充分调动人的积极性，发挥人的主导作用。

在项目质量管理中，应根据项目特点，本着人尽其才、扬长避短的原则来发挥人的作用。通过加强思想素质教育、劳动纪律教育、职业道德教育和专业知识培训等手段，增强人的主观能动性，达到以工作质量保证工序质量、提高项目质量的目的。在项目质量控制中，应从以下几方面来考虑人的素质对质量的影响：

（1）人的技术水平与生理缺陷。

面对技术复杂、难度大和精度高的工序或操作，人的技术水平往往对质量起着直接的决定作用。因此，对人的技术水平进行考核是必要的。而对于一些特殊的工作环境，也要充分考虑人的实际情况。例如，有高血压、心脏病的人，不能从事高空作业和水下作业；反应迟钝、应变能力差的人，不能操作快速运行、动作复杂的机械设备；视力、听力差的人，不宜参与校正、测量或用信号、旗语指挥的作业等。否则，容易引起安全事故，产生质量问题。

（2）人的心理。

人是社会化的，其劳动态度、注意力、情绪和责任心等在不同地点、不同时期会由于社会经济、环境条件和人际关系的影响而发生变化。所以，对某些需要确保质量万无一失的关键工序和操作，一定要努力做到情绪稳定，保证正常工作。

总之，在关于人的问题上，应从政治素质、思想素质、业务素质和身体素质等方面综合考虑，全面进行控制。

2. 设备的控制和方案的控制

（1）设备的控制。

设备是项目实施的物质基础，对项目进度和质量有着直接影响。所以在项目实施阶段，监理和工程师必须综合考虑现场条件、设备性能和工艺等各种因素，参与承包单位机械化施工方案的制定和评审，使之合理装备、配套使用、有机联系，以充分发挥设备的效能，力求获得较高的综合经济效益。

设备的选择是设备控制的第一阶段。其原则是因地制宜、因项目制宜，按照技术先进、经济合理、生产适用、性能可靠、使用安全、操作轻巧和维修方便的要求，贯彻执行机械化、半机械化与改良相结合的方针，突出设备与项目实施相结合的特色，使其具有满足项目要求的适用性、保证项目质量的可靠性、使用操作的方便性和安全性。

设备的合理操作是设备控制的第二阶段，其原则是"人机固定"，实行定机、定人、定岗位责任的"三定"制度。操作人员必须认真执行各项规章制度，严格遵守操作规程，防止出现安全和质量事故。

设备的验收是设备控制的第三阶段，要求按设计造型购置设备；设备进厂时，要按设备名称、型号、规格和数量的清单逐一检查验收；设备安装要符合有关设备的技术要求和质量标准；试车运转正常，要能配套投产。设备安装时，主要是控制每一个分项、分部和单位工程的检查、验收和质量评定；安装完成后，还要参与组织单体、联体无负荷和有负荷的试车运转；不能忽视对设备的检验。

设备的检验要求有关技术、生产部门参加，重要的关键性大型设备应由总监理工程师（或机械师）组织鉴定小组进行检验。原始资料、自制设备的设计计算资料、图纸、测试记录和验收鉴定结论等应全部清点，整理归档。

（2）方案的控制。

方案正确与否，对项目的进度控制、质量控制能否顺利实施有着直接影响。方案考虑不周会拖延进度、影响质量、增加投资。因此，监理和工程师在参与制定和审核方案时，必须结合项目实际，从技术、组织、管理和经济等方面进行全面分析，综合考虑，确保方案在技术上具有可行性，在经济上具有合理性，并有利于项目质量的提高。

影响项目质量的环境因素较多，有技术环境、管理环境和劳动环境等。环境因素对质量的影响具有复杂而多变的特点。例如，气象条件变化万千，温度、湿度、大风、暴雨、酷暑和严寒都直接影响工程质量。在实际工作中，往往前一工序就是后一工序的环境，前一分项、分部工程就是后一分项、分部工程的环境。因此，应该根据项目特点和具体条件，严格有效地控制好影响质量的环境因素。

对环境因素的控制，涉及范围较广，在拟订控制方案、措施时须全面考虑、综合分析，才能达到有效控制的目的。

3. 材料的控制

加强材料的质量控制，是提高项目质量的重要保障，也是实现投资控制目标和进度控制目标的前提。这是因为材料是项目实施的物质条件，材料质量是项目质量的基础，材料质量不符合要求，项目质量也就不可能符合标准。

（四）物流项目质量控制的依据

物流项目质量控制的依据与物流项目质量保证的依据有些方面是相同的，而有些方面则不同。物流项目质量控制的主要依据如下：

（1）项目质量控制计划：编制项目质量计划时，要明确提出项目质量控制计划。

（2）项目质量工作说明：在项目质量计划编制过程中，要明确项目质量的工作说明。

（3）项目质量控制标准：项目质量控制标准是根据项目质量计划和项目质量工作说明所制定的具体项目质量控制的标准，它根据项目质量目标和计划提出项目质量最终要求，制定控制依据和参数。通常这种参数要比项目目标和依据更为严格、更具操作性。因为如果不严格，就会经常出现项目质量失控的现象，同时要采取相应的项目质量恢复措施，从而形成较高的质量成本。

（4）项目质量的实际结果：项目质量的实际结果是项目质量控制的重要依据。它主要包括项目实施的中间过程的结果、项目产出物的最终结果以及项目工作本身的质量结果。只有具备这类信息，人们才能将项目的质量要求和控制标准进行对照，从而发现项目质量问题，并采取项目质量纠偏措施，使项目质量保持在受控制状态。

（五）物流项目质量控制的步骤

就实施质量控制的过程而言，质量控制就是监控项目的实施状态，将项目实际状态与事先制定的质量标准进行比较，分析存在的偏差及产生偏差的原因，并采取相应对策。这是一个循环往复的过程，对任一控制对象的控制一般都按这一过程进行。该控制过程主要包括以下步骤：

（1）选择控制对象。在项目进程的不同时期、不同阶段，质量控制的对象和重点有所不同，这需要在项目实施过程中加以识别和选择。

（2）为控制对象确定标准或目标。

（3）制订实施计划，确定保证措施。

（4）按计划执行。

（5）跟踪观测、检查。

（6）发现、分析偏差。

（7）根据偏差采取对策。

上述步骤可归纳为四个阶段：计划、执行、检查和处理。在实施质量控制的过程中，这四个阶段循环往复，形成"戴明循环"。"戴明循环"（由美国质量管理专家戴明博士提出），也称为 PDCA 循环，它倡导一种持续改进的方法。P（Plan）代表计划，即通过市场调研来确定质量管理的目标以及为实现此目标需采取的各种方法和对策；D（Do）代表执行，即将制定的方法和对策付诸实施；C（Check）代表检查，即对实施的结果进行检查；A（Action）代表处理，即对检查出来的问题进行控制，并总结经验。

计划阶段的主要工作任务是确定质量目标、活动计划和项目质量管理的具体实施措施。该阶段的具体工作是：分析现状，找出质量问题及控制对象；分析产生质量问题的原因和影响因素；从各种原因和影响因素中确定影响质量的主要原因和影响因素；针对质量问题及影响质量的主要原因和影响因素制订改善质量的措施及实施计划，并预计效果。

执行阶段的主要工作任务是根据计划阶段制订的计划和措施，组织贯彻执行。该阶段要做好计划措施的交底和落实，落实又包括组织落实、技术落实和物质落实。

检查阶段的主要工作任务是检查实际执行情况，并将实施效果与预期目标对比，找出存在的问题。

处理阶段的主要工作任务是对检查的结果进行总结和处理。其具体工作包括：总结经验，纳入标准，即通过对实施情况的检查，明确有效果的措施，制定相应的工作文件、工艺规程、作业标准以及各种质量管理的规章制度，总结好的经验，防止再次发生同样的问题。

将遗留问题转入下一个控制循环，通过检查，找出效果仍不显著或仍不符合要求的措施，为下一期计划提供数据资料和依据。

第三节　物流项目质量控制的基本工具

一、质量数据

（一）质量数据概述

在项目质量控制过程中，自始至终都要以数据为根据，用数据说话。数据是质量控制中最重要的信息，是质量控制的基础。

项目质量控制中所涉及的数据多种多样。有的是可以用仪器仪表检测出来的，如高速公路路面的混凝土抗压强度、混凝土路面厚度等；有的是通过查数的方法得到的，如墙体的裂纹数、不合格品数等；有的是相对数，如不合格品率、优良品率等；有的是通过评分等方法得到的，如顾客满意度等。

根据质量数据本身特性的不同，可将其分为两类：计量值数据和计数值数据。

（1）计量值数据。可以连续取值的数据，如重量、压力等。

（2）计数值数据。不能连续取值，只能数出个数、次数的数据，如次品数、缺陷数等。

由于质量数据有计量和计数之分，所以在项目质量控制中，不同类型的质量数据，分析处理方法也不同。根据质量数据使用目的的不同，项目质量数据大体上可分为以下几类：

（1）掌握项目实施质量状况所用的数据。如与项目有关的质量指标、参数等。

（2）分析质量问题、原因所用的数据。如为了分析某一质量特性值不合格的原因而搜集的数据。

（3）控制工序质量所用的数据。这类数据是为了掌握工序生产状态的稳定性，用以对工序质量做出判断和确定对策。

（4）判断项目质量水平所用的数据。这类数据是为了评判已完成项目的质量状况，用作项目质量合格控制的依据。

质量数据具有两个重要特点：波动性和规律性。所谓波动性，是指质量数据的不一致性，即质量数据在一定的范围内存在一定的差异。质量数据的波动是必然的。其实质就是质量数据具有分布性。从表面上看，质量数据是杂乱无章的，但若做进一步分析处理就可以看出，在正常稳定的状态下所获取的质量数据会呈现出一定的规律性。质量数据既有波动性又具有规律性，这是客观存在的事实。从某种意义上说，统计方法就是从波动的数据中寻找规律性的一种数学方法。

（二）数理统计常用的概念

1. 总体

总体又称母体、检查批或批，是指研究对象全体元素的集合。总体分为有限总体和无限总体。有限总体有一定的数量表现，如一批同规格的材料；无限总体则无一定的数量表观，如一道工序，它源源不断地生产出某一产品，本身是无限的。

2. 样本

从总体中抽取出来的一部分个体组成样本，样本也可称为子样。从总体中抽取样本的方法有随机抽样和系统抽样两种。随机抽样排除了人的主观影响，使总体中的每一个个体都具有同等的机会被抽取到；系统抽样是指每经过一定的时间间隔或数量间隔抽取若干个体作为样本。

3. 随机现象

在质量检验中，某一产品的检验结果可能是合格、优良、不合格，这种事先不能确定结果的现象称为随机现象。

4. 随机事件

每一种随机现象的表现或结果就是随机事件。如某产品检验为"合格"就是一个随机事件。

5. 随机事件的频率

随机事件发生的次数称为"频数"，它与数据总数的比值就称为"频率"。

6. 随机事件的概率

随机事件频率的稳定值称为"概率"。

二、直方法

为了能够比较准确地反映出质量数据的分布状况，可以用横坐标表示质量特性值，用纵坐标表示频数或频率值，各组所包含数据的频数或频率的大小用直方柱的高度表示，这种图形称为直方图，又称为质量分布图、矩形图。

按纵坐标的计量单位不同，直方图可分为频数直方图和频率直方图。

（一）频数直方图

以频数为纵坐标的直方图称为频数直方图。它直接反映质量数据的分布情况，故又称为质量分布图。

（二）频率直方图

以频率为纵坐标的直方图称为频率直方图。该类图中，各直方柱面积之和为1，其纵坐标值与正态分布的概率密度函数一致。因此，可以在同一图中画出标准正态分布曲线，并可以形象地看出直方图与正态分布曲线的差异。

三、因果分析图法

因果分析图又称特性要因图、树枝图、鱼刺图，如图8-1所示。

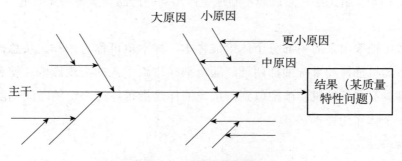

图8-1　因果分析图

（一）因果分析图绘制原理

影响项目质量的原因尽管很多，且关系复杂，但归纳起来，它们之间存在两种相互依存的关系，即平行关系和因果关系。因果分析图能同时整理出这两种关系。利用因果分析图可以逐级分层，从大到小，从粗到细，追根究底，直至确定能采取有效措施的原因为止。

（二）因果分析图的基本类型

根据表示问题的体系不同，因果分析图一般可分为三种类型。

1. 结果分解型

这种因果分析图的特点是沿着为什么会产生这种结果进行层层解析，可以系统地掌握纵向的关系，但易遗漏或忽视横向的关系或某些平行关系。

2. 工序分类型

按工序的流程，将各工序作为影响项目质量的平行的主干原因，再将影响工序质量的原因填写在相应的工序中。该类型的因果分析图简单易行，但有可能会造成相同的因素出现在不同的工序中，难以反映因素间的交互作用。

3. 原因罗列型

采用"头脑风暴法"等方法，使参与分析的人员无限制地自由发表意见，并将所有观点和意见都罗列出来，然后系统地整理出它们之间的关系，最后绘制出一致同意的因果分析图。这种因果分析图反映出的因素比较全面，在整理因素间的关系时，促使人们对各因素进行深入分析，有利于问题的深化，但工作量较大。

四、排列图法

排列图法又称主次因素排列图法、巴雷特图法。这是用来分辨影响项目质量主次因素的一种常用的统计分析工具，如图 8-2 所示。排列图有两个纵坐标：左纵坐标表示频数，即某种因素发生的次数；右纵坐标表示频率，即某种因素发生的累计频率。横坐标表示影响项目质量的各个因素，按影响程度的大小，从左到右依次排列。图中有若干个按频数大小依次排列的直方柱和一条累计频率曲线。在排列图中，通常将累计频率曲线的累计百分数分为三级，与此对应的因素分为三类：A 类因素对应于频率 0～80％，是影响项目质量的主要因素；B 类因素对应于频率 80％～90％，是影响项目质量的次要因素；C 类因素对应于频率 90％～100％，是影响项目质量的一般因素。运用排列图，有利于确定主次因素，使错综复杂的问题一目了然。

（一）排列图绘制原理

排列图绘制原理如下：

（1）按影响程度的大小将影响质量的各个因素从左至右依次排列，以直方柱的高度表示各因素出现的频数。

（2）将各因素所占的百分比依次累加，以求得各因素的累计频率；将所得的各因素的累计频率逐一标注在图中相应位置，并将其以线连接，即可得到累计频率曲线。

（3）划分 A、B、C 类区。自频率纵坐标引累计频率分别为 80％、90％、100％ 的三条平行于横坐标的虚线。横坐标及三条虚线由上向下将累计频率分为 A、B、C 三个类区。

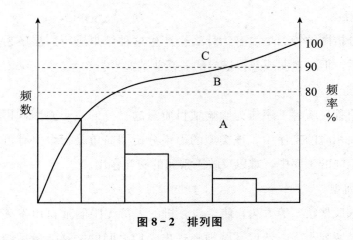

图 8 - 2　排列图

（二）排列图绘制要点

排列图绘制要点如下：

（1）按不同的因素进行分类，分类因素要具体明确，尽量使各个质量影响因素的数据之间有明显差别，以便突出主要因素。

（2）数据要取足，代表性要强，以确保分析判断的可靠性。

（3）适当合并一般因素。通常情况下，不太重要的因素可以列出很多项。为简化绘图程序，常将这些因素合并为其他项，放在横坐标的末端。

（4）对影响因素进行层层分析。在合理分层的基础上，分别确定各层的主要因素及其相互关系。分层绘制排列图可以步步深入，最终确定影响质量的根本原因。

五、控制图法

控制图又称管理图，是反映工序随时间变化而发生的质量变动的状态，即反映项目实施过程中各阶段质量波动状态的图形。

例如，对某项目，每天测得质量数据 10 个，共测 10 天，做成直方图，如图 8 - 3 所示。

从图 8 - 3 中，可以直观地看出数据的分布状态，但看不出数据随时间变化的状况。若计算出每天数据的平均值（$\overline{X}$）和极差（R），并做出曲线，如图 8 - 4 所示。由图 8 - 4 可以看出质量数据平均值和极差随时间变化的情况，但这种变化是否正常仍不能判断，因此必须引入判定线。判定线可根据数理统计方法计算得到。这种带有判定线的图就是控制图，其判定线称为控制界限。

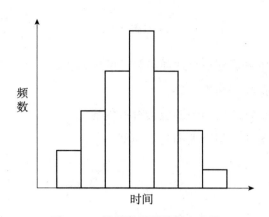

图 8-3 某项目质量数据直方图

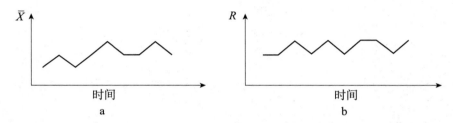

图 8-4 某项目质量数据平均值和极差随时间变化情况

控制图是用来区分质量波动是属于由偶然因素引起的正常波动，还是由异常因素引起的异常波动，从而判断项目实施过程是否处于控制状态的一种有效工具。控制图的基本格式如图 8-5 所示。

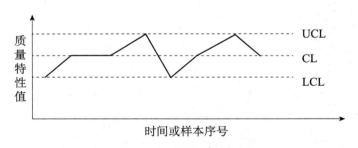

图 8-5 控制图的基本格式

在控制图中，一般有三条控制界限：上控制界限，用 UCL（Upper Control Limit）表示；中心线，用 CL（Central Limit）表示；下控制界限，用 LCL（Lower Control Limit）表示。将所控制的质量特性值在控制图上打点，若点全部落在上、下控制界限内，且点的排列无缺陷（如链、倾向、接近、周期等），则可判断项目实施过程处于控制状态，否则就可认为项目实施过程中存在异常因素，必须查明，并予以消除。

复习思考题

1. 简述物流项目质量管理与其他项目管理的关系。
2. PDCA 循环包括哪些基本内容？
3. 物流项目质量影响因素的控制包括哪些内容？
4. 简述因果分析图的绘制原理和基本类型。

参考文献

［1］美国项目管理协会．项目管理知识体系指南：第六版［M］．北京：电子工业出版社，2018．

［2］白思俊．现代项目管理［M］．2版．北京：机械工业出版社，2019．

［3］杨新凤．物流工程项目管理［M］．北京：机械工业出版社，2022．

［4］郭永辉．物流项目管理理论、方法与实践［M］．北京：中国财富出版社，2017．

［5］戚安邦．项目管理学［M］．3版．北京：科学出版社，2019．

［6］张旭辉，孙晖．物流项目管理［M］．北京：北京大学出版社，2013．

［7］卢有杰．现代项目管理学［M］．3版．北京：首都经济贸易大学出版社，2011．

［8］池仁勇．项目管理［M］．3版．北京：清华大学出版社，2015．

［9］丹尼斯·洛克．项目管理［M］．姚翼，等译．桂林：广西师范大学出版社，2002．

［10］詹姆斯·P. 克莱门斯，杰克·吉多．成功的项目管理［M］．张金成，杨坤，译．北京：电子工业出版社，2012．

［11］平云旺．新编常用项目管理全书［M］．北京：中国法制出版社，2011．

［12］王立国，吴春雅，赫连志巍．项目管理教程［M］．北京：机械工业出版社，2008．

［13］孙裕君，尤勤，刘玉国．现代项目管理学［M］．北京：科学出版社，2005．

［14］游达明．技术经济与项目经济评价［M］．长沙：湖南人民出版社，2001．

［15］杰弗里·K. 宾图．项目管理［M］．鲁耀斌，赵玲，译．北京：机械工业出版社，2010．

［16］王长峰，李建平，纪建悦．现代项目管理概论［M］．北京：机械工业出版社，2008.

［17］周立新．物流项目管理［M］．上海：同济大学出版社，2004.

［18］冯俊文，高朋，王华亭．现代项目管理学［M］．北京：经济管理出版社，2009.

［19］毕星，翟丽．项目管理［M］．上海：复旦大学出版社，2000.

［20］骆珣．项目管理教程［M］.2版．北京：机械工业出版社，2023.

［21］刘胜春，李严锋．第三方物流［M］．大连：东北财经大学出版社，2006.

［22］陈文若．第三方物流［M］．北京：对外经济贸易大学出版社，2004.

［23］骆温平，谷中华．第三方物流教程［M］．上海：复旦大学出版社，2006.

［24］田宇．第三方物流项目管理［M］．广州：中山大学出版社，2006.

［25］秦立公，王兴中，丁庆．物流项目管理［M］．北京：中国时代经济出版社，2006.

［26］刘中，李明顺，柳伍生．物流项目招投标管理［M］．北京：电子工业出版社，2006.

［27］王学锋，刘盈，刘颖．国际物流项目管理［M］．上海：同济大学出版社，2006.

［28］赵钧铎．第三方物流运作实务［M］．北京：机械工业出版社，2006.

［29］陈水坤．第三方物流的组织与管理［M］．苏州：苏州大学出版社，2004.

［30］孙贤伟．物流组织管理［M］．北京：机械工业出版社，2004.

［31］赵涛，潘欣鹏．项目成本管理［M］．北京：中国纺织出版社，2004.

［32］徐天芳，王清斌．物流方案设计与应用［M］．大连：东北财经大学出版社，2006.